中央编译局文库编辑委员会

主　任：衣俊卿
委　员：衣俊卿　俞可平　张卫峰　魏海生　王学东　杨金海
　　　　柴方国　尹汾海　何增科　季正聚　郗卫东　张文成
　　　　李惠斌　杨雪冬　李京洲　和　龑　薛晓源　陈家刚

中央编译出版社文库编辑中心编辑小组

和　龑　韩继海　薛晓源　邢艳琦　谭　洁　尹承东　贾宇琰　叶　芳
冯　章　董　巍　苗永姝　郑　锦　杜永明　李小燕　侯天保　李媛媛

国家"十二五"重点图书

国际共产主义运动历史文献

第6卷

主　编　王学东
副主编　戴隆斌（常务）　童建挺

第一国际总委员会文献（1868—1869）

本卷主编　王　瑾

全国百佳出版社
中央编译出版社
Central Compilation & Translation Press

《国际共产主义运动历史文献》顾问委员会

衣俊卿 俞可平 顾锦屏 高　放 张中云 殷叙彝 胡文建
宋洪训 顾家庆 洪肇龙 杨光远 林勋建 和　龑

《国际共产主义运动历史文献》编辑委员会

主　编：王学东
副主编：戴隆斌（常务）　童建挺
编　委：（以姓氏笔画为序）
　　　　王　瑾　邢艳琦　许宝友　张文成　张文红
　　　　陈新明　林德山　胡振良　彭萍萍　薛晓源

参加本卷译校工作的有
汤润千　陆希治

参加本卷编辑出版工作的有
郑　锦　李桂兰　邢艳琦

丛书编务统筹
苗永姝　郑　锦　李媛媛

总　序

　　国际共产主义运动，是由以马克思主义为指导的无产阶级政党领导的国际性的无产阶级革命运动，其宗旨是推翻资产阶级统治和一切剥削制度，建立和发展社会主义制度，进而最终实现人的彻底解放，建立共产主义社会。

　　国际共产主义运动迄今已有一百六十多年的历史。19世纪40年代，马克思、恩格斯在创立科学社会主义理论的同时，努力把它与当时西欧无产阶级的革命实践相结合，于1847年6月创建了第一个国际性的无产阶级政党——共产主义者同盟，亲自拟定并于1848年2月公开发表了同盟纲领《共产党宣言》。这标志着国际共产主义运动的兴起。

　　自从共产主义者同盟建立以来，历经第一国际（国际工人协会）、第二国际、第三国际（共产国际），国际共产主义运动由小到大、由弱到强，从西方推进到东方、从欧洲扩展到全球，终于突破资本主义链条上一个又一个薄弱环节，取得了社会主义由一国到多国的胜利。二战后社会主义阵营的建立、民族解放运动的胜利进军、社会主义国家革命与建设的重大成就，为国际共产主义运动史书写了辉煌的篇章。20世纪末，由于东欧剧变、苏联解体，国际共产主义运动遭遇了严重挫折。但是，历史并没有因此而终结。由《共产党宣言》奠基的国际共产主义运动仍在曲折中前进。各资本主义国家中的共产党、工人党仍在不断探索无产阶级取得解放的道路；中国等社会主义国家仍继续高举社会主义伟大旗帜，为完善社会主义、最终实现共产主义而不懈奋斗。

国际共产主义运动一百六十多年跌宕起伏的发展历程，积累了卷帙浩繁的文献档案，留下了丰富的历史遗产。深入发掘和充分利用这些文献档案，对于我们准确地了解和把握国际共产主义运动的发展进程及各个时期的特点，科学地研究和总结国际共产主义运动丰富且宝贵的经验教训，具有极其重要的意义。特别是无产阶级国际组织，作为国际共产主义运动的重要载体，其文献档案对于国际共产主义运动史研究更是具有特殊的重要意义。

早在1984年春，中国国际共产主义运动史学会就发起编辑出版《国际共产主义运动史文献》。当时由中共中央编译局、中国社会科学院马列主义毛泽东思想研究所和近代史研究所、中共中央党校和中国人民大学等单位共同组建了编辑委员会。编委会商定：这套文献主要收编共产主义者同盟、第一国际、第二国际、第三国际、共产党和工人党情报局这五个国际组织已发表的全部文献档案，包括历次代表大会、代表会议和其他重要会议的记录、决议和有关文件；收编材料力求齐全；凡外国有选编完整的版本者，根据外国版本翻译；凡文件散见于外国不同出版物者，尽力搜集完整，组织力量统一编译；文件完全按照原件翻译，译文力求准确，不作修改删节，以便读者根据完整、准确的第一手材料了解这些国际组织的历史。在当时代管全国哲学社会科学基金的中国社会科学院科研局的资助下，经过编辑委员会、编译工作者和中国人民大学出版社的共同努力，这套文献于1986年开始陆续出版，截至1997年共出版了21卷。

到上世纪末，文献的编辑出版工作遇到了巨大困难。首先是编委会发生了重大变故，主编林基洲、副主编王颖和校纪英相继谢世；其次是出版经费难以为继。为继续出版这套文集，中国国际共产主义运动史学会多方努力，组成以会长顾锦屏为主编的新编委会，从全国哲学社会科学规划办公室争取到一笔资助，于1999—2001年又出版了两卷。此后，因缺乏经费，编辑出版工作完全陷于停顿。

2010年，在中共中央编译局和中国国际共产主义运动史学会的鼎力支持下，中央编译出版社以这套文献申报国家出版基金项目，获得立项资助。中共中央编译局对此项目高度重视，在国家出版基金资助的基础上，给予了相应的资金支持，组建了新编委会，成立了专门机构负责文献整理和编辑工作，并将这套文献纳入"中央编译局文库"出版规划。

经新编委会研究决定，这套文献定名为《国际共产主义运动历史文献》，在其前身《国际共产主义运动史文献》的基础上重新编辑出版。通过进一步广泛搜集资料和适当改变编辑方式，新《文献》的资料更详尽、收文更齐全。例如，在原《文献》的某些卷次中，对已出版的马克思主义经典著作中译本只列目录，不收正文，而新《文献》则全部依据最新的中译本收录，以方便读者查阅。此外，《国际共产主义运动历史文献》扩大了文献资料的搜集和选材范围，采用开放式结构，规模暂定60卷，约2500万字。

中共中央编译局和中国国际共产主义运动史学会对这套文献的编辑出版工作给予了强有力的支持，中央编译出版社为这套文献的立项和出版做了大量艰苦细致的工作，文献的前两任编委会和编译工作者在十分困难的条件下为这套文献奠定了良好的基础，中国人民大学出版社为这套文献的重新编辑出版提供了帮助，在此一并表示衷心感谢。

《国际共产主义运动历史文献》
编辑委员会
2011年12月20日

编辑说明

第一国际总委员会,是第一个世界无产阶级国际组织"国际工人协会"(即第一国际)的各国"全国性组织和地方性组织之间进行联系的国际机关"。起初它在文件中简称为委员会(Committee),有时也称为中央委员会(Central Committee)或者中央理事会(Central Council),直到1866年末才最终采用了总委员会(General Council)的名称。

根据协会章程,代表大会每年确定总委员会驻在地,并选举总委员会委员。总委员会的主要职责是:执行代表大会的决议,监督会员组织严格遵守协会的基本原则,沟通情况,协调关系,指导开展各种活动;代表协会就各种重大问题表明立场和态度;筹备协会代表大会,向大会报告协会活动情况,提出供大会讨论的重要问题。总委员会有权增加新的委员和暂定会员组织及个人的会员资格;在紧急情况下,可以提前召开协会代表大会。总委员会从其委员中选出为处理各种事务所必需的负责人员,即主席(英文President,该职务1867年取消,以后文件所称"主席"[Chairman]均指会议主席)、财务委员、总书记、各国通讯书记等。总委员会内部设有章程没有规定的常设委员会即小委员会及其他机构。总委员会通过在报刊上发表有关报道的方式对外公布其会议情况。

总委员会自诞生之日起,一直在第一国际的各种活动中扮演着重要角色,对它的发展起了关键作用,其中马克思、恩格斯占据着协会精神领袖的地位。《第一国际总委员会文献》展示了总委员会活动,证明了马克思、恩格斯在第一国际中的地位与作用，反映了19世纪下半期欧美工人运动的发展，是研究国际共产主义运动、欧美国家工人运动和马克思主义发展传播史的宝贵资料。

20世纪上半叶，德国和苏联零星出版了一些第一国际总委员会文献。60年代，苏联开始系统整理出版完整的总委员会文献。1961年，苏共中央马列研究院根据该院党务档案馆收藏的会议原件和会议记录照相复制本，编辑了俄文版《第一国际总委员会会议记录》，并由莫斯科国家政治图书出版社出版。它们分别是：(1)《第一国际总委员会会议记录（1864—1866）》（伊·巴赫主编，伊·巴赫和瓦·斯米尔诺娃整理）；(2)《第一国际总委员会会议记录（1866—1868）》（伊·巴赫主编，伊·巴赫、玛·玛丽尼切娃和娜·麦舍里亚科娃整理）；(3)《第一国际总委员会会议记录（1868—1870）》（伊·巴赫主编，瓦·斯米尔诺娃和塔·瓦西里耶娃整理）；(4)《第一国际总委员会会议记录（1870—1871）》（伊·巴赫主编，В.Г.马索罗夫、安·科罗捷耶娃整理）；(5)《第一国际总委员会会议记录（1871—1872）》（伊·巴赫主编，安·科罗捷耶娃、塔·瓦西里耶娃整理）。俄文版附有脚注和卷末注释、人名索引、报刊索引、地名索引等。

1964年，为了纪念第一国际成立一百周年，苏共中央马列研究院以俄文版为基础，第一次用原文编辑英文版《第一国际总委员会会议记录》，并由莫斯科进步出版社出版。英文版各卷由尼·涅波姆尼亚夏娅辨认英文原件，莉·贝利亚科娃、莫·皮尔曼整理付印。英文版各卷在内容和编排上与俄文版相同，除纠正明显的笔误、拼错的单词和人名、地名之外，英文版对原文未作改动。

20世纪60年代，中国开始翻译出版第一国际文献包括总委员会文献，但数量极其有限。80年代末，中国学者以苏联英文版《第一国际总委员会会议记录》为基础，编译出版了中文版《第一国际总委员会会议记录》(五卷本),并由中国人民大学出版社出版。中文版保留了苏联英文版的卷次、结构、内容、各卷前言,以及注释、人名索引、报刊索引,对正文也未作删改,仅略去了地名索引。

2011年,在国家出版基金资助下,中央编译局《国际共产主义运动历史文献》编委会以中文版《第一国际总委员会会议记录》为基础,重新编辑出版《第一国际总委员会文献》。重新编辑的主要工作包括:(1)调整卷次,改为四卷,略去英文版各卷前言,加写编辑说明;(2)对照英文版原文对中译文中的明显错误作了修订,参照中央编译局编译马克思主义经典著作的标准重新统一了人名、地名、组织机构名、报刊名等专用名,修订了部分人名索引;(3)所收入的马克思、恩格斯著作和书信,以及他们撰写的有关文件报告,一律采用中央编译局编译的最新版本;(4)保留插图,注释除略去个别内容明显重复的内容之外,基本未作删节;(5)为了进一步帮助读者理解文献内容,在必要的地方增加了注释,并注明"——编者注"。

重新编辑的《第一国际总委员会文献》共分4卷,分别是:(1)《第一国际总委员会文献(1864—1867)》,(2)《第一国际总委员会文献(1868—1869)》,(3)《第一国际总委员会文献(1870—1871)》,(4)《第一国际总委员会文献(1871—1872)》。每卷的主要内容包括:国际工人协会总委员会记录,小委员会会议记录,马克思和恩格斯撰写的有关文件报告和著作、信件,国际工人协会总委员会文件等。

目 录

国际工人协会总委员会记录本

(1868年1月21日—1869年12月14日) …………………… 1

1868年 …………………………………………………………… 3

 1月21日会议 ………………………………………………… 3
 1月28日会议 ………………………………………………… 5
 2月4日会议 ………………………………………………… 8
 2月11日会议 ………………………………………………… 8
 2月18日会议 ………………………………………………… 10
 2月26日会议 ………………………………………………… 11
 3月3日会议 ………………………………………………… 12
 3月10日会议 ………………………………………………… 14
 3月17日会议 ………………………………………………… 14
 3月24日会议 ………………………………………………… 16
 3月31日会议 ………………………………………………… 17
 4月7日会议 ………………………………………………… 19
 4月14日会议 ………………………………………………… 20
 4月21日会议 ………………………………………………… 21

4月28日会议	23
5月5日会议	24
5月12日会议	26
5月19日会议	27
5月26日会议	28
6月2日会议	29
6月9日会议	32
6月16日会议	35
6月23日会议	37
6月30日会议	38
7月7日会议	40
7月14日会议	41
7月21日会议	43
7月28日会议	45
8月4日会议	50
8月11日会议	54
8月18日会议	58
8月25日会议	60
9月1日会议	62
9月22日会议	63
9月29日会议	67
10月6日会议	69
10月13日会议	71
10月20日会议	73
11月3日会议	75
11月10日会议	77

11 月 24 日会议 …… 78
12 月 1 日会议 …… 80
12 月 8 日会议 …… 82
12 月 15 日会议 …… 83
12 月 22 日会议 …… 85

1869 年 …… 87
  1 月 5 日会议 …… 87
  1 月 12 日会议 …… 89
  1 月 19 日会议 …… 90
  1 月 26 日会议 …… 91
  2 月 2 日会议 …… 92
  2 月 9 日会议 …… 94
  2 月 16 日会议 …… 96
  2 月 23 日会议 …… 99
  3 月 2 日会议 …… 101
  3 月 9 日会议 …… 103
  3 月 23 日会议 …… 104
  3 月 30 日会议 …… 106
  4 月 6 日会议 …… 107
  4 月 13 日会议 …… 109
  4 月 20 日会议 …… 112
  4 月 27 日会议 …… 116
  5 月 4 日会议 …… 119
  5 月 11 日会议 …… 123
  5 月 18 日会议 …… 129
  5 月 25 日会议 …… 131

6月1日会议 ………………………………………………… 133
6月8日会议 ………………………………………………… 134
6月15日会议 ………………………………………………… 136
6月22日会议 ………………………………………………… 137
6月29日会议 ………………………………………………… 139
7月6日会议 ………………………………………………… 141
7月13日会议 ………………………………………………… 146
7月20日会议 ………………………………………………… 150
7月27日会议 ………………………………………………… 155
8月3日会议 ………………………………………………… 156
8月10日会议 ………………………………………………… 159
8月17日会议 ………………………………………………… 162
8月24日会议 ………………………………………………… 167
8月31日会议 ………………………………………………… 169
9月14日会议 ………………………………………………… 174
9月28日会议 ………………………………………………… 179
10月5日会议 ………………………………………………… 182
10月12日会议 ………………………………………………… 183
10月19日会议 ………………………………………………… 185
10月26日会议 ………………………………………………… 187
11月2日会议 ………………………………………………… 190
11月9日会议 ………………………………………………… 191
11月16日会议 ………………………………………………… 194
11月23日会议 ………………………………………………… 200
11月30日会议 ………………………………………………… 206
12月7日会议 ………………………………………………… 209

  12月14日会议 …………………………………………… 210

卡尔·马克思的手稿 …………………………………… 213
  卡·马克思对国际社会主义民主同盟纲领和章程的评语 ……… 215

国际工人协会总委员会文件 …………………………… 221
  致国际工人协会各书记和会员
    关于劳动统计问题 ………………………………………… 223
  致国际工人协会会员
    布鲁塞尔代表大会议程草案 ……………………………… 224
  日内瓦的同盟歇业
    致《星报》编辑 …………………………………………… 225
  致大不列颠和爱尔兰工联会员 ……………………………… 227
  国际工人协会总委员会第四年度报告 ……………………… 230
  关于国际工人协会和英国工人组织的关系 ………………… 236
  国际工人协会第一次和第三次代表大会决议 ……………… 239
  国际工人协会和国际社会主义民主同盟 …………………… 251
  关于萨克森煤矿矿工协会的报告 …………………………… 253
  国际工人协会总委员会致国际社会主义民主同盟 ………… 260
  比利时的屠杀
    致欧洲和美国工人 ………………………………………… 262
  致合众国全国劳工同盟的公开信 …………………………… 268
  总委员会关于继承权的报告 ………………………………… 268
  致合众国全国劳工同盟 ……………………………………… 270
  总委员会向国际工人协会第四次年度代表大会的报告 …… 271
  致国际工人协会各支部 ……………………………………… 286

土地和劳动同盟告大不列颠和爱尔兰男女工人书……………288
国际工人协会总委员会致纽约新民主会………………………294

注　　释…………………………………………………297

人名索引…………………………………………………367

报刊索引…………………………………………………392

插　图

弗里德里希·列斯纳为马克思《资本论》第1卷题词的复印件……………72
马克思写的总委员会关于对法国各支部成员的迫害的声明………………120
粘贴在记录本上的纽约有轨电车罢工工人印发的传单……………………121
卡尔·马克思的"土地和劳动同盟"盟员卡…………………………………192
总委员会关于巴塞尔代表大会的传单…………………………………………287

国际工人协会总委员会记录本

(1868年1月21日—1869年12月14日)

1868 年

委员会会议①

1月21日

1868年1月21日于西区东城堡街16号[1]

公民**肖**主持会议。

宣读并批准了上次会议的记录。

通　讯

公民**杜邦**报告说,他没有收到巴黎直接寄给他的通讯,但是这里的法国人分部收到的一封信指出,双方定期的来往信件一定是被警察没收了。已被传讯的巴黎会员不打算请律师。

公民**荣克**宣读了日内瓦的一封来信,为罢工的雕刻匠和珠宝盒工人求援。罢工是得到日内瓦委员会的赞同才举行的。

委托法国书记②写信给巴黎的青铜匠,查询他们是不是偿还了英国各工联的贷款,偿还的是何种贷款,敦促他们尽早还钱,因为不偿还也

---

① 本日记录由埃卡留斯记在记录本第127页上。
② 杜邦。——编者注

许是为日内瓦雕刻匠筹集基金的一个障碍。

接着，公民**荣克**提议，公民**杜邦**附议：委派几名委员为代表团出访。通过。

委派杜邦、荣克、列斯纳、摩尔根和肖诸位公民，公民肖为代表团的书记。

公民内维尔被接纳为法国人分部的代表。

公民迈耶森由**荣克**和**列斯纳**两位公民提名为总委员会委员候选人。

哈勒克先生和夫人由公民**摩尔根**提名为候选人，**杜邦**附议。

接着作出决定，将下列问题提交各附属团体讨论：

1. 组织信贷。交换合作。从实用观点看纸币。
2. 机器的采用及其后果。
3. 技术教育和综合教育。
4. 起草理性教育纲领的合理性。
5. 土地、矿藏、运河、公路和铁路；它们应该是私有财产还是公有财产，为私人的利益服务还是为公共利益服务。
6. 罢工的政策和仲裁法庭。[2]

委员会即此休会。

出席委员：巴克利、杜邦、埃卡留斯、荣克、列斯纳、摩尔根、莫里斯、内维尔、肖。

          主席 罗·肖
          书记 约·格奥尔格·埃卡留斯

委员会会议①

1月28日

公民**肖**主持会议。
宣读并批准了上次会议的记录。

选举新委员

E. 迈耶森、哈勒克和哈勒克夫人被选为总委员会委员。
路易·勒弗夫尔由公民**杜邦**提名为候选人，公民**荣克**附议。

通　讯

公民**杜邦**叙述说：一个装订工人从日内瓦到巴黎，需要钱开业，巴黎装订工人根据日内瓦支部的建议给了他必要的垫款。这是第一次国际信贷。

托伦和舍马莱两位公民要求检查官方面对他们两人分别提出正式公诉文书，弄得预审推事手足无措。

在比利时，我们的会员竭力反抗征兵。

法国人分部宣布，定于24日在克利夫兰大厅举行二月革命周年纪念。[3]

各代表团的报告

鞋匠执行委员会已在他们的月报上刊登了关于日内瓦雕刻匠罢工的

---

① 本日记录由埃卡留斯记在记录本第128—129页上。——编者注

声明。

公民**荣克**受到了费特尔巷鞋匠的很好接待，他认为他们将［做］一些事情。

公民**肖**在王首区没有找到人。列斯纳病了。

公民**杜邦**抗议在章程上只印两个人姓名的决议。[4]

作出决定：章程定价1便士，但每个书记免费送一份。

决定将下述传单[5]寄给本协会的各书记和会员。①

公民们：由于总委员会打算发表一份有关劳动居民现状的报告，希望你们尽可能在一个月内提供你们可能得到的有关你们当地工人的情况和条件的可靠情报。请各附属工会团体的书记回答下列问题：（1）团体的名称？（2）其会员人数？（3）常规劳动时间多少？（4）常规工资额多少？（5）是长年雇佣还是随时变动？（6）最近三个月来失业人数多少？（7）在业工人充分受雇吗？（8）近五年内有没有发生过预付工资或克扣工资的现象？（9）办过生产合作吗？有什么成就？

如果在回答这些问题之外，还能够提供其他情报，比如关于本行业或其他任何行业的专项情况，或邻近地区劳动居民的一般情况，以及是否为改善穷人的条件做了什么特殊的努力和取得了什么成就，总委员会将深表感谢。

下述呼吁书也以传单信的形式寄出：

致国际工人协会会员。

工人兄弟们：为确切表述国际工人协会会员伟大团体的看法，上次代表大会曾责成总委员会将下列问题提交你们研究讨论，并恳请你们将

---

① 记录本此处贴有1868年2月16日《蜂房报》第331号的剪报，上面载有传单和呼吁书。

有关这些问题的讨论结果及早惠寄给我们。

1. 在各工人团体中组织信贷和交换合作的制度（运用纸币）的实际可能性。

2. 采用机器对贫苦劳动者的状况有什么影响？

3. 起草对贫苦儿童进行技术教育和非宗教性综合教育的明确纲领的适宜性。

4. 土地、矿藏、运河、公路、铁路等等；它们应该是个人私有财产并为其私人的利益服务，还是应该把它们转为公共财产，使之充分为社会服务？

5. 罢工政策，以及坚决要求建立仲裁法庭的适宜性。

将根据寄回来的对这些问题的答案，决定其中的哪些问题应列入今年9月第一周在布鲁塞尔召开的下一次代表大会的议程。

受国际工人协会总委员会的委托，

主　　席　罗·肖

名誉总书记　约·格奥尔格·埃卡留斯

注意：请各工会团体的书记和其他渴望协助为拟议中的报告提供资料的人，将书面材料寄给伦敦西区东城堡街16号国际工人协会的书记。①

公民**荣克**答应作为代表去访问装订工人。

出席委员：杜邦、埃卡留斯、哈勒克和哈勒克夫人、荣克、列斯纳、摩尔根、莫里斯、内维尔、肖。

主席　罗·肖

约·格奥尔格·埃卡留斯

---

① 剪报至此结束。

委员会会议①
2月4日

公民列斯纳主持会议。

由于书记缺席，公民**肖**担任书记。

公民杜邦交付了**马赛**分部1867年的捐款2英镑。

荣克报告说，他在报纸上看到，日内瓦罢工已经结束。

日工装订工人的书记答复说，他的协会不能接待代表团，因为他们已经准备接待两个；每次月会可以赠款5英镑。

出席委员：哈勒克和［哈勒克］夫人、荣克、杜邦、肖、列斯纳、莫里斯。

主席②

书记　约·格奥尔格·埃卡留斯

委员会会议③
2月11日

公民肖主持会议。

宣读并批准了上两次会议的记录。

---

① 本日记录由埃卡留斯记在记录本第130页上。
② 无签名。
③ 记录由埃卡留斯执笔记在记录本第130—131页上。

通　讯

　　公民**荣克**宣读了日内瓦的一封来信。信上说，罢工是在并非所有的人都满意，而且考虑到季节不利，他们的处境可能更糟的情况下结束的。伦敦的来信没有多少令人鼓舞的东西，但是他们感谢总委员会所采取的步骤。差不多所有的工会团体现在都已加入了协会，在几个地方出版了报纸。他们不久就寄钱来。[6]

　　比利时。会员们举行许多次关于合作和普选权以及发起反征兵法和废除常备军运动的会议。在列日、韦尔维耶和博里纳日的矿工中间，新建立了几个支部。财政状况不佳，他们花费很多，但是不必怀疑他们能够缴纳他们的捐款；他们也收到了洛克勒的吉约姆的信，宣称《报告》终于准备好了，但是价值为两法郎。[7]

　　法国。公民**杜邦**宣读的一封信内宣称，预审推事的审前调查尚未结束。只进行了四次住宅访查对起诉是不够的[8]，所以警察传讯了委员会的全体委员，其中有一位从未接受委任也从未出席会议。审判官认为，国际工人协会总委员会名单上的英国人名字都是虚有其人，只有那些革命流亡者在指导他们的朋友如何行动。这是一个有公开纲领的秘密团体。巴黎会员们为着革命的目的力图取得对法国工人的控制。路特希尔德已接到离境通知。倘若没有任何可供惩处的罪证，预料被告会凭他们的思想情绪被判罪。

　　马赛分部有280名会员。

　　委派公民**荣克**将传单的译稿寄往瑞士，并委托日内瓦的德国书记①尽可能找到报纸发表这个传单。[9]

---

　　①　贝克尔。

还作出决定：公民杜邦负责将传单上的问题和代表大会的某些决议印出来，以便转送到法国。[10]

公民**劳伦斯**通知说，两周后，他将提出若干关于为工人阶级组织信贷机构的决议案。[11]

委员会即此休会至2月18日，星期二。

出席委员：杜邦、埃卡留斯、哈勒克、哈勒克夫人、黑尔斯、荣克、列斯纳、劳伦斯、尼尔、莫里斯、肖。

主席　罗·肖

书记　约·格奥尔格·埃卡留斯

委员会会议[①]

2月18日

公民**肖**主持会议。

宣读并批准了上次会议的记录。

通　讯

绍德封支部成立了名为"预见"的合作商店，并要求寄去英国衬衣料、细棉布和其他女衣料制造商的住址，同时库莱里还说，我们应该寄给他们样式。完全现金交易。库莱里问伦敦是不是睡着了。

指定书记[②]把信里的意思通知罗奇代尔先锋合作社。[12]

比利时。政府缺少两千多名士兵和需要几百万战争拨款，支部已经

[①] 本日记录由埃卡留斯记在记录本第132页上。
[②] 埃卡留斯。

提出抗议。

决定：付给莫里斯房租 1 英镑。

提名。摩尔根夫人由公民**肖**提名，公民**哈勒克**附议。

公民威廉森，由公民**哈勒克**提名，公民**摩尔根**附议。

为了裁缝全体大会[13]的缘故，总委员会休会至 2 月 26 日，星期三。

出席委员：巴克利、杜邦、埃卡留斯、荣克、哈勒克夫人、哈勒克、莫里斯、摩尔根、劳伦斯、尼尔、肖。①

委员会会议②

2 月 26 日

公民**肖**主持会议。

宣读并批准了上次会议的记录。

摩尔根夫人和公民威廉森被接纳为委员，无不同意见。

公民**米尔纳**出示了全国改革同盟代表证书，并交付了 1867 年下半年捐款 2 先令 6 便士。一致表决接纳他为代表。

通　讯

[宣读了]西头靴帮缝制工人的一封来信，回答了问题[14]，并表示要交第一季度捐款，但必须派人去取。

彼·肖罗克斯先生从曼彻斯特来信说，该市的工人对伦敦不怎么信任，但他将努力使他们拥护国际，并为报告找到情报。

---

① 无签名。
② 本日记录由埃卡留斯记在记录本第 132—133 页上。

各代表团的报告

公民**哈勒克**问过靴匠协会西北区分会,但是会议到会人数不足以决定入会问题。相信他们会加入。

公民**荣克**受到西蒂区女装工人的善意接待。他们已加入,共有400名会员,将派一名代表来。

公民**劳伦斯**收到美国国际裁缝联盟通讯书记的一封来信,信中宣布着手筹备一个扩大到全世界的裁缝联盟;伦敦裁缝昨天晚上赞同这个想法,并委托他们的书记继续通信[15];公民劳伦斯以为,如果这封信的最主要段落让大陆上都知道,可能引起其他行业的响应。

公民**荣克**表示,希望在采取任何行动之前要听一听信的内容。

公民**劳伦斯**声明说,我们吁请总委员会在下次会议上讨论这个问题。

美国书记①被委托写信给纽约的杰瑟普,为报告搜集情报。

委员会于10时半休会。

出席委员:埃卡留斯、哈勒克、哈勒克夫人、荣克、列斯纳、劳伦斯、米尔纳、摩尔根夫人、摩尔根、莫里斯、肖。

主席　海·荣克
书记　约·格奥尔格·埃卡留斯

委员会会议②

3月3日

公民**荣克**主持会议。

---

① 肖。
② 本日记录由埃卡留斯记在记录本第133—133a页上。

宣读并批准了上次会议的记录。

书记①报告，新伦敦编筐工人协会交付了 300 名会员的第一季度捐款。肯德尔鞋匠交付了 40 名会员的年度捐款。宣读了林恩分部和伯明翰工联理事会书记关于传单的来信。[16]

公民**荣克**宣读了《未来呼声报》上的几则摘要，其中报道，日内瓦建筑业正努力争取在现有每天平均工资 3 法郎 60 生丁基础上提高 10%。[17] 同一张报纸上的一封比利时来信报道说，有几个重要的团体加入了协会，还有几个团体也准备加入。一个农业合作社正准备迁往美国，在那里建立共产主义移民区。[18] 比利时支部打算发表一封就芬尼亚社社员问题致不列颠工人的公开信。[19]据该报报道，比利时支部足有 4000 会员。

在苏黎世，由于协会会员的参加，通过了一项州法案；立法机构通过的任何一项法案，未经选举人投票赞同，不得具有法律效力。

公民**哈勒克**宣布，他向制箱工人提出过建议，该团体准备接待代表团。

决定派出由米尔纳、列斯纳和荣克三位公民组成的代表团。

公民**哈勒克**代表公民摩尔根报告说，一位鞋匠曾冒充为某巴黎团体的代表出席鞋匠协会的会议，但没有全权证书；他想建议委托法国书记②作调查。同意。

出席委员：巴克利、埃卡留斯、哈勒克和哈勒克夫人、荣克、列斯纳、米尔纳、摩尔根夫人、莫里斯、内维尔、肖。

委员会于 10 时半休会。

主席　海·荣克
书记　约·格奥尔格·埃卡留斯

---

① 埃卡留斯。
② 杜邦。

委员会会议①

3月10日

公民**荣克**主持会议。

宣读并批准了上次会议的记录。

宣读了巴黎来的关于巴黎委员会委员受审的一封信。审讯厅挤满了协会会员。各工会团体的会员的各种问题都被问到了。公民舍马莱要求了解起诉书；法庭拒绝了，除非被告雇用律师，而被告们也未雇用律师。写信的人以为伦敦已经知道结果，其实并非如此。上星期日选出了由布尔东、瓦尔兰、马隆、孔博、莫兰、安贝尔、朗德兰、格朗容和沙博诺组成的新的委员会。

出席委员：巴克利、杜邦、埃卡留斯、哈勒克、哈勒克夫人、荣克、列斯纳、莫里斯、摩尔根夫人、米尔纳。

委员会于9时休会。

主席　海·荣克

书记　约·格奥尔格·埃卡留斯

委员会会议②

3月17日

公民**肖**主持会议。

上次会议记录尚未整理，记录的宣读延至下次会议。

---

① 本日记录由埃卡留斯记在记录本第133a—133b页上。
② 本日记录由埃卡留斯记在记录本第133b—133c页上。

通　讯

宣读了库莱里的一封来信,他在信中抱怨没有听到伦敦的消息,传单没有在上一期《未来呼声报》上发表。再次要求寄样式去。

书记①负责写信去哈利法克斯。

支部曾呼吁职员和铁路员工组织联合会并加入国际,他们好像有意这样做。没有邀请警官们。[20] 雕刻匠加入了协会,德国人支部想同法国人支部联合。[21] 在巴塞尔,一个新支部准备成立。[22]

代表团

代表团受到制箱工人很好的接待;问题要在下一次全体大会上提出来。

接着,请公民**劳伦斯**开始他所提出过的那个讨论。他说,信贷问题是一个颇为棘手的问题。他几乎不准备提出任何实际的东西来。这个问题应该从各方面予以讨论,得出的结论要具体作出决议。目的在为合作运动提供更多的便利。有两种合作运动:一种是零售批发购进的产品的合作,另一种是生产合作。前者是现金经营,不需要信贷,但是后者在生产过程中需要信贷。所有其他生产者阶层都能在其产品本身准备实现其市场价格之前,借助于债券和信贷对自己的产品确定一个符合行情的价值。工会团体和其他拥有财产和公认诚实无欺的组织应该负责为有支

---

① 埃卡留斯。

付能力的合作社的证券作保。按劳埃德船舶协会①的原则建立起来的保险团体，将使合作社能够不费事地获得信贷。如果没有信贷，生产合作就达不到预期的规模。为了把这个问题充分地提到工人阶级的面前，他想提出如下的决议案："总委员会研究了援助生产合作社的信贷团体问题，其目的在于向工人阶级表明本委员会在这个问题上的意见。"

公民**尼尔**支持这个提议。他认为这件事是值得办的。困难是有的，但是这些事总要有人来干。他们在一开始也许会表现出空想，但是有志者事竟成。他提到了每年生产的极其大量的财富及其不平等的分配，像莱昂内［·莱维］和巴克斯特［·兰利］所详细说明的那样，并且说，工资收入阶级，其中很多人已经组织起来并积聚了大量的钱，要他们把这些钱交给把钱用于自己目的的富人，那几乎是不可想象的。他相信，这些钱能够用来拯救被压迫者。资本家由于组织了他们的信贷机构而获得了自己的地位，工人阶级也可以像他们一样干好。

在几位委员发言赞成这个提议后，决议案被一致通过。讨论延期。

出席委员：巴克利、埃卡留斯、哈勒克、哈勒克夫人、荣克、劳伦斯、列斯纳、尼尔、米尔纳、莫里斯、摩尔根夫人、肖。

主席 海·荣克
书记 约·格奥尔格·埃卡留斯

委员会会议②

3月24日

公民**荣克**主持会议。

---

① 劳埃德船舶协会是伦敦的一个海上保险业团体，因17世纪时在爱德华·劳埃德开设的咖啡馆第一次开会筹组成立而得名。——译者注
② 本日记录由埃卡留斯记在记录本第133c—133d页上。

宣读并批准了上两次会议的记录。

通　讯

书记①宣读了公民沃尔顿关于信贷问题的一封来信，和另一封诺丁汉来的告知收到了传单、章程和宣言的信。[23]

公民**荣克**宣读了《未来呼声报》上几则关于建筑业的报道。他们要讨论他们同雇主的分歧。他们要求把劳动时间由12小时降到10小时，并增加每小时的工资。[24]

公民**黑尔斯**说明了为什么他的协会没有回答传单的原因，问题已经讨论了，他将在下周把结论带来。

比利时。一个合作社要在布鲁塞尔建立起来。工人团体"联盟"加入了协会。

出席委员：巴克利、埃卡留斯、黑尔斯、哈勒克、哈勒克夫人、荣克、列斯纳、摩尔根夫人、莫里斯。

主　　席　罗·肖
名誉总书记　约·格奥尔格·埃卡留斯

委员会会议②

3月31日③

公民**肖**主持会议。

---

① 埃卡留斯。
② 本日记录由埃卡留斯记在记录本第133d—133e页上。
③ 原件有误：应为"3月31日"，误为"3月30日"。

宣读并批准了上次会议的记录。

哈利法克斯的白恩士先生寄来 12 张邮票，申请为协会的会员。他在答复关于给绍德封寄样式的信中说，没有一个生产协会已充分发展到能自己处理业务的程度，他建议总委员会同曼彻斯特的欧文·格里宁先生通信联系。他还请求建立一个国际合作代办处。

公民**鲁克拉夫特**自愿写信，也委托书记①写信。

法国。宣读了鲁昂来的一封信，附有 100 名新会员 8 先令捐款。该分部繁荣昌盛，发展迅速，正筹备出版期刊。该通讯员想同一些英国纺纱工人建立通信联系。[25]

收到了阿维尼翁要求授权建立 [一个] 新分部的申请。

委派杜邦和埃卡留斯两位公民了解申请人的附带条件，如果他们认为合适，可批准申请。

巴黎支部来信宣布：他们将照常活动，就像没有发生什么事一样，如果政府执意起诉，他们准备作出更大的牺牲。

宣读了《未来呼声报》的摘要，大意是：日内瓦发生了建筑业的同盟歇业，资本家提出的条件是退出协会。[26]

从英国报纸上宣读了许多捏造的报道，这引起了长时间的谈论。委派几个代表团去访问各工会，并委托书记给一些人写信，询问什么时候和在什么地方接待代表团。

书记同意起草一个说明真相的声明送给所有的日报，并提交星期五晚上的会议批准。[27]

委员会在 11 时半休会。[28]

出席委员：巴克利、杜邦、埃卡留斯、哈勒克、哈勒克夫人、荣

---

① 埃卡留斯。

克、鲁克拉夫特、列斯纳、莫里斯、米尔纳、摩尔根夫人、肖。

  主席 罗·肖

  书记 约·格尔奥格·埃卡留斯

委员会会议^①

4月7日

  宣读并批准了上次会议的记录。

  书记^②宣读了几封信。[一封]是欧文·格里宁先生来的,说明合作社还没有充分发展到供应必需品的程度,但是他将寄来出自别的来源的式样,并乐于提供他在伦敦的办事处作为建立国际代办处之用。另一封信是伯明翰来的,答应送来报告。

  荣克宣读了瑞士来的关于同盟歇业的一封信。老板们试图造成混乱,但是枉费心机。他们召开了瑞士德国人的会议,企图使他们同操法语的人们分离,但是经过四个小时的讨论和发言之后,未能把瑞士德国人争取过去。

  日内瓦人派来了一位代表,带来一些报纸,从这些报纸上可以看出,老板们并不像曾经确认的那样铁板一块。²⁹

  一个代表团参加了木工和细木工联合会委员会会议,受到了很好的接待。

  装订工人方面由于一个错误,问题未能提出来。

  法国人分部^③方面,签名认捐了一周,总数已达30先令。

---

  ① 本日记录由埃卡留斯记在记录本第133e页上。
  ② 埃卡留斯。
  ③ 在伦敦的。

瓦尔兰在巴黎发表了一份呼吁书。

在瑞士，各团体正做最大的努力。

出席委员：巴克利、杜邦、埃卡留斯、荣克、列斯纳、米尔纳、莫里斯、肖。①

委员会会议②

4月14日

公民**肖**主持会议。

宣读并批准了上次会议的记录。

书记③宣布，西头女靴匠将于20日接待代表团。西头细木工作了答复，他们太穷不能给日内瓦人什么帮助，但是他们将缴纳他们的会费。这些是收到的对九封信的全部答复。

公民**荣克**宣读了日内瓦的一封来信。从信上看出，巨大的挑衅事件被利用来挑起纷争和混乱。因此，联邦政府也许要进行干预。[30] 来信人赞成公民瓦尔兰在巴黎所采取的行动。

另一封瓦尔兰给日内瓦代表的信报告说，已从一个团体获得了60英镑，从另一个团体获得了80英镑。收到了伦敦的细木工联合会20英镑。瓦尔兰在《国民舆论报》上刊登了一份以协会名义并由他本人代表新委员会签署的呼吁书。[31]

收到了纽约社会党的章程和纲领。[32]

公民**荣克**受到雪茄烟工人很好的接待，也受到弹性织品织工的很好

---

① 无签名。
② 本日记录由埃卡留斯记在记录本第133f页上。
③ 埃卡留斯。

接待，后者一致投票赞成捐助 5 英镑。此外，他在两周前给《未来呼声报》写了文章，但是还没有刊登。星期六伦敦各报上刊登的那则关于日内瓦冲突结局的短评，也发表在《未来呼声报》上。[33] 今后，工人一天只工作 11 小时，工资在原有基础上每天提高 10%。

公民**列斯纳**报告说，他曾不得不同制箱工人协会方面的某些反对意见作斗争。该会书记竭力支吾搪塞，最后才决定加入，但在 7 月以前不会付诸实施。

公民**黑尔斯**报告说，他给各个地方的一些工会写了信，建议它们加入协会。

出席委员：巴克利、埃卡留斯、黑尔斯、荣克、列斯纳、米尔纳、莫里斯、肖。①

委员会会议②

4 月 21 日

公民**荣克**主持会议。

宣读并批准了上次会议的记录。

宣读了几封信：德意志男性同盟[34]来信宣布，捐助日内瓦工人 1 英镑；另一封是星期日同盟书记关于租用办事处的信[35]；一封马车修理匠的书记宣布该团体退出协会的信。

根据公民**列斯纳**的提议和公民**米尔纳**的附议作出决定：书记写信给马车修理匠，了解他们退出的理由。

委托书记写信给莫雷尔先生，说明需要什么样的房间。

---

① 无签名。
② 本日记录由埃卡留斯记在记录本第 133g 页上。

通　讯

公民**荣克**星期五收到一封信，信中说老板们认为，工人会拒绝所提出的条件，这些条件将把工人置于不利地位。他们的店铺没有在13日开张，大多数老板拒绝他们的工人复工。[36]

代表团

参加了制帽工人的会议，受到良好的接待，如果送去书面说明，无疑会起些作用。

西蒂区女鞋匠有两周的时间一直没有开会。约有150名会员的西蒂区男鞋匠将讨论加入的问题。提出了给日内瓦工人2英镑的建议，这个建议已被通过。

公民**列斯纳**已给几个德国人团体送去了传单，其结果是：工人教育协会已认捐1英镑11先令4便士；汉诺威人寄来1英镑3先令，从其他地方还得到了另几笔钱。

马赛。该分部写信问杜邦在现有环境下如何活动。旧委员会已辞职，任命了新委员会，但是只要总委员会希望旧委员会恢复，他们也愿意照办。

总委员会认为，这件事应该由马赛的会员自行处理。

巴黎的公民舍马莱来信说，他已对法庭的判决提出上诉；将于22日听取上诉。一个协会会员携带属于各合作社的几笔钱从巴黎潜逃了。

吁请巴黎工人援助日内瓦工人的呼吁书已经发表，由巴黎各工会的代表签署。[37]

比利时的国际工人协会会员给被起诉的矿工聘请了法律顾问。[38]

出席委员：巴克利、杜邦、埃卡留斯、荣克、哈勒克、哈勒克夫人、列斯纳、米尔纳、莫里斯。

主席　乔·奥哲尔

书记　约·格奥尔格·埃卡留斯

委员会会议①

4月28日

公民**奥哲尔**主持会议。

宣读并批准了上次会议的记录。

书记②报告：风琴匠和马车制造匠已同意接待代表日内瓦人的代表团。风琴匠协会第一分会需要八张空白会员证。［由于］书记［说明了］新会员证正缺，这个问题延期再议。

由马克·拉尔先生寄来的关于伯明翰贫苦人生活条件的报告，已经收到。

公民**荣克**宣读了一张比利时报纸《论坛报》上的一些摘要，从中可以看出，煤［矿主］降低了工资，而他们都分得了15%的纯利润。许多士兵向人民的头顶上空开了枪。一位开业医生和他的儿子给了伤员以巨大帮助。由国际组织的一个委员会，正为犯人搜集证据。³⁹

安特卫普的"人民联盟"加入了协会，韦尔维耶的"自由工作者"已决定加入协会。

洛克勒来的一封信说，代表大会报告已准备好，费用是25英镑，公民吉约姆问总委员会能不能马上交付。

---

① 本日记录由埃卡留斯记在记录本第133h页上。

② 埃卡留斯。

公民**埃卡留斯**说，总委员会决不应该负担这笔费用，因为操法语的代表发起时就承担了印刷的事务。总委员会只负责一定份数的费用。

委托公民荣克按这个意思作答。

收到了关于日内瓦同盟歇业的一本小册子，其价值为3便士。[40]

巴黎。青铜匠只偿还了伦敦法国人分部和裁缝的钱。他们偿还别处的要多些，共有800英镑。[41]

舍马莱的上诉被搁置。新委员会开会不隐蔽；政府不知所措。

在阿维尼翁新建的分部要求发给一份可供发表的批准书；他们想什么事都要公开干。

里昂人抱怨没有收到对他们来信的复信。

委员会于11时休会。

出席委员：巴克利、埃卡留斯、荣克、米尔纳、列斯纳、莫里斯。

瑞士人歌唱联合会为日内瓦送来1英镑6先令，西蒂区男鞋匠交付捐款1英镑14先令2便士。

主席　本杰明·鲁克拉夫特
书记　约·格·埃卡留斯

委员会会议[①]

5月5日

公民**鲁克拉夫特**主持会议。

宣读并批准了上次会议的记录。

---

① 本日记录由埃卡留斯记在记录本第133i页上。

代表团

公民**荣克**受到"银杯"木匠们的良好接待，但是他们太穷，捐不了钱。他还访问了制帽工人委员会；多数人投票反对捐款，因为他们的基金快用完了，已经在每周征收捐款。装订工人提出了关于法国人分部①的问题和协会的政治性质问题。他曾经报告过，杜邦已经写过他对海德公园示威的个人意见，上次革命周年纪念会是伦敦法国流亡者的行动。这个解释被认为是令人满意的[42]，他们决定给日内瓦贷款10英镑。[荣克]还没有收到西蒂区鞋匠的钱。

公民荣克偶尔碰上了机械工人联合会执委会的一位委员。这位委员说，他们的委员会是倾向于入会的，这个问题已列入议程。他建议总委员会派一位代表去参加他们的下一次代表会议。

宣读了曼彻斯特的欧文·格里宁先生的一封来信，说明为什么没有给拉绍德封送式样去的理由。

会员证。决定印制500张会员证。会员证的旧格式则应予修改，责成公民荣克照办。[43]

出席委员：巴克利、埃卡留斯、荣克、哈勒克、哈勒克夫人、列斯纳、鲁克拉夫特、马克思、莫里斯。

主席　海·荣克
书记　约·格·埃卡留斯

---

① 伦敦法国人分部。——编者注

委员会会议①

5月12日

公民**荣克**主持会议。

宣读并批准了上次会议的记录。

书记②宣布，风琴匠已寄来42名会员的6个月捐款。雪茄烟工人询问他们还欠多少钱。

代表团

公民**荣克**报告说，他收到雪茄烟工人的书记来信，建议现在不要忙于为日内瓦派代表团。

公民**马克思**提议：因为比利时政府已经使本协会卷进了矿工的事件，总委员会就应该正式揭露这个政府。**莫里斯**附议。一致通过。

委托公民杜邦给比利时写信，以获得关于这一事件的真实情况。[44]

公民**列斯纳**提议，**杜邦**附议：书记写信给机械工人联合会执委会，问他们是不是愿意接待本委员会代表团出席他们的下一次代表会议。

委员会即此休会至5月19日，星期二。

出席委员：杜邦、埃卡留斯、荣克、列斯纳、马克思、莫里斯。

主席③

---

① 本日记录由埃卡留斯记在记录本第133j页上。
② 埃卡留斯。——编者注
③ 无签名。

委员会会议①

5月19日

公民**科恩**主持会议。

他说明了最近妨碍他出席会议的理由。他的协会又拨出了捐款。对总委员会送去的问题,雪茄烟工人已任命了一个六人委员会来提出关于这些问题的报告。

宣读并批准了上次会议的记录。

书记②宣读了星期日同盟书记来的关于办公处用房问题的一封信。派埃卡留斯、列斯纳为代表,于星期四访问星期日同盟委员会。指令代表团,如果租金一个月超过1英镑1先令,就不要达成任何协议。[45]

通 讯

马赛。该分部认为它被伦敦的总委员会忽视了;想知道协会会员的人数;准备缴纳第二期捐款,需要合作社的章程,并准备讨论合作问题。他们还寄来了新选出的委员会名单。

委托法国书记③作答复。关于会员人数等问题,建议他们查看代表大会记录。

又作出决定:应该有尽可能多的委员携带合作社的章程来参加下一次会议。

---

① 本日记录由埃卡留斯记在记录本第133j—134页上。
② 埃卡留斯。
③ 杜邦。

出席委员：巴克利、杜邦、埃卡留斯、哈勒克、哈勒克夫人、列斯纳、摩尔根夫人、莫里斯、肖。

主席①

书记　约·格奥尔格·埃卡留斯

委员会会议②

5月26日③

公民**肖**主持会议。

宣读并批准了上次会议的记录。

埃卡留斯报告：星期日［同盟］已同意所提出的条件，莫雷尔先生将带一份协议来。

公民**荣克**报告：他为日内瓦罢工一事访问了西蒂区鞋匠，但是他们过分忙于其他事务。他还访问了装订工人。他认为，他们会提供捐款，但不会派代表。

日内瓦的一封来信说冲突已经结束。大部分行业已根据4月份协议的条件复工。锁匠和白铁匠已把他们的劳动时间降到10小时。木匠老板们制定了"标准定额"，但工人们不承认。如果情况导致罢工发生，并不需要国外的援助。自从同盟歇业以来，1260名会员加入了协会。巴黎已寄来1万法郎。

布鲁塞尔的一封信报告说，德巴普现在花过多的时间从事写作，所以另有人写信。[46]提到了有关煤铁业的几个细节。德巴普将寄报纸来。

---

① 未签名。
② 本日记录由埃卡留斯记在记录本第134—135页上。
③ 原件有误：应为"5月26日"，误为"5月25日"。——编者注

新的巴黎委员会的九名委员已被判处一个月的监禁和 100 法郎罚金，限期一个月付款。**⁴⁷** 起诉的主要之点在于各行业都在罢工时，伦敦打来电报阻止［工人］进来。

公民**杜邦**提议，委托瑞士书记写信给吉约姆，询问为什么巴黎收到了代表大会报告而伦敦还没有收到的原因。此外，需要写好了的代表大会文件。同意。

执行主席建议，发表揭露法国政府和比利时政府的公开信。同意。马克思、荣克和杜邦诸位公民被任命为一个委员会起草公开信。**⁴⁸**

公民**马克思**通知说，他将提出一项关于下次代表大会会议的决议案，这次代表大会不能在布鲁塞尔召开，因为外侨法继续生效。**⁴⁹**

哈勒克夫人宣布：巴黎鞋匠协会已经同英国鞋匠联合会结成了同盟。

公民**荣克**提名，**哈勒克**夫人附议：公民茹尔·若昂纳尔为总委员会委员候选人。

莫雷尔先生来了，但是把协议文稿丢了。

委员会［于］10 时半休会，下星期二去海·霍尔本街 256 号开会。

出席委员：巴克利、杜邦、埃卡留斯、黑尔斯、哈勒克、哈勒克夫人、列斯纳、马克思、莫里斯、肖。

主席　乔·奥哲尔

总委员会会议①

6 月 2 日于海·霍尔本街 256 号

公民**奥哲尔**主持会议。

---

① 本日记录由埃卡留斯记在记录本第 135—137 页上。

宣读并批准了上次会议的记录。

公民**科恩**代表伦敦雪茄烟工人协会交付了6个月的捐款1英镑9先令。

执行主席宣读了同星期日同盟的协议。

公民**若昂纳尔**被一致选为总委员会委员。

公民**荣克**谈到比利时说,比利时大臣要求下议院将外侨法继续生效时,提到国际协会在比利时挑起不满。比利时分部已经答复了他的演说。[50]布鲁塞尔委员会在沙勒罗瓦召开了公众集会,以促使矿工组成工会并加入国际[51];已建立起一个支部。韦尔维耶的"自由工作者"已经加入协会。[52]

公民**荣克**提出了下述决议案:

鉴于:

1. 比利时议会刚刚把一项法律的有效期延长三年,根据该项法律,任何一个外国人都可以被比利时行政当局驱逐出境;

2. 国际工人协会的尊严不容许它自身在处于当地警察支配之下的地方召开代表大会;

3. 国际工人协会章程第3条授权总委员会在必要时可以改变代表大会的集会地点;

总委员会决定于1868年9月5日在伦敦召开国际工人协会代表大会。[53]

公民**杜邦**支持这项决议。

公民**科恩**认为,可以延期作出决定,看看是否能够找到某个别的地方。

公民**奥哲尔**竭力主张坚持在那里举行代表大会的打算,以下议院能够接受的方式提出问题。他认为,到时候可以派几个人去筹备代表大会,观察政府的动静。

公民**荣克**不反对延期，但决心促使在下周通过这项决议。我们不能指望任何政府的恩宠，下议院的讨论可能来得太晚，而且徒劳无益。

巴黎。舍马莱来信。新的委员会已被判处三个月监禁和100法郎罚金，一个月内交付。还没有听取舍马莱的上诉。舍马莱把他自己同其余的人区别开，试图解决矫正法庭对他是否有裁判权的法律问题。因为如果问题的解决对他不利，他就不得不服从判决；他的案子将在1868年6月5日审理。他想知道总委员会关于下次代表大会会议的打算。他想他将到伦敦来。打算出版一个月刊。[54] 4月27日，在他的住处进行了第二次住宅搜查。

公民**贝松**宣布，他收到比利时的4英镑捐款，8000名矿工在沙勒罗瓦加入了协会。矿工们极其渴望知道总委员会的一些情况。刊登了致矿工的公开信[55]的比利时报纸，在矿区卖掉了成千上万份。他们要我们美国通讯员的地址。该委员会问我们是否愿意接受拥护我们协会的七种报刊，总委员会可以看看他们的作为。[56]

公民**荣克**提议：将我们在美国的通讯员的地址告诉比利时书记，以便转告给住在布鲁塞尔的美国人，在我们的下一次通讯中，把这个情况向我们的美国通讯员提及。贝松附议。同意。

接受那些报刊。

出席委员：贝松、科恩、杜邦、埃卡留斯、荣克、若昂纳尔、哈勒克、哈勒克夫人、列斯纳、摩尔根先生、莫里斯、奥哲尔、肖。

  主席 乔·奥哲尔
  书记 约·格奥尔格·埃卡留斯

委员会会议①

6月9日

出席委员：巴克利、黑尔斯、若昂纳尔、列斯纳、罗夫人、摩尔根夫人、哈勒克、哈勒克夫人、奥哲尔、莫里斯、荣克、鲁克拉夫特、米尔纳、贝松。

公民**奥哲尔**被一致提名主持会议。

宣读并批准了上次会议的记录。

书记②宣布：他收到了发给泥水匠协会第一分会会员证的钱7先令6便士；机械工人的书记③来信，说明他们今年不举行代表会议，但是我们信中的问题将在总执行委员会开会时提出来。

他还纠正了口头叙述布鲁塞尔两封来信内容方面的几个错误。

公民**荣克**宣布，在瑞士的尼翁成立了一个分部[57]；他还宣读了如下的各支部名单……④

暂不讨论代表大会的问题。[58]

公民**荣克**认为，最好是把这个问题延期到下周再议，并征求比利时支部的意见。

公民**奥哲尔**重申了他以前的意见，并认为我们最好的办法是抛弃这个决议案。他认为，到时候应该派两个人去，如果代表大会被禁止这样做就会更加加强协会，而看风转舵的政策会削弱协会。

---

① 本日记录由埃卡留斯记在记录本第137—139页上。
② 埃卡留斯。
③ 艾伦。
④ 记录在这里中断；第137页的末尾留下空白，显然是供列出日内瓦23个支部名单之用。记录继续记在记录本第138页上。

公民**荣克**说，他不可能撤销决议案。如果按奥哲尔的建议办，很有可能开不成代表大会。

列斯纳提醒总委员会要考虑他们必须作出什么样的决定，总委员会必须对后果负责。钱会浪费掉。

奥哲尔答复说，不会浪费钱，而会节省钱。万一派去的两个人又遣送回来了，代表大会仍然可以在伦敦举行，这不可能导致对协会的破坏。他们可能会把这两个人关押几天，这也不会破坏协会。

埃卡留斯说，委员会的责任在于保证代表大会的举行。根据现在的情况代表大会在布鲁塞尔开不成，［他］也不相信它会在伦敦获得成功。他赞成听取比利时支部的建议。

奥哲尔认为，询问比利时人，让他们知道我们不打算在布鲁塞尔举行代表大会，乃是下策。

荣克说，如果代表大会不改变地址，比利时政府会一直等到代表大会召开，而我们就不得不打发代表们回去，或者想办法把他们带到伦敦来。

鲁克拉夫特相信，问题不能用已提出的办法试验。政府会等到代表大会全都聚齐。如果我们对它施加压力，也许会驱使比利时人采取错误的立场。在伦敦开一个小的代表大会同在一个更小的地方举行代表大会，在国外的影响会完全一样。伦敦的报纸发行到全世界。我们应该征求比利时人的意见。

奥哲尔扼要地重申了自己的观点，并发言反对征询比利时人的意见。

罗夫人说，看来普遍的意见［是］，如果我们有办法的话，这个问题就不妨试一试。我们的任务就是要试探这一点，而不应该把问题扔给任何一个支部；［她］反对询问比利时人。

黑尔斯赞成改变代表大会地址而不必询问比利时人。如果在欧洲大陆能够找到一个更为中心的地方，代表大会就在那里举行；如果找不到，就在伦敦举行。既然以前几次代表大会都在大陆上，那就让我们也在英国举行一次吧。他认为，对英国议会抱什么希望是不明智的。如果我们违犯比利时的法律，我们就不得不承担后果。

奥哲尔说，代表大会要召开，会有一些议论；代表大会不召开，也会有一些议论。提出这个问题，对我们比对代表大会本身更有价值。

杜邦认为，总委员会的责任是保证代表大会能开成，章程是这样规定的。如果代表大会开不成，我们是有责任的。比利时的法律为了阻止代表大会召开已继续生效，这是一种法国的法律。

列斯纳说，争吵是没有用的。

米尔纳认为，主要目的是举行代表大会，不使中断。迄今为止，还没有适当机会充分表明国际要达到什么。为召开代表大会的权利而争执，会把我们引入歧途。

黑尔斯把代表大会看得比斗嘴更要紧。问题是要阐明意见，求得一致的认识。

哈勒克说，归结到一点，就是要更好地反映不列颠的特色。我们在比利时受挫以后，在这里会召开一个更好的代表大会。

韦济尼埃认为，比利时对付外国人的法律并不是新的。它使政府能够在一个外国人刚入境时就驱逐他。在比利时，唯一未加限制的自由是集会自由。他要求总委员会征询比利时人的意见。只要法国代表在比利时说了什么，他们就会被抓起来解送回国；他们如果去伦敦，也会遭到同样的对待。英国人和美国人也许不会受到干扰。

决定：委托比利时书记写信给布鲁塞尔，征询那里的委员会的意见。

公民林堡被接纳为德意志工人教育协会的代表。

柯普兰由**罗**夫人提名为委员，**黑尔斯**附议。

主席　海·荣克
书记　约·格奥尔格·埃卡留斯

委员会会议①

6月16日

出席委员：巴克利、贝松、杜邦、埃卡留斯、黑尔斯、哈勒克、斯特普尼、哈勒克夫人、荣克、拉法格、若昂纳尔、列斯纳、马克思、莫里斯。

公民**荣克**主持会议。

宣读并批准了上次会议的记录。

公民柯普兰被一致选为委员会委员。

通　讯

6月9日，巴黎。最近一次审判之所以没有发布正式通告，其借口是法律程序缓慢和事情多。被告要承担罚金的连坐责任。他们对判决提出了上诉。信是由整个委员会签署的。[59]

比利时。安特卫普的木工和细木工协会和瑞梅的被解放者协会[60]已经加入。开了两个大会：一个在布鲁塞尔，另一个［在］列日；中产阶级报纸公开指责我们协会。一家属于和平同盟的报纸的巴黎通讯员写了一篇关于我们协会的文章，并说现在一切事情都是国际性的。[61]他抨击了法国政府的起诉。

布鲁塞尔对一封信的复信竭力主张代表大会在比利时举行，

并认为协会在比利时的存在有赖于此。

公民**贝松**提议，以两号《蜂房报》同比利时工人报纸［互换］。杜

---

① 本日记录由埃卡留斯记在记录本第139—140页上。

邦附议。同意。

继续讨论

公民**马克思**说，当三个星期前我提议改变代表大会会址的时候，还不知道后来发生的几件事。对付外国人的法律是一个普通的法律。那位大臣不准许召开代表大会的声明激起了我们的抗议。我们的支部已经宣布，将不顾政府的阻拦照样举行代表大会。我们有责任支持他们，因此我撤销我的决议案。[62]

公民**若昂纳尔**说，他已经改变了主意，但是希望指示全体代表，要是碰上警察干预，不要临难脱逃，而应诉诸联合抗议。

公民**杜邦**说，要不是他收到了德巴普的信，他仍然要坚持他原来的决议案，但是法国人自己愿意去比利时，而比利时人又答应保护他们。

公民**莫里斯**提出给书记若干补贴的问题。

公民**黑尔斯**提议应检查账目。列斯纳附议。

公民**若昂纳尔**提出一项修正案：书记每周得15先令。根据基金情况提出了反对意见。

公民**黑尔斯**撤销了他原先的提议，并提议一次付给书记5英镑，在基金情况许可时，再决定下一次的补助金。

拉法格提出一项修正案：对他过去的工作，现在付给5英镑，而往后一星期付15先令。

公民**若昂纳尔**同意拉法格的提议。

黑尔斯的提议被一致通过。

海·荣克

委员会会议①

6月23日

出席委员：巴克利、柯普兰、杜邦、埃卡留斯、科恩、荣克、哈勒克、哈勒克夫人、列斯纳、罗夫人、马克思、莫里斯、若昂纳尔、黑尔斯、林堡、斯特普尼。

公民**荣克**主持会议。

宣读并批准了上次会议的记录。

书记②宣读了公民肖从海上圣莱奥纳尔来的一封信。公民肖提出辞去财务书记和美国书记的职务。

公民**马克思**提议，**列斯纳**附议，不接受这项辞呈。一致通过。

总书记在肖缺席期间代行美国书记职务。

通　讯

宣读了阿尔及尔的一封来信。信中报告说，那里建立起来的分部，由于所有的会员除一人外都到法国去了而告结束。信的作者抱怨从法国运进工人来顶替他的朋友们的工作。巴黎的起诉被说成是引起沮丧的原因。他请求把这一切都告诉他。

德国。我们协会的会员莱涅克医生曾被莱茵省工人选进北德意志议会，并在议会里提出了议会有权任命调查委员会的提案。这个提案被否决，因此他辞职了。他当选时曾许诺要推进社会问题，由于不能履行自

---

① 本日记录由埃卡留斯记在记录本第141页上。
② 埃卡留斯。

己的诺言，他辞职了。[63]

莱比锡的排字工人给巴黎的排字工人写了许多信，只收到了一封。这封信说，民族龃龉必须留给财富的所有者，对于雇佣奴隶来说，这样的龃龉一定不要存在。[64]

瑞士。日内瓦的鞋匠已经开业。[65]

由公民**莫里斯**提议，公民**黑尔斯**附议：派一个代表团去参加六月起义的周年纪念会。同意。

提议派下列委员：黑尔斯、荣克、拉法格、柯普兰、罗夫人、科恩。通过。[66]

书记提出了邀请美国劳工改革协会派来代表的问题。

公民**马克思**提议，**拉法格**附议：委托书记邀请该协会派代表。一致通过。[67]

接着，谈到了起草代表大会议程和致各工会团体的公开信的问题。

公民**柯普兰**提议，公民**马克思**附议：公民黑尔斯起草公开信草稿，并在下次会议上提出来。公民拉法格起草大陆部分。同意。

会议于10时45分休会。

海·荣克

委员会会议[①]

6月30日

出席委员：巴克利、柯普兰、杜邦、埃卡留斯、荣克、若昂纳尔、列斯纳、马克思、拉法格、斯特普尼、罗夫人、林堡。

公民**荣克**主持会议。

---

① 本日记录由埃卡留斯记在记录本第142页上。

通　讯

比利时。比利时支部拒绝对韦济尼埃发表在《蟋蟀报》上的信承担责任。如果这封信是在总委员会知道的情况下发表的，那是轻率的。如果连总委员会都不知道，那么韦济尼埃就特别应该受到谴责，因为他无权公布协会执行机构会议的记录。他们还抗议所表示出来的对一些会员的敌意。他们这样做是为了排除怀疑，因为有可能认为该支部参与了发表这封信的事。他们还打算在《蟋蟀报》上发表一篇抗议。[68]他们承认韦济尼埃在矿工中所作的贡献。

杜邦提议，**黑尔斯**附议：从9日的记录上摘录一段寄给布鲁塞尔。同意。

公民**荣克**报告说，《劳埃德氏报》有一则关于日内瓦举行了新罢工的报道。[69]

关于致各工会团体公开信的报告

两个①草稿都宣读了，委派公民柯普兰将二者合而为一。

委员会于10时半休会。

主席　海·荣克

书记　约·格奥尔格·埃卡留斯

---

① 在"两个"前面，原件划掉了"宣读了拉法格的"几个字。

委员会会议①
7月7日

出席委员：柯普兰、埃卡留斯、若昂纳尔、哈勒克、哈勒克夫人、列斯纳、罗夫人、摩尔根先生、斯特普尼、马克思、莫里斯、荣克、巴克利、黑尔斯、鲁克拉夫特。

公民**荣克**主持会议。

宣读并批准了上次会议的记录。

通　讯

比利时。比利时内阁通过要韦尔维耶制造商解雇属于协会的工人的办法来直接干涉协会了。他们并不相信《淘气》所说国际已表示赞许费利克斯·皮阿。但这如果是事实，他们将宣布他们与法国人分部的意见没有共同之处。[70]

公民**马克思**说，这种情况在国外对我们的协会有害。他认为总委员会应对此采取行动。

公民马克思提议：发表声明，宣布协会对公众集会上发生的事件不负责任，发表所说的那个演说的费利克斯·皮阿甚至还不是会员。

莫里斯附议。

决议：国际工人协会总委员会宣布对费利克斯·皮阿在克利夫兰大厅的公众集会上所发表的演说不负任何责任；费·皮阿与本协会没有任何关系。[71]

---

① 本日记录由埃卡留斯记在记录本第142—143页上。

巴黎。我们的会员已投入监狱。他们准备以小册子形式公布这次审讯；巴黎工人为此筹集了80英镑。[72] 他们打算为代表大会起草一篇宣言。他们竭力劝说总委员会立即公布议程，目的是促使巴黎工人派代表参加代表大会。他们认为选举第三届委员会是不适宜的。

比利时支部公布了代表大会将予讨论的问题的纲要。应当召开一次地方支部代表的会议来进行筹备。[73]

公开信在作了几处文字修改后被通过，委托书记校订并付印。[74]

常务［委员会］这个星期六开会，草拟代表大会议程。

主席　海·荣克

书记　约·格奥尔格·埃卡留斯

委员会会议①

7月14日

出席委员：巴克利、杜邦、埃卡留斯、荣克、列斯纳、若昂纳尔、哈勒克（夫人）、马克思、罗夫人、肖、迈耶森、柯普兰、科恩、米尔纳、鲁克拉夫特、林堡、斯特普尼、摩尔根夫人。

公民肖主持会议。

宣读并批准了上次会议的记录。

通　讯

马克思说，普鲁士政府查封了全德工人联合会柏林分会。该团体准备8月中旬在汉堡举行代表会议。[75]

---

① 本日记录由埃卡留斯记在记录本第143页和第145—146页上。

瑞士。日内瓦委员会就审讯巴黎委员会问题发表了一篇致协会会员的公开信。[76]宣读了这篇公开信。

[一个]卢塞恩分部已建立起来。

穆尔滕的雪茄烟工人已经罢工,因为在做次料的活计时不给他们发辅助金。他们已建立了一座合作工厂。

马克思说,在俄国颁布命令一个月后,英国政府悄悄地吊销了波兰流亡者名目下的领年金者的名单。他们没有撤销年金,却勾掉了他们所以获得年金的理由。

公民**马克思**提议,**柯普兰**附议,发表下述声明:

国际工人协会总委员会谴责不列颠政府对俄国的又一次奴颜婢膝的表现,——在俄国政府颁布命令废除波兰这一名称一个月之后,不列颠政府就取消了预算案中"流亡者"一词前面的"波兰的"这一形容词。[77]

公民**列斯纳**提议,在代表大会前,每周付给书记15先令。**若昂纳尔**附议。一致通过。

公民**科恩**提出了下述决议,**列斯纳**附议:

总委员会欢呼美国国会通过了八小时工作日法案,认为它将使八小时成为美国将来的正常工作日。[78]

常务委员会的报告[79]

第一项提议——给总委员会的捐款减至半便士。

荣克、列斯纳和**埃卡留斯**发言表示赞成;**鲁克拉夫特**和**米尔纳**反对。

罗夫人想知道是不是个人会员都必须缴纳,还是出自基金。

科恩和**黑尔斯**说,在他们的团体里出自基金。

肖说，有的是募捐。**哈勒克**发言反对这项提议。

黑尔斯反对这项提议。提议被撤销。

第二，缩短工作日。通过。

第三，资本家采用机器的影响。通过。

第四，土地所有权。通过。

第五，工人阶级的教育。通过。

第六，建立信贷机构以促进工人阶级的社会解放。通过。

公民**黑尔斯**提议，公民**鲁克拉夫特**附议，再附加一条建议：建立生产合作社的最好方法。

主席　海·荣克
书记　约·格奥尔格·埃卡留斯

委员会会议①

7月21日

出席委员：巴克利、埃卡留斯、柯普兰、荣克、哈勒克、哈勒克夫人、列斯纳、鲁克拉夫特、马克思、罗夫人、韦斯顿、米尔纳、斯特普尼、若昂纳尔、贝松、杜邦。

宣读并批准了上次会议的记录。

书记②要求批准再印500份公开信。他自愿花16先令订印了1000份；已经分发了。[80]

予以批准。

---

① 本日记录由埃卡留斯记在记录本第146—147页上。

② 埃卡留斯。

通　讯

公民马克思。德国。全德工人联合会打算用迂回的办法做普鲁士法律所禁止公开做的事情。在德意志南部和东部各邦里存在另一个工人联合会，它在瑞士有若干分会；它们也打算参加。[81] 赖德律-洛兰党出版的新报纸《觉醒报》[82]，对国际协会发表好评。

公民荣克对于这个党不得不靠近我们，而不是如他们所设想的那样要我们去靠近它这一点表示满意。

书记提到，他还没有收到比利时的任何报纸。

委托书记写信。

公民马克思提议，代表大会问题［在］下次会议上讨论，关于机器的问题比其他一切问题优先加以考虑。**荣克**附议，同意。

比利时。公民**贝松**宣读了一封信，里面有下述提议：作关于每个国家各行业情况的报告。

马利·贝尔纳出示了作为房屋油漆匠在布鲁塞尔委员会代表的全权证书。

公民**荣克**提议，委托各书记写信敦促各自的通讯员回答向他们提出的问题。[83]

公民**马克思**认为这需要谨慎从事；宣扬还没有做的事是失策的。

公民**杜邦**认为，如果我们只说明调查统计仍继续进行，并已请求各支部由他们参加代表大会的代表送来答复，［这］就会使比利时人感到满意。

公民**雅耶**认为，该是代表们收到关于如何行动的明确指示的时候了。总委员会应该知道各团体的情形，而各团体也必须了解总委员会的情况。

杜邦认为，问题是关于比利时支部提出的附加部分。

公民**马克思**说：我不反对这个提议，但是这要取决于它发表的形式。①

公民**杜邦**说，法国的文件被警察没收了，所以这项工作今年完不成。

接着，通过了下述决议：

"委员会提醒各支部，调查统计仍继续进行，其工作做得足够深入的那些分部，可将材料提交给下次代表大会。"

主席　海·荣克

书记　约·格奥尔格·埃卡留斯

委员会会议②

7月28日

出席委员：巴克利、柯普兰、科恩、杜邦、埃卡留斯、荣克、拉法格、列斯纳、罗夫人、马克思、摩尔根夫人、哈勒克、哈勒克夫人、斯特普尼、韦斯顿、迈耶森、黑尔斯、米尔纳、若昂纳尔。

公民**荣克**主持会议。

宣读和批准了上次会议的记录。

通　讯

德国。公民**马克思**宣读了莱比锡的两封来信：一封是威·李卜克内西来的，另一封是萨克森和德意志南部各邦工人联合会主席奥古斯

---

① 这里划掉了如下一段："请还没有回答问题的各分部把他们的回答送给代……在代表大会前……提出他们调查的结果"。

② 本日记录由埃卡留斯记在记录本第140—149页上。

特·倍倍尔来的。他们邀请总委员会派一个代表团参加他们在纽伦堡召开的代表会议,将在会上作出关于由100个团体组成的整个联合会加入协会问题的决定。[84]

公民马克思还宣布,他收到了维也纳(工人们打算在这里庆祝全世界工人的友好)来的请柬,邀请派代表去出席。

公民**拉法格**提议,**柯普兰**附议:委派彼得·福克斯·安德烈。[85] 同意。

公民**马克思**提议,如果基金允许,派一位代表去纽伦堡。**科恩**附议。通过。

公民**荣克**宣读了纽约社会民主党致日内瓦工人的公开信。[86]

法国。马赛来信报告说,已经发表了给马赛泥水匠的警告,要他们不要去阿尔及尔。他们要代表大会的议程,并宣称他们将坚定不移地拥护协会。这封信宣布了瓦瑟逝世的噩耗。

公民**荣克**宣读了法国人分部的一封来信,否认克利夫兰大厅所发生的事情。[87]

公民**拉法格**提议转入议事日程。

埃卡留斯支持这个提议。

14票对5票通过。

公民**杜邦**提议,任命公民若昂纳尔为意大利书记;**拉法格**附议,9票赞成,4票反对。

哈勒克提议,**摩尔根**夫人附议,将这个问题延期一周。6票赞成修正案,10票反对。

杜邦的提议以9票对4票通过。①

---

① 记录本此处贴有一份1868年8月1日《蜂房报》第354号的剪报。正文中有几处改正,是埃卡留斯的手笔。

传阅了社会民主联合会致日内瓦工人的公开信，其中有如下一段：

"工人们：——你们的斗争也就是我们的斗争。在整个所谓文明世界里，社会本身或多或少地分裂为被压迫者与压迫者、劳动者与寄生者、穷人与富人两大对立的营垒。这两部分人之间的斗争是不可避免的。社会问题不再承认地理疆界，也不承认民族的分离。它到处都是一样的，正因为如此，我们热烈欢迎国际工人协会的建立和发展，赞成它的活动。"

马克思揭开了关于"资本家使用机器的影响"问题的辩论。[88]他说，使我们最为惊奇的是，使用机器的结果竟同人们原来认为必然会产生的那一切截然相反。劳动时间没有像所期望的那样缩短，工作日反而延长到16—18小时。从前，一个工作日通常是10小时，而近百年来，无论在英国还是在大陆，劳动时间都通过立法手段而延长了。近百年来工厂立法的全部实质，就在于依靠法律的力量来强迫工人多工作几小时。

只是到1833年，儿童的工作日才被限制为12小时；由于过度的劳动，根本没有发展智力的时间。他们的身体也发育不良，流行病在他们中间逞凶肆虐，这迫使某些统治阶级的代表人物也不得不来研究这个问题。老罗伯特·皮尔爵士就是最先注意到这种严重祸害的人物中的一个，罗伯特·欧文则是第一个在自己的工厂里实行限制工作时数的厂主。十小时工作日法案是第一个把妇女和儿童每天劳动时间限制为10小时半的法律，但是这一法案仅仅在某一类工厂里得到推行。

这算是前进了一步，因为它使工人有了较多的自由时间。至于说到产品的缩减，则很快就得到了补偿：由于机器的改进和工人劳动强度的提高，现在每个缩短了的工作日里较以前漫长的工作日里做出了更多的活。人们重新担负着过度的劳动，于是，很快就产生了把工作日限制为8小时的必要性。

使用机器的另一后果，是把妇女和儿童驱入工厂。这样妇女就成了我们社会生产的积极参加者。从前，妇女和儿童的劳动只局限在家庭范围内。我不认为，妇女和儿童参加我们的社会生产是一件坏事。我以为，每个9岁以上的儿童应当有一部分时间来从事生产劳动；但是，迫使儿童在现在这种条件下从事劳动，那是太骇人听闻了。

使用机器的又一后果，是完全改变了国内的资本主义关系。从前，存在着富裕的雇主和使用自己劳动工具的贫穷工人。他们在一定程度上是自由的人，他们还有可能对自己的雇主实行反抗。对于现代工厂工人来说，对于妇女和儿童来说，这种自由已经不存在了，他们成了资本的奴隶。

从资本家那里曾经不断发出呼声，希望能有一种什么发明，使他们能够不依赖工人而独立。纺纱机和动力织机给了资本家这种独立，因为生产中的动力握在他们手中了。因此，资本家的权力大大加强了。厂主老爷成了在自己企业范围内拥有惩罚权的立法者，他们往往为了自己发财致富而任意罚款。封建贵族在对待农奴方面还要受到传统的约束并服从于一定的法规，厂主老爷却不受任何监督。

有组织的劳动是使用机器的最重要的后果之一，而这迟早又会产生自己的各种后果。对于那些机器同自己的劳动相竞争的工人来说，机器的影响简直是毁灭性的。无论在英国还是在印度，都有许许多多使用手织机操作的纺织工人随着动力织机的采用而真正丧失了生命。

我们常常听到有人说，机器所造成的灾难是暂时性的。但是机器生产在不断发展，如果说这种发展在同一时间内把大批人吸收到生产中来，使他们获得工作，那么，从另一方面来说，它又不断地使许多工人失去工作。被排挤出来的人口形成一种经常的过剩，这种人口过剩并不像马尔萨斯主义者所断言的那样是对国内的产品而言，过剩的是这样的一些人，他们的劳动被生产效率更高的机器排挤掉了。

在农业中使用机器，造成了不断增长的人口过剩，这些人已经不能找到职业。这些过剩的人口涌向城市,不断给劳动市场以压力,从而使工资下降。伦敦东头的情况就是这种影响的例证之一。

使用机器的实际后果,在那些未使用机器的劳动部门里表现得最为明显。

最后,可以说目前使用机器一方面导致联合的、有组织的劳动,另一方面则导致至今存在的一切社会关系和家庭关系的破坏。

公民**韦斯顿**说,上一位发言人只是谈到在工厂区使用机器的问题。在木工行业中,机器并未使劳动时间延长。机器做最费力的活,照管机器并不是繁重的工作;他当然想象得到,12个小时要比格外费力的10个小时干的更多些。如果一个人用机器10个小时能干出用手工劳动干10天的活,这并不会减少劳动的需求总量。如果从天上落下帽子白给人戴,那并不会减少劳动的需求总量。过剩人口是由于现存的雇佣劳动制度产生的。

埃卡留斯[①]发问,如果从天上落下衣服,现在花在买衣服上的钱用来盖房子,而木匠和泥水匠的工作又用机器来做,那么多被替换下来的裁缝如何在建筑业中找到工作呢?

马克思[②]对韦斯顿先生说,他必须考虑帽子是作为资本家的财产被垄断着这个问题。[③]

根据公民**米尔纳**的意见,辩论暂时停止,到8月4日星期二再议。

主席[④]

书记 约·格奥尔格·埃卡留斯

---

① 埃卡留斯的名字是划掉了"一位裁缝"几个字后另加上的。
② 马克思的名字是划掉了"另一位会员"几个字后另加上的。
③ 剪报至此结束。
④ 未签名。

总委员会会议①

8月4日

出席委员：巴克利、柯普兰、杜邦、埃卡留斯、荣克、列斯纳、罗夫人、马克思、若昂纳尔、鲁克拉夫特、韦斯顿、黑尔斯、林堡。

宣读并批准了上次会议的记录。

宣读了利兹的约翰·霍姆斯先生的一封来信，他表示愿意同委员会通讯。

通　讯

宣读了公民考埃尔·斯特普尼的一封来信，附寄5英镑5先令给代表大会作经费。

日工装订工人协会交付了他们的年度捐款1英镑15先令。

宣读了利兹的约翰·霍姆斯先生的一封表示愿意与委员会通讯的来信。② 他附寄了一份在利兹所作的讲演。对此，**书记**答应在下次会议上报告。

法国。巴黎。犯人们[89]的待遇尚好，他们可以看各种报纸，可以随意读书写字，可以随时接待来访的客人。呼吁书③花了80多英镑，但是已由协会支付。大家似乎都指望1869年发生什么事。代表大会的议程已顺利收到，差不多所有的报纸都刊载了。《论坛报》和《觉醒报》准

---

① 本日记录由埃卡留斯记在记录本第149—151页。
② 记录重复。——译者注
③ 指关于审判过程的出版物。

备发表评论［它］的文章。《觉醒报》表示要为协会服务。

第三届委员会在两周前还没有任命，他将由15名委员组成。[90]

里昂。抱怨他们受监视，不能把里昂的全体会员联合为一个整体。他们坚持自己的旗帜，并报告说邻近地区取得了相当大的进展。里昂和讷维尔准备联合派代表去布鲁塞尔[91]，他们还打算派代表去伯尔尼[92]提出社会改革问题。他们提出了下一届选举的候选人。

德国。汉诺威。动力织机织工罢工。他们一天工作14小时，一星期工钱9先令。柏林面包师傅罢工；警察总监调查了军队的面包师傅能否在遇到罢工的时候供应面包。

发给考埃尔·斯特普尼去布鲁塞尔的证书。

委托书记打听去布鲁塞尔要花多少路费。①

公民**斯特普尼**出示一个文件，宣布②一个哲学家代表大会将于9月16日在布拉格举行，将向这个大会提交如下建议：

"过度繁重的工作和低劣的经济条件影响着大多数人，这违反了人性，对未来也是危险的。

行乞是人类的最大耻辱之一，必须由国家和市政当局加以消灭；这里，人们必须在私人援助、社团援助和国家援助之间加以区别。供给不能自谋生计的人必不可少的东西以维持其生活是必要的，但另一方面也必须对怠惰者严加管束，使他们从事某种有用的职业。"

公民**米尔纳**重启"资本家使用机器的影响"问题的辩论。他对公民马克思在上次会议上对待这个问题的态度作了一番赞许，并对公民韦斯顿关于劳动的需求总量的论断作了一些评论。然后，他说，前几天他

---

① 记录本此处贴有一份1868年8月8日《蜂房报》第355号的剪报。
② "公民斯特普尼出示一个文件，宣布"是由埃卡留斯划掉"一个委员会员"后加上的。

听到一个机敏的苏格兰人说,如果利用一些发明,四个人就能做五个人的活,这在总量上会有明显的增加,但是这个苏格兰人不能回答第五个人干什么去这个问题。工人除了赖以取得生活资料的劳动以外,别无长物。他必须日复一日地出卖自己的劳动,不能在一天之内做两天的工。因此,只要有一天他不能出卖自己的劳动,对他来说就是一种致命的损失,就要从他的生活资料中无可弥补地削减一部分;任何被机器排挤出来的人,如果不能进入别的行业或者由于需求增加而在本行业受雇,他就可能死亡,因为生活的需求是连续不断的,自然的需求必须每天予以满足。这第五个人,根据情况,可能意味着一个行业的第五部分人,或者是整个劳动人口中的第五部分人。很明显,现代发明的全部好处都掌握在少数人手中,而这一点在工人找到自己雇用自己的手段以前将一直继续存在。

公民**黑尔斯**说,他从童年起就在机器中间工作,他的经验是,机器的正常影响有助于代替体力劳动。如果某种机器的生产力增加10倍,那么对它的生产需求因降价而最多增加2倍,至少有一半的人要倒霉被替换下来,也就是说每10个人中要开除5个。机器把工人变成了机器的附属品。工人成了奴隶,他必须服从他的老板指挥,因为老板手里掌握着工人的生活资料。借助于机器,成年男工的劳动不断被妇女和儿童的劳动所替代,所以机器不仅代替了体力劳动,也改变了所需要的辅助人员。他并不反对机器,但机器必须变成工人的助手,而不是像现在这样成了工人的竞争者。

公民**埃卡留斯**说,他仅对公民韦斯顿上次会议的发言作几点评论。公民韦斯顿说过,公民马克思只谈到机器在工厂区的影响。公民马克思是像每一个想揭示出一个问题的特征的科学家那样做的。他们总是拿发展最好的行业来作说明,而机器在棉纺业中发展最好。为了答复机器劳动并不减少劳动需求的总量这一论断,他宣读了1844年出版的一本小册子中的几段。[93]其中一段介绍了曼彻斯特的一家大机器作坊采用一台刨床,相当于14个人,由一个男工或一个男孩操作。在这本小册子里,有一段谈到一名斯托克波特的纺工,他在1840年看管672个锭子,每星期挣22先令,在1843年看管2040个锭子,每星期挣13先令。在1833年至1843年之间,棉纺工人生产力的增长大大超过了2倍,自动纺机完全无需纺工的照料。然而,1840年可以得到的原料,直到1854年还没有加倍,所以棉纺业的劳动需求总量必然大大减少了。有许多与这个问题有联系的事情,被一些人忽视了,而另一些人则熟视无睹。一百年前,曼彻斯特开始有了棉纺工业,而在东印度的各大城市,却因此而有人饿死在大街上。据估计,由于棉纺业转移到了兰开夏郡,在东方有300万到400万人死亡。亚麻业繁荣的城市邓迪和利兹,很可能从未听到过西里西亚挨饿的织工多少年来啼饥号寒之声;在那里,因为这个岛的北部采用机器纺亚麻成功而毁掉了整整一代人。木工行业不是判断事物的标准。例如,对纽约人说来,他们做衣服的料子产自孟加拉、西伯利亚还是曼彻斯特,这无关紧要;但是,如果伦敦的改革运动拥护者们想要找到一个大厅来开会,这个大厅就必须是建在伦敦,并且是由住在伦敦的人修建的。如果由妇女和儿童操作的机器能够在某地竖楼梯、铺地板等准备给伦敦人用,公民韦斯顿无疑会得出不同的结论。

公民**韦斯顿**说,他坚持自己的观点。如果伦敦所有的制帽工人都被排挤掉,他们的雇主也会被排挤掉,用于发工资的那笔基金仍然不变。(制帽业主能够比他现在出卖更多的帽子而不必雇用熟练工人来生产这些帽子,这一点被忽视了。)

公民**马克思**答复了几句,并且说,代表大会实际上有权讨论这个问题。①

---

① 剪报至此结束。

罗夫人说，机器已经使妇女较之以前更少依赖于男子，并将最终使她们从家庭奴隶地位中解放出来。她一定要坚决抗议过去对妇女劳动的那种看法。

公民**马克思**提议，将已得出的结论形成决议。

公民**埃卡留斯**自称要带头讨论下一个问题。

委员会于 11 时休会。

主席　本杰明·鲁克拉夫特
书记　约·格奥尔格·埃卡留斯

委员会会议①

8 月 11 日

出席委员：巴克利、柯普兰、杜邦、埃卡留斯、荣克、若昂纳尔、列斯纳、鲁克拉夫特、马克思、斯特普尼、肖。

宣读并批准了上次会议的记录。

书记②宣读了芝加哥《工人辩护士报》上关于总统候选人提名的几则报道，和另一篇利兹的约翰·霍姆斯在设菲尔德所作的关于劳动和资本的讲演。约翰·霍姆斯被委任为协会在利兹的通讯员。

由于打听去布鲁塞尔费用的结果不令人满意，公民**柯普兰**自告奋勇向东大站打听。

根据公民**马克思**的提议，**列斯纳**的附议，任命巴克利和柯普兰为查账员。

公民**马克思**宣读了一份法国报纸关于国际代表大会的一些摘要。

---

① 本日记录由埃卡留斯记在记录本第 152—153 和 155 页上。
② 埃卡留斯。

公民**荣克**报告说,维也纳工人发表了大力宣扬国际联合的呼吁书。[94]

公民**马克思**提议,将下述决议作为上次讨论的结论。[95] 荣克附议,通过。

决议:一方面,机器成了资本家阶级用来实行专制和进行勒索的最有力的工具;另一方面,机器生产的发展为用真正的社会生产制度代替雇佣劳动制度创造必要的物质条件。①

书记宣读了美国全国劳工同盟上次代表会议的报道。代表会议拒绝了两个大党的竞选纲领,并发表了自己的纲领。纲领的第一点宣布:"生产者是一切社会的最重要部分。"纲领要求,如果公债到期,应换成附有3%利息的债券,并按债券持有者的选择,兑换成法定货币,其黄金兑换率有特殊规定的债券,应该以硬币支付;再者,国家银行的钞票应从流通中取消,而代之以法定国库券。如果两个大党的候选人中不管哪一个采纳这个纲领,代表会议就劝告工人投他的票。如果二者都不采纳,将于下月3日在纽约召开的全国劳工同盟代表大会上提出独立的劳工总统候选人,并竭力说服美国工人必须团结一致地支持他。[96]

接着,公民**埃卡留斯**揭开了缩短工作日问题的辩论。他说:40年前,一个工人每天工作12小时,做12条裤子,得到的工钱足够维持一家人两个星期的生活。1863年,洛德先生访问了怀特查帕尔的一家作坊,其中有一妇女,使用一台机器和三个女助手,每天工作好几个小时做出12条裤子,不计缝花边,她们从中得到8先令。1861年,首都缝纫业雇用了1.2万名女工,其中3000人每天工作从未少于14小时,通常是16小时或18小时,有时干通宵,每星期挣7先令—10先令。我从可靠方面获悉,其他雇用女工和童工的行业,情形也一样糟,但是这些

---

① 记录本此处贴有一份1868年8月12日《蜂房报》第358号的剪报。

行业没有被人观察到。1867年通过了一项法律来结束这种可恶的现象，但这只不过是装装样子。就是这一年增加了经常费300万英镑的议会，竟拨不出几千英镑来为实施其法律而设置各级工厂视察员。我认为，现在正是我的那些积极参加竞选运动的朋友们就这个问题向候选人提出质询的时候了。他接着证明，从政府的统计看，我们的主要行业生产力的发展和增长，远远超过了劳动需求的增长或雇用人数的增长。在1850—1860年的10年间，棉纺业原料的消耗增长了103%，棉纱出口增长52%，布匹增产104%，雇用人数只增长12%。在织袜业，出口增长344%，导致雇用人数的增长仅30%。留作国内消费的外国毛织品增长了97%，纱的出口增长99%，布匹增产20%，雇用人数只增长1%。从那时以来，生产有了长足的增长，而雇用人数却一直在缩减。为了证明这一点，他读了马克思博士关于政治经济学的著作[97]上的一段论述，书上的数字全都是以政府的报告为根据的；从中可以看出，在1856—1862年间，雇用成年人的数目减少了1700人；但是14岁以下的儿童人数却增加了。煤矿生产增长43%，雇用人数增加34%；铁矿生产增长55%，雇用人数增加6%；铅矿增产5000吨，雇用人数减少了2000人；机器输出增长266%，雇用人数增加43%。随着出口的递增，机械工人联合会在1867年这一年，每天平均给2000名失业的会员发放救济金。在乡村，雇用工人数量的减少，近30年来有增无已。他认为，这就是工人阶级之所以必须坚持普遍缩短工作日的一个充足的理由。另一个理由是，所有已经提出的卫生调查报告证明，劳动居民极其过度劳累。两个值得注意的现象毋庸置疑地证实了这一点：棉荒降临的时候[98]，棉业区的死亡率大为减小。再就是上个冬季，当东方圣乔治的居民处在半饥饿状态的时候，死亡率（这里的死亡率通常比任何别的大都会要高）差不多下降到了最好的地区以下。这就确定无疑地证明了，足量劳动（这是过度劳累的同义语）较之贫困对于生命更加有害。他接着指出了近来出现的财富的增长,从而使他得出结论:社会有足够的能力给工人增加工资,而增加的部分必然是普遍缩短工作日的结果。

公民**米尔纳**表示对这个问题不能持同样的看法。普遍缩短工作日虽然是人们所渴望的,却意味着财富生产的减少,缩短工作日会遇到已靠别人劳动聚敛了巨大财富的人出面反对,这种阻力太大,工人阶级难以克服。他认为,提高工资较易做到,缩短工作日须随之而行。

公民**马克思**不能同意埃卡留斯①的这一意见,即工作日的缩短将导致生产的减少②,因为在实行限制工作日的那些部门里,生产工具较之其他部门达到了更高的发展水平。工作日的限制引起了机器更加广泛的使用,进行小生产愈来愈不可能了,而这正是向社会生产过渡所必需的。问题涉及保健方面的情况已经很清楚了。但是缩短工作日之所以必要,还在于要使工人阶级能有更多的时间来发展智力。从法律上限制工作日是使工人阶级智力发达、体力旺盛和获得最后解放的第一步。现在,谁也不会否认需要国家来维护妇女和儿童的利益了,而对他们劳动时间的限制,在大多数场合也会导致男子工作日的缩短。英国首先开始缩短工作日,别的国家不得不在一定程度上仿效英国的做法。在德国已经展开了认真的鼓动工作,人们期待着伦敦的委员会来领导这个运动。这个问题原则上已为以往历次代表大会所解决,现在是采取行动的时候了。

公民**柯普兰**认为,工人阶级的条件将由于缩短工作日而得到改善。

公民**韦斯顿**认为,总委员会的任何努力,不会获致改善的结果。

---

① 应为米尔纳。
② "生产的减少"几个字是埃卡留斯划掉了"增加对劳动的需求"几个字以后加上的。

公民**鲁克拉夫特**认为，这个问题应该予以宣传。

根据公民肖的提议①，讨论延期至下星期二。②

主席　海·荣克
书记　约·格·埃卡留斯

委员会会议③

8月18日

出席委员：巴克利、杜邦、埃卡留斯、荣克、若昂纳尔、林堡、列斯纳、鲁克拉夫特、罗夫人、马克思、米尔纳、韦斯顿。

公民**荣克**主持会议。④

书记宣读了⑤美国劳工同盟在纽约州的⑥通讯代表杰瑟普先生的一封信。写信人在信中对未给去布鲁塞尔的代表筹措费用做好准备且未能及时筹妥表示遗憾。关于纽约泥水匠的罢工，杰瑟普先生报告说，它被看成是为纽约州争取实施八小时工作日立法的伟大斗争，美国工人从来没有像现在这样联合起来支持纽约泥水匠。直到7月30日，泥水匠收到了2万美元，而保证在需要时就汇来的总额已达15万美元。此外，工人签订了25项新建、修缮和扩建工程的合同，总共金额达30万美元。⑦

---

① "根据公民肖的提议"几个字出自埃卡留斯的手笔。
② 剪报至此结束。
③ 本日记录由埃卡留斯记在记录本第155—156页上。
④ 记录本此处贴有一份1868年8月22日《蜂房报》第358号的剪报。
⑤ "书记宣读了"几个字是埃卡留斯手写的。
⑥ "在纽约州的"几个字是埃卡留斯手写的。
⑦ 剪报至此结束。

杰瑟普先生报告说，公民肖写的信，一封也没有收到。他建议今后定期交换信件。并请求将代表大会的工作报告寄给他，还答应回赠劳工同盟年会的报告。

委托书记作答复。

公民**马克思**宣读了纽约一位工人的来信，报道那里主要的情况比伦敦要糟。①

德国来信报告，奥地利警察禁止了维也纳工人阶级的联欢宴会，柏林出版了一本关于国际工人协会的历史和进展的小册子。[99]马克思博士被邀请参加全德工人联合会的年度代表会议，邀请信如下：

> "致伦敦卡尔·马克思博士。1868年7月6日于柏林。——下列签名的全德工人联合会主席和理事会致意，考虑到您以大作《资本的生产过程》给予劳工事业的卓越贡献，兹邀请您作为尊敬的客人参加本联合会的年度代表会议，会议将于今年8月份在汉堡举行。"

理事会包括住在德国各个地区的24位理事，原信送给他们每个人签名。[100]只有一个人谢绝签名。

在意大利，代表大会的议程已在几家报纸上发表，意大利工人联合会副主席达希先生已被任命为出席代表大会的代表。[101]在博洛尼亚及其近郊集会的权利被取消了，工人团体的负责人被关进了监狱。

约有4000名会员的瑞士德意志工人教育协会，在纳沙泰尔举行的全体代表会[102]上，已决定加入国际协会。②

由于提出了现在就任命出席代表大会的代表的建议，就下列问题长时间交换了意见：是否可以延期任命，能否因为答应负担凡是愿意参加

---

① 记录本此处贴有一份1868年8月22日《蜂房报》第358号上的剪报。

② 剪报至此结束。

代表大会的委员的部分费用而让代表人数搞得太多，或者只需明确仅支付一名总委员会代表的费用。最后决定，任何愿意自费去的［委员］，应从总委员会领取出席代表大会的全权证书。

随即通过了着手任命代表的提议。**列斯纳**提议，公民**若昂纳尔**附议：任命三名代表。通过。

然后，下述委员被提名为候选人：肖由**列斯纳**和**巴克利**提名；杜邦由**马克思**和**若昂纳尔**提名；埃卡留斯由**若昂纳尔**和**罗夫人**提名；罗夫人由**荣克**和**马克思**提名；黑尔斯由**若昂纳尔**和**埃卡留斯**提名。

投票结果：杜邦9票，埃卡留斯9票；罗夫人、肖和黑尔斯各5票。进行了第二轮投票：肖5票，罗夫人4票，黑尔斯3票。

作为制箱工人协会代表前来出席的公民**唐森**宣布该协会加入本会。

公民**米尔纳**提议，**韦斯顿**附议：信贷和合作社的问题比其他问题优先讨论。

公民**鲁克拉夫特**提出了修正案：问题按原定顺序讨论。通过。

委员会于11时休会。

    主席 海·荣克
    书记 约·格奥尔格·埃卡留斯

委员会会议①

1868年8月25日

出席委员：杜邦、埃卡留斯、巴克利、列斯纳、鲁克拉夫特、科恩、罗夫人、马克思、米尔纳、若昂纳尔、斯特普尼、韦斯顿。

公民**荣克**主持会议。

---

① 本日记录由埃卡留斯记在记录本第156—157页上。

伯明翰的房屋油漆匠寄来一封信，宣布他们退出的决议。普雷斯顿工联理事会谢绝研究公开信。[103]

公民**荣克**宣读了日内瓦"自由思想者"协会书记的一封来信，要求总委员会通知代表大会准许该团体的代表参加代表大会。菲·贝克尔签署了这封信。[104]

公民**马克思**提议，**杜邦**附议：给予推荐。通过。

公民**科恩**阐明了他作为出席代表大会代表的理由。他是由绝大多数人选出的。雪茄烟工人抱怨来了许多比利时人。[他们]希望得到其他代表的帮助。

由**马克思**提议，**列斯纳**附议：公民鲁克拉夫特领得全权证书。

提出了下述关于缩短工作日问题的决议案，**杜邦**附议：

鉴于1866年日内瓦代表大会一致通过的一项决议中早已指明："从法律上限制工作日是今后任何一种社会改革所不可缺少的先决条件。"因此，总委员会认为，现在已经是根据该项决议作出实际结论的时候，国际工人协会所有分部务必根据有协会组织存在的各个国家的实际情况着手讨论这个问题。[105]

公民**科恩**提议，**列斯纳**附议：付给书记① 5英镑作为去布鲁塞尔的费用。通过。

书记声明，关于去纽伦堡的代表问题，如果总委员会答应给他再加2英镑，他愿意担任代表。

公民**列斯纳**提议，**科恩**附议：补加2英镑。一致通过。

委员会于11时休会。

主　　席　**罗·肖**
临时书记　**海·荣克**

---

① 埃卡留斯。——编者注

委员会会议①

1868年9月1日

出席委员：肖、科恩、米尔纳、杜邦、巴克利、罗夫人、鲁克拉夫特、列斯纳、若昂纳尔、荣克、斯特普尼、林堡、韦斯顿。②

公民肖主持会议。

批准了上次会议的记录。

由于书记缺席，**荣克**宣读了利物浦雪茄烟工人附有其年度捐款8先令4便士的来信。

法国研磨工人的一封来信通知总委员会，他们退出了协会，附上5先令捐款。

科恩提议，**列斯纳**附议：将手中所有的钱（4英镑1先令7便士半）给杜邦；通过。

宣读了公民马克思起草的年度报告[106]后，**罗夫人**提议，公民**米尔纳**附议：通过这个报告。一致通过。

马克思提议，**杜邦**附议：发给荣克全权证书。通过。

由**韦斯顿**宣读了关于合作社问题的报告。

马克思宣读了埃卡留斯一封来信的摘要。[107]

查账员③作了报告，对账簿上所记的账目表示满意，并确认资产负债表正确无误。

---

① 本日记录由荣克记在记录本第157—158页上。
② 马克思的名字在出席委员中没有列出，然而从记录可以看出，他出席了这次会议。——编者注
③ 巴克利和柯普兰。

马克思提议，**列斯纳**附议：账簿移交给杜邦。[108] 通过。

委员会休会至两周后的今天①晚上。

主　　席　罗·肖

临时书记　海·荣克

新委员会会议[109]

9月22日②

出席委员：巴克利、埃卡留斯、荣克、列斯纳、鲁克拉夫特、罗夫人、马克思、贝尔纳、拉法格、林堡、若昂纳尔、韦斯顿。

（**埃卡留斯**宣读了一封星期日同盟[110]寄来的信件，信中请求总委员会在"星期日问题"的讨论上合作。）

海·荣克主持会议。

埃卡留斯宣告代表大会再一次指定伦敦为总委员会所在地，并宣告下列委员被一致推选为下一年度的执行委员会③委员：

罗·阿普尔加思	列斯纳
贝尔纳	林堡
巴克利	哈丽雅特·罗
柯普兰	马克思
德尔	莫里斯
杜邦	米尔纳
科恩	奥哲尔

---

① 指星期二。——译者注
② 本日记录由埃卡留斯记在会议记录本第159—163页上。
③ 总委员会的执行委员会。

埃卡留斯	考埃尔·斯特普尼
福克斯	肖
黑尔斯	沃尔顿
豪威耳	韦斯顿
荣克	威廉斯
拉法格	扎比茨基[111]

然后取得同意公布这一名单,并一致认为代表大会所通过的敦促各个支部执行章程第四款及该章程第八款的决议应在下届代表大会上严格遵守。[112]

公民**马克思**报告:他收到了一封从德国埃森寄来的信件,信中报告有1300名矿工为恢复被降低的工资在进行罢工,并请求金钱援助。

会上的意见是:当前得到金钱的希望很小,并委派公民马克思复信说明此意。

公民**马克思**又说,他收到美国波士顿工人协会书记①的一个通知,说该协会会员要求与总委员会建立通信关系。[113]

公民**荣克**说,约在12个月以前同意入会的马口铁工人开会议定一笔款项,并写过一些信件,但由于总委员会在此期间数次更换地点[114],这些信件似已误投。他提出了书记的姓名和开会的地点。

埃卡留斯提请注意在芝加哥《工〔人〕辩〔护士〕报》上发表的美国工人的竞选演说[115],并摘读了其中的一些内容。

然后埃卡留斯对他的纽伦堡之行[116]作了简短的叙述,说明他极其满意于德国工人在获得公开集会自由的短暂时间内所表现的机智。加入国际协会的提案已以68票对46票通过,反对票中包括一些害怕染指政治的人。由于这个问题刚定下来他就必须动身到布鲁塞尔去,他不知道后

---

① 兰德尔。

来又采取了什么进一步的措施。

公民马克思说：随后任命了一个16人的委员会来执行这一决议，并任命这个委员会充任德国国际工人协会执行委员会。他们已请求给他们充当此任的权力。

公民鲁克拉夫特提议、**罗夫人**附议：上述委员会被授权为德国的执行委员会。提议通过。

公民荣克随后叙述了他执行赴布鲁塞尔的任务的情况。他说：我于星期日早晨到达，前往斯旺旅馆，布鲁塞尔支部正在那里检验证件。我必须给以帮助，英国代表尚未到达。已安排2点钟开始在国民广场戏院开会，但到3点钟以后会议才开始进行。我接受了那天的主席职务。我简短地讲述了我们在过去一年中所做的事情[117]，然后应邀代表们也讲述在他们各自的地区所做的事情。这些讲话是要公布于众的。当时到会的斯特普尼、鲁克拉夫特、杜邦讲了话；斯特普尼表明自己是改革同盟[118]的成员，正在赴伯尔尼和平大会[119]途中。第二天早晨在斯旺旅馆任命了代表大会委员会。议程相当冗长；大多数代表操法语，一切也都翻译成法语。这是相当难做的工作，因为有多种多样的意见。

鲁克拉夫特说：这有一点儿麻烦，但是那时假若荣克停留下来，英国代表的情况就会好一些。如果将来能够聘用一位职业的翻译人员，那就会更好一些，就会有更好的条件把人们的意见传达出去。我不相信讲话的基本要点已经被翻译出来了。我由于在常备军问题上的纠缠而颇感不适，但是我并不后悔[120]，我认为那是有好处的。有许多发表的意见我不喜欢，但我想我们总归要达到见解正确的结论。我们还年轻。我相信我们会达到我们的目的。

埃卡留斯说：极大的困难是在每一次代表大会上都引进了大量的年轻人。出席前几次代表大会的那些人明显缺席了。在洛桑代表大会上，比利时仅有一名代表，但是此后协会在比利时进展迅速引进了数目很大的年轻人,他们在这次代表大会上几乎形成了一个居支配地位的团体。[121] 很自然的,我们在几年前就已经确定了的问题,在他们看来会像新的东西一样,而以青年人的充沛热情和新奇感来争论这些问题。这对老人们来说,是件沉闷乏味的事,但又不可避免。例如工联主义,在英国工人看来这已是日常事务所需,而在比利时则在最近才被接受。那里的工人们把它看成〔一种〕新的思想,它影响着他们所有的决议和所有的言论,他们简直要用工会来治理一切。

公民米尔纳问:是不是埃卡留斯在关于信用贷款问题的发言中把别人的计划错当成已故的布朗特尔·奥勃莱恩的了。布朗特尔·奥勃莱恩并没有制定过什么计划。

埃卡留斯说,在他的发言中没有讲过任何这类的话。他只是暗示过,布朗特尔·奥勃莱恩这个人花了大量时间钻研信贷问题,但其著作和言论却未能有补于实际;依照他的看法,当时向大会提出的那些建议也会得到与此相同的结果。

公民列斯纳说:我到达车站时,不见有人来接我,在斯旺旅馆我也找不到人。最后德巴普来了,他把我带到我要去开大会的地方。我应邀讲话,我讲了好几次。第二天早晨,布鲁塞尔支部似乎把一切都安排好了。当时发生了许多误解。操法语的代表们在人们用英语或德语发言时,总是吵吵嚷嚷。由于决议必须在早晨的会议上提出来,浪费了许多时间。我们的主张获得通过,因为有些比利时人不再追随他们的领导人了。要有一名职业翻译。将来总委员会必须作出不同的安排,布鲁塞尔的安排是有缺陷的。

荣克没有亲自在接待代表的准备工作中起作用,但他认为安排是有缺陷的。他不赞成聘用一名职业翻译的意见。

公民马克思说:我们没有听到别的,只听到对法国人的责难,但是我们必须记住:能够出席这次大会毕竟是他们有勇气的行动,他们在审议会上的一切不够老练的缺点都归因于他们所处的环境。

罗夫人宣读了《晨报》上的一篇社论,其中驳斥了《泰晤士报》关于罢工和机器问题的言论。[122]

委员会于11时休会。

主席 海·荣克

委员会会议①

9月29日[123]

出席委员:**巴克利、贝尔纳、科恩、杜邦、埃卡留斯、荣克、阿普尔加思、列斯纳、鲁克拉夫特、拉法格、马克思、韦斯顿、罗夫人、米尔纳**。

公民**荣克**主持会议。

宣读并批准了上次会议的记录。

公民**马克思**说:埃森的罢工结束了,工人们成功了。

纽约的佩尔蒂埃来信告知收到了洛桑代表大会的报告。[124]关于公民伊萨尔,来信则说他是一个活跃的工人,是一个诚实的人,议论他的那些话是不真实的。

一个德国人希尔施博士声称,所有重要的英国工联都已退出了工人协会。

公民**阿普尔加思**说,据他所知,这种说法毫无实据。他希望知道,他在委员会中担任何种职位,如果他是由代表大会选举出来的,他将就任并恪尽职守。

主席通知他说,他是代表大会选举出来的。

---

① 本日记录由埃卡留斯记在记录本第163—164页上。

公民**马克思**提议，**杜邦**附议：整理出 24 份代表大会的会议记录。¹²⁵

鲁克拉夫特提议，**杜邦**附议：埃卡留斯担任总书记。通过。

马克思提议考埃尔·斯特普尼为财务委员。

列斯纳附议。通过。

公民**阿普尔加思**提议，**科恩**附议：各国的书记应予重新委任。通过。

公民**杜邦**提议，**列斯纳**附议：委任贝尔纳为比利时书记。通过。

公民**韦斯顿**提议，**鲁克拉夫特**附议：总书记同美国全国劳工同盟¹²⁶及美国其他讲英语的工会通信。通过。

公民**马克思**提议，**杜邦**附议：推荐纽约的齐格弗里特·迈耶尔和佩尔蒂埃为美国的法国人通讯员和德国人通讯员①。一致通过。¹²⁷

鞋匠联合会书记**多德森**先生自利物浦鞋业工会来信，控诉有些普鲁士人反对工会人员，请求总委员会协助把这一事实通知德国。

委派埃卡留斯写信寄交利物浦的德国人。

公民**科恩**报告，他劝导布鲁塞尔的雪茄工人成立工会并加入国际协会，取得了成功。他并开始和安特卫普的雪茄工人通信。关于代表大会，他同意列斯纳的需要一名职业翻译的意见。在代表们出席代表大会以前，问题未经总委员会充分讨论，所以他们不能陈述总委员会的意见。他的雇主的态度与埃卡留斯的雇主不同，他的雇主曾和他长谈，并表示在一定条件下愿意参加劳资协会。¹²⁸

公民**韦斯顿**认为，可能做到的最好的事情，是立即开始讨论建立协作的最好办法。

然后提出了答复星期日同盟来信的问题。讨论一番以后，建议任命一个三人代表团去报告情况，并告知他们，如果同盟召开会议，将派代

---

① 前者为德国人，后者为法国人。——译者注

表去参加讨论。一致通过。

拉法格提议委派荣克、列斯纳、萨尔曼和杜邦。一致通过。

主　　席　　本·鲁克拉夫特
临时书记　　海·荣克①

委员会会议②

1868年10月6日

出席委员：贝尔纳、马克思、杜邦、罗夫人、若昂纳尔、拉法格、米尔纳、鲁克拉夫特、荣克。

公民**鲁克拉夫特**主持会议。

宣读上次会议的记录时，**拉法格**提出他遗憾地发现③书记没有记录他在上次会议上所作的有关埃卡留斯的发言。公民拉法格于是重述了他的发言，并坚持他的发言应记入那天晚上的会议记录。公民拉法格曾问埃卡留斯有什么理由在布鲁塞尔代表大会上和《泰晤士报》上把总委员会关于机器问题的决议归功于他自己。[129]埃卡留斯说因为他太忙，以致出了错。但是拉法格回答说，他不能相信这种说法，因为《泰晤士报》上刊登的埃卡留斯的报告写得那么周到，他那么无所顾忌地隐瞒了真相，而且做得又那么灵巧。[130]

然后**马克思**提议，**杜邦**附议：记下拉法格的发言。批准了记录。

宣读了公民德尔的来信，信中说他目前不能再为国际付出时间，因为他的时间被改革同盟占去了。公民**马克思**提议，**罗夫人**附议：由书记

---

① 鲁克拉夫特和荣克在下次总委员会会议上担任临时主席和书记职务。
② 本日记录由荣克记在记录本第164—166页上。
③ 记录中以下勾掉"埃卡留斯"。

答复来信。一致通过。

宣读了一封星期日同盟的来信，内称确定于10月22日星期四召开联合委员会成员的会议，讨论"大陆星期日"问题。

宣读了公民埃卡留斯的来信，内称他不能到会是因为他病得不能出门，并请告知他，《比利时人民报》编辑是否已经完成了大会报道的付印工作。

拉法格提议，**杜邦**附议：把总委员会于日内瓦所作的指示与布鲁塞尔决议一起印行。一致通过。

公民**荣克**认为，我们应该寄给公民奥哲尔一封公开信，以便有助于他选进议会[131]，如果我们这样做并不有损于我们的尊严的话。公民**米尔纳**表示赞成，但条件是我们应提醒他：他到那里去是讨论劳工问题的。**马克思**认为，一个普通工人在议会中是并无大用的，但认为这对本协会可能有益。

鲁克拉夫特讲了几句赞成发出公开信的话。然后**荣克**提议，**马克思**附议：发出公开信。一致通过。

委派马克思起草上述公开信。一致通过。

杜邦提出建议：任命一名图书馆员。

公民**韦斯顿**报告："失业穷人就业问题"讨论会业已开始，于每星期六晚在阿德尔菲俱乐部开会。他要求向工人们通知此事，以便他们前往参加。

即此休会。

委员会会议。10月6日。

主　席　**詹·科恩**
临时书记　**海·荣克**

委员会会议①

10月13日

出席委员：**马克思、若昂纳尔、荣克、杜邦、拉法格、鲁克拉夫特、林堡、列斯纳、米尔纳**和**奥哲尔**。

公民**米尔纳**主持会议。

公民**马克思**报告：在德国各地正在建立英国工联式的工会。

公民马克思然后宣读了致奥哲尔的公开信。

公民**鲁克拉夫特**宣读了《星报》上面的一篇声明，其中发表了奥哲尔在切尔西的一次选举人与非选举人集会上的讲话：如果他能被选进议会，他将不仅以工人代表的身份出面，而且要给伟大的自由党以坚定的支持。公民鲁克拉夫特希望奥哲尔的讲话是被报道错了，否则他将不得不从公开信中撤回自己的支持，因为他决不愿意支持一个对任何政府、任何党派都效忠的人。

公民**奥哲尔**回答说，他的讲话被很不正确地报道了，他曾说过，他将在爱尔兰教会问题上支持格莱斯顿先生。[132] 根据列斯纳提议和**鲁克拉夫特**附议，公开信获得通过。

然后公民**奥哲尔**说：次日晚间将举行一个代表会议，来考虑一项②法案，其目的是修正有关工会及其基金等的法律。[133]

列斯纳提议，**拉法格**附议：由马克思、杜邦和荣克组成该代表团。通过。

主　　席③
临时书记　海·荣克

---

① 本日记录由荣克记在记录本第166页上。
② 记录中以下划掉"由一些工会拟定的"几个字。
③ 无签名。

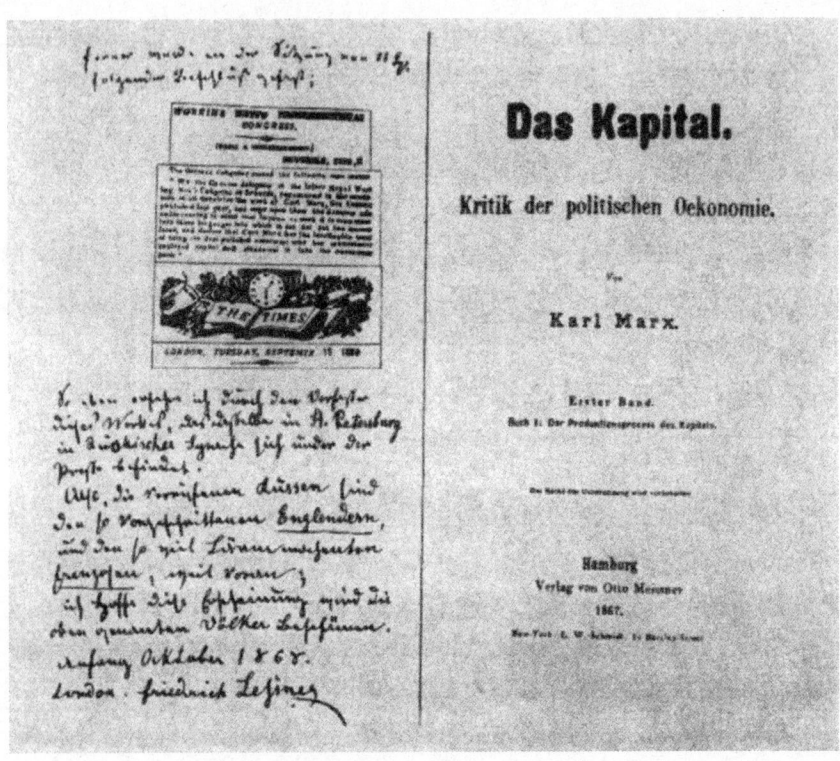

弗里德里希·列斯纳为马克思《资本论》第 1 卷题词的复印件[134]

委员会会议①

1868 年 10 月 20 日

出席委员：科恩、杜邦、扎比茨基、列斯纳、马克思、林堡、韦斯顿、贝尔纳、若昂纳尔、荣克。

公民**科恩**主持会议。

宣读并批准了前两次会议的记录。

宣读了一封纽约公民杰瑟普寄来的长而有趣的信件。信中主要谈到他们上一次的代表大会，并说我们的代表大会报告②未能及时到达，因此未能提交给他们的大会。[135]

公民**杜邦**说，他曾接到一封伦敦的法国人分部[136]一名前成员的来信，他现在纽约，说那里流传着的有关伊萨尔的报道纯属谎言。写信人还说，他曾打算为我们的协会作宣传，但他发现如果没有总委员会给他的证件，他的打算将无济于事。

公民**杜邦**说：列席会议的公民拉戈什希望作一次发言，谈谈关于法国人分部委员会一名委员的情况。③

公民**拉戈什**说，他在1848年认识了欧仁·蒂乌，此人是商人阿尔勒的店员。这个蒂乌一向伙同妓院老板们掠夺妓女的钱财。他在巴黎有一些也了解欧仁·蒂乌这种品行的证人，其中有阿利斯，是一名徒工。

公民拉戈什见到这样一个人在这样一个协会里占有高位，极感惊

---

① 本日记录由荣克记在记录本第167—169页上。
② 指国际的布鲁塞尔代表大会的报告。——编者注
③ 记录中以下划掉了下面这些字："该委员名蒂乌，他曾因犯有极严重的不道德行为而被驱逐出法国"。

讶，他认为这阻碍了许多人加入协会。他的许多朋友以前就曾向他控诉过蒂乌，直到他看见蒂乌的名字（作为国际一个委员会的委员）签署于号召全体民主主义者参加国际工人协会主办的一次集会的通告上，他才认为他有责任进行干预。公民拉戈什参加了上述集会，并告诉主席公民贝松说，如果蒂乌在讲台上出现，他就要当众揭发他。公民贝松恳求公民拉戈什不要声张，保证要阻止蒂乌走上讲台。

后来他〔拉戈什〕到法国人分部去，在那里作了与现在所作的同样的申诉。公民蒂乌否认他是那个人，说那儿还有些别的姓蒂乌的人。他承认他曾因受了以"瓦连京抢劫案"闻名的妓院抢劫案的牵连而被驱逐出法国，但又说并无对他不利的实证，只因警方出于恶意才把他当做一名妓院老板而驱逐了。公民拉戈什已把这一事情公诸于世，并否认在这一问题上有任何个人情绪。

公民**马克思**〔提议〕，**列斯纳**附议：将此问题交小委员会处理。一致通过。

马克思接着宣读一份宣告召开一次会议的通告，其目的是要决定"国际工人协会是否应该成为一个政治性协会"。[137]

主席认为这件事极为重要，并说这样一个通告仅仅由几个成员提出来是极为冒昧的。交小委员会讨论。

随后公民**韦斯顿**提议，**列斯纳**附议：授权小委员会在必要时就这件事立即采取行动。一致通过。

马克思提议公民科恩补入小委员会。通过。

即此休会。

主　　席[①]

临时书记　海·荣克

[①] 无签名。

委员会会议①

1868 年 11 月 3 日

公民**杜邦**主持会议。

出席委员：**唐森、韦斯顿、马克思、荣克、巴克利、若昂纳尔、林堡、贝尔纳、奥哲尔**。

宣读并批准了上次会议的记录。

宣读了公民埃卡留斯的一封来信。他在信中说他已按照②决议的规定，起草了代表大会的报告。[138]他担心要过一段时间他才能参加会议。

马克思宣告：在柏林成立了一个民主工人联合会，该联合会宣布反对舒尔采-德里奇，反对施韦泽，反对政府。[139]

荣克宣读了国际工人协会巴黎各分部③致西班牙工人的公开信的摘要，信中表示希望他们的革命将不只是政治的革命，而且也是经济的革命。[140]

韦斯顿提议，**若昂纳尔**附议：写信一封以备寄交西班牙议会。一致通过。

韦斯顿提议，**荣克**附议：由马克思撰写上述信件。一致通过。

荣克说，他难以抽出必要的时间来适当完成因总书记④有病而移交给他的额外工作。他希望暂时指定一个人来补充这个位置。经过一番讨

---

① 本日记录由荣克记在记录本第 169—171 页上。
② 记录此处有脱字。
③ 误。应指瑞士各分部。——编者注
④ 埃卡留斯。——编者注

论后,他说他做总委员会会议的记录工作没有异议,但他希望指定一个人给《蜂房报》写报道。

随后得知,代表大会的报道还将需用几个星期时间,这个问题暂且搁下。

然后宣读并通过了报道的第一部分,委派公民韦斯顿把它刊登在《蜂房报》上,并会同编辑一起作出安排,以便把报道印出 1000 份。

荣克提议,**韦斯顿**附议:委派马克思修订报道其余部分的译文。一致通过。

然后**比利时书记**①宣读了一封布鲁塞尔来信。代表大会已经指定了一个委员会去调查公民韦济尼埃对国际工人协会某些会员的指控。曾给韦济尼埃一个月的时间让他准备答辩②,但他虽然答应为他所作的指控提出证据,却没有做到这点,因而委员会就只得在没有证据的情况下来调查这一事件。在做了耐心而长久的调查之后,委员会除两人不赞成外(一人弃权,另一人投票反对),一致通过了下列结论:委员会未能发现公民韦济尼埃所作控告的丝毫真凭实据;委员会认为他不配作为协会会员,因为这个协会是以道义、公正和诚实为基础的。

若昂纳尔提议,**马克思**附议:比利时书记应要求该委员会把这一决定登报,并把此事通知法国人分部。[141]一致通过。

即此休会。

主　席③
临时书记　海·荣克

---

① 贝尔纳。——编者注
② 记录中以下划掉了下列文字:"以提供支持他的控告的证据"。
③ 无签名。

委员会会议①

1868 年 11 月 10 日

公民**列斯纳**主持会议。

出席委员：**鲁克拉夫特、斯特普尼、肖、若昂纳尔、荣克、杜邦、林堡、贝尔纳**。

宣读并批准了上次会议的记录。

然后宣读了报道的第二部分。

公民**鲁克拉夫特**认为，关于罢工的②决议对原件有些改动，但与法文本比较后，可知它是一个好的译本。公民鲁克拉夫特说，决议已经变得温和下来，他现在对决议已经没有异议；起先是企图保证协会做些事情，现在则把更多的事情交给会员们。

公民**荣克**提议，**肖**附议：通过这一报道。一致通过。

杜邦提议，在这一报道中插入一句：劳动统计仍在公开征集材料，请各团体把它们的报告交来。[142] **荣克**附议；通过。

即此休会。

主　席③
临时书记　海·荣克[143]

---

① 本日记录由荣克记在记录本第 171—172 页上。
② 记录中以下划掉了"第一个"一词。
③ 无签名。

委员会会议①

1868年11月24日

公民肖主持会议。

出席委员：鲁克拉夫特、杜邦、黑尔斯、巴克利、韦斯顿、马克思、米尔纳、列斯纳、荣克、斯特普尼。

宣读并批准了上次会议的记录。

马克思宣读了一封萨克森矿工寄来的信件，他们希望加入协会。[144] 协会的情况他们是从各种报纸上读到的，特别是从一本书（威·艾希霍夫著）[145]上读到的。他们赞成国际工人协会的原则，并且认为他们的国家会是宣传那些原则的适当地方。② 公民威·容尼克尔，矿工协会卢高分会主席，把这个问题提交给卢高、维施尼茨和厄尔斯尼茨各分会的委员会，他们一致同意加入协会，并授权公民容尼克尔和古·阿·巴赫曼来了解有关情况，以便他们能够加入协会。③

自1865年以来就产生了一种愿望，要在本地及其周围地区的矿工中设立一笔公共基金。但是办起来却有许多困难。主要的困难是所有的煤矿（不论是公司开采的还是私人开采的）都有一笔自己的基金，每一个矿工都必须给它缴费；雇主完全控制着这笔基金，却千方百计不向基金缴费。同时，雇主可以任意解雇工人，而工人则无权从基金中索取分文，尽管他们对这笔基金已经缴了半辈子的钱。他们在到一个新矿开始工作以前，必须付一笔入矿费，其数目自5先令至6

---

① 本日记录的第一部分由荣克记在记录本第172—173页上。
② 记录中以下划掉"他们授权"几个字。
③ 以下记在记录本第173—174页上的记录不知谁执笔。

先令不等，依年龄而变，必须在他们停留下来的头六个月内付清。他们因病从基金中领到的津贴则不足以维持生活；因劳动过度、事故、年老而丧失能力时，情况也是如此。他们甚至往往只因为不得雇主欢心而被除名。这类事情的后果对老年人比对青年人更坏，因为老年人如果从矿上离开或被矿上解雇，他们不但要失去他们的全部缴费，而且很难再有找到工作的机会。这类基金有些已经积累到5000英镑之多。纠正这一弊病的唯一办法，是把所有这些基金合并成一项置于工人们自己控制之下的基金。起草了一份请愿书，由7000名矿工签了名，又指定了两个委员会去促其实现。但是斗争三载，一无所成。主席建议向政府递送请愿书，这个办法工人们也确信将毫无成效，因为他们知道从政府方面会得到什么东西，知道只有全世界工人联合起来才能使自己得救。如果卢高只联合了2000人，可以肯定茨维考将很快就联合7000人，波特沙佩尔还将再联合这么多人。写信人最后提及卢高属于第19选区，它在北德意志议会中的议员是威·李卜克内西，他是马克思的朋友。

然后**韦斯顿**说明他被派往《蜂房报》的情况。他前去多次，但该地无人。波特尔劝他若不印成单页则不付排，因为报道若印成小册子是不节约的。

米尔纳提到将要为美国大使雷弗迪·约翰逊举办的一次宴会，他问总委员会是否参加。

鲁克拉夫特问宴会是由谁主办的。他说确有那么一些从来也不干活的工人。他不喜欢只靠小聪明而不靠干活为生的工人。

黑尔斯说，艾伦是发起人之一，他有资格自称为一名代表。人所共知，宴会只不过是进行谈话的借口。

马克思回答说，谈话往往是宴会的借口；约翰逊并不代表美国的工人阶级。

荣克说，上述宴会的代表人完全知道国际工人协会的存在。如果他们想要我们参加宴会，就应该通知我们，在他们通知我们以前，我们不应采取行动；于是停止讨论这个问题。

接着**韦斯顿**说，他听到了马志尼的死讯①；如果这个传闻属实，他就要提议：写一封信去，哀悼我们因马志尼之死而遭受的巨大损失。

荣克反对由总委员会写信；尽管他赞许马志尼是一个爱国人士和资产阶级共和主义者，但他知道马志尼是反对正在进行着的阶级斗争的。我们是一个阶级的领导人，而他则是另一个阶级的一个领导人；我们在信里只能以这样的关系看待他。

马克思和**黑尔斯**稍作发言后，停止讨论这个问题。

请**列斯纳**去访问埃卡留斯，了解我们是否还在向美国和比利时寄送文件。**肖**同时说，如果埃卡留斯本人不能来，他应该送来账簿，以便我们了解我们的财政状况如何。

即此休会。

主　　席②
临时书记　海·荣克

委员会会议③

1868 年 12 月 1 日

公民**肖**主持会议。

出席委员：巴克利、黑尔斯、杜邦、马克思、若昂纳尔、贝尔纳、

---

① 记录的余下部分由荣克记在记录本第 175 页上。
② 无签名。
③ 本日记录由荣克记在记录本第 175—177 页上。

列斯纳、斯特普尼、林堡、荣克。

宣读并批准了上次会议的记录。

宣读了公民阿普尔加思的一封来信，信中邀请总委员会派一个代表团出席为决定应采取何种方式接待雷弗迪·约翰逊先生而召开的会议。

荣克不反对派一个代表团去，其任务应该是反对这种欢迎仪式。

马克思认为，约翰逊并不代表美国的工人阶级；他和莱尔德握了手，从而背叛了他的国家；美国北方报纸正在抗议他在英国的所作所为。谈到12月1日《每日新闻》上刊登的一个美国人的一封信，用以说明美国人对约翰逊的行为所抱的态度。马克思最后说，工人阶级不应该尾随在上层和中层阶级的后面亦步亦趋。

主席稍作发言后，一致通过了**马克思提议和杜邦附议的决议**："派一个代表团去，与持异议的发言人所表达的观点采取一致行动。"**马克思提议**，**杜邦附议**：派肖和荣克前去。一致通过。

马克思宣读了一封李卜克内西寄来的信，信中说他已仿照自英国寄去的章程起草了新的章程，但作了一些修改，从而使它更适合我们历届代表大会的决定；他已呼吁追随我们协会的5万工人按照新方式重新把他们自己组织起来。

荣克报告在美国圣弗朗西斯科①成立了几个新分部；在普鲁士的锡格堡，巴登的勒拉赫和塞金根，瑞士的莱因费尔登，各成立了一个支部；在瑞士的吕策尔弗吕成立了一个支部；还成立了仅由妇女组成的两个支部，一个在日内瓦，另一个在巴塞尔。

然后讨论了改换图版是否适宜，并通过了一种样式。[146] **马克思提议**，**杜邦附议**：印1000张会员证卡片；委托荣克去找科塔姆办理此事。一致通过。

---

① 即旧金山。

列斯纳提议，**马克思**附议：肖为美国书记。一致通过。

　　杜邦提议，**若昂纳尔**附议：委任马克思为档案保管人。**黑尔斯**希望把应尽的职责明确下来。**荣克**认为，书写的信件可存于通信人之手，而①印刷的材料则主要应由他（保管）经管。一致通过。

　　列斯纳报告他们往访埃卡留斯的情况。埃卡留斯正把文件寄往国外，但账簿尚未完成。**主席**认为为了使我们能够了解我们的境况，需要这些账簿；**黑尔斯**建议荣克写账。通过。

　　休会。

主　　席②
临时书记　海·荣克

委员会会议③

1868 年 12 月 8 日

　　出席委员：**林堡、米尔纳、巴克利、韦斯顿、斯特普尼**和**荣克**。

　　公民**韦斯顿**主持会议。

　　宣读并批准了上次会议的记录。

　　荣克说，他收到了从日内瓦寄来的两封信。一封要求他给新报纸撰稿，对此他已经给予肯定的答复[147]；另一封他认为可以延迟到下个星期处理。然后他报告他去参加讨论如何接待约翰逊的会议结果。[148]科宁斯比先生说，当他看到上层和中层阶级如何欢宴约翰逊的时候，他认为工人阶级应该做点事情。劳埃德·琼斯先生认为，如果这个国家的工人阶

---

① 记录中以下划掉"职责包括"几个字。
② 无签名。
③ 本日记录由荣克记在记录本第 179—180 页上。

级不款待约翰逊先生,那就会被美国人认为失礼。库珀、沃利和比尔斯先生①反对款待约翰逊先生,但又说,既然已经用工人阶级的名义问过约翰逊先生他是否高兴受到款待,而他作了肯定的答复,他们就不得不在一定程度上同意了。科宁斯比先生提议会议休会一周,以期使它具有更多的代表性;荣克作为修正案提出休会到格兰特就职时为止,但因无人附议,修正案作废,决议获得通过。

主席认为荣克应于星期四再去参加会议。

即此休会。

主　　席　欧·杜邦
临时书记　海·荣克

委员会会议②

1868年12月15日

出席委员:**贝尔纳、若昂纳尔、杜邦、斯特普尼、马克思、列斯纳和荣克**。

公民**杜邦**主持会议。

宣读并批准了上次会议的记录。

荣克报告了他被派往接待约翰逊委员会的情况,说明要宴请他(约翰逊先生)的企图已告失败。

宣读了贝克尔的一封来信,他在信中说:过去参加了国际工人协会的、为数1800人的 D. A. B. V.③,提出要每年交给总委员会2英镑,交

---

① 记录中以下划掉"认为不做此事更好"几个字。
② 本日记录由荣克记在记录本第180—182页上。
③ Deutcher-Arbeiter-Bildungs-Verein(德意志工人教育协会)。——编者注

给日内瓦中央委员会 2 英镑，作为他们的会费。贝克尔希望总委员会接受这一提议，因为李卜克内西曾经宣布过各团体不必缴纳会费就可以加入国际工人协会，从而在德国做出了坏的先例。[149]

接着展开长时间的讨论。

荣克和**杜邦**赞成接受，因为英国大多数团体都是这样做的，比如细木工联合会缴纳 2 英镑，泥水匠协会缴纳 1 英镑。

若昂纳尔反对。他认为允许某些人缴费比别人少，是不公道的。

马克思认为，公道并不在于不管其财力如何而使每个人缴纳同样多的钱。

最后一致同意委派荣克通知 D. A. B. V.，我们只能接受 4 英镑作为年金。

然后**马克思**提及第二个问题，说他已经给李卜克内西写了信，要求他撤回他关于会费所宣布过的话。

这封信接着说，有一个自称为"社会主义民主同盟"的团体已经成立，并加入国际工人协会。随信寄来了他们的章程和纲领。[150]

荣克认为，这个纲领中有几点必须先征得总委员会的意见，他才好答复。

杜邦、若昂纳尔①认为，这个新团体只能成为削弱国际工人协会的因素。他们力求达到的那些目的，国际工人协会正在以比这个新团体更为得力的方式制定出来。

马克思认为，允许另一个国际性协会加入我们的团体是与我们的章程相违背的。②

---

① 记录中此处划掉了"马克思"几个字。
② 这句话是在 1868 年 12 月 22 日委员会会议上批准这次记录时，加在记录本第 181 页的页边空白上的。

然后一致通过：瑞士书记应在下星期二准备好一封复信提交会议[151]；又一致通过：为了抵消该宣言造成的有害影响，复信应予公开。

荣克宣读了拉绍德封的罗伯尔寄给斯特普尼信件的摘要，内称巴塞尔的地方官从该地驱逐了我们协会的一名会员，这名会员是几个星期以前在那里举行的罢工的领导人。

杜邦宣读了从里昂、巴黎和奥尔良寄来的信件。杜邦提议：把上次代表大会以来总委员会的活动写成纪要予以发表。

荣克希望提出这类建议的委员同时也提出承担该项工作的人来。马克思提出他愿帮助荣克作出一个大事记的简要，荣克同意。

若昂纳尔说，几个星期以前曾经决定写一封信以备寄交西班牙议会第一次会议，他希望知道此事进行得如何了。[152]

马克思说，他将及时准备好这封信，以便总委员会作出可能认为必要的改动。

即此休会。①

书　　记　海·荣克

执行主席　乔·奥哲尔

委员会会议②

1868年12月22日

公民**奥哲尔**主持会议。

出席委员：**奥哲尔、杜邦、巴克利、马克思、列斯纳、荣克、韦斯顿、贝尔纳**。

---

① 记录中以下划掉"主席"一词。
② 本日记录由荣克记在记录本第183—184页上。

宣读并批准了上次会议的记录。

书记宣读了斯特普尼的一封来信，随信附有一张5英镑5先令的支票作为他的会费。

比利时的一封来信说，他们在比利时正取得顺利的进展。去年他们只有3个分部①，现在有60个；他们每周可获得1000名新的拥护者。根特的织布工人和佩平斯特的纺纱工人的罢工取得了成功。[153]

李卜克内西来信宣称，我们在德国的新团体共计已拥有11万人。

荣克宣读了几张瑞士报纸，表明资产阶级的报纸正在攻击我们的协会。[154]**马克思**提议，**列斯纳**附议：由荣克撰写一份对那些报纸的正式答复。一致通过。

然后**荣克**宣读了对"国际社会主义民主同盟"的答复。讨论后一致通过了这一答复，以及**杜邦**建议的附加词句，该词句提醒他们：许多在该同盟纲领上签字的人，是曾经在布鲁塞尔投票赞成关于和平同盟的决议的。[155]

委托韦斯顿把代表大会决议印刷出来。

一致同意将来为会员证卡片收费1便士。

然后**马克思**提议：在新的一年的第一个星期二讨论土耳其—希腊问题。[156]一致通过。

委员会休会到1869年1月5日。

主　　席②

临时书记　海·荣克

---

① 此处原写的是"支部"一词。
② 无签名。

1869 年

委员会会议①

1869 年 1 月 5 日[157]

公民**扎比茨基**主持会议。

出席委员：**巴克利、若昂纳尔、杜邦、斯特普尼、贝尔纳、马克思、米尔纳、阿普尔加思、荣克和林堡**。

宣读并批准了上次会议的记录。

荣克说，由于收到了来自法国和瑞士的一些信件，小委员会于上星期六②开了会。

马克思提出了小委员会的报告。

情况表明，法国的棉纺织厂主正在组成联盟，期望在本国市场上用以较低价格出售货物的方法来打败英国厂主。法国厂主承认：尽管英国厂主比他们有较好的机器和较多的资金，但由于法国工人的工资低，他们至今仍能保住自己的市场。于是，他们希望再降低一些工人的工资，从而使他们能够生产出比英国厂主更廉价的货物。

贝特尔先生——他是索特维尔-莱鲁昂的市长，又是这个地方的最大的厂主之一——是向工人阶级发动新十字军征讨的头一名。他提出每

---

① 本日记录由荣克记在记录本第184—186页上。
② 1869年1月2日。

天减少工资3便士半。工人拒绝这一条件,于是遭到同盟歇业。现在,工人们向国际工人协会吁请帮助。

讨论后,一致通过公民**阿普尔加思**提议、**马克思**附议的下列决议。[158]

杜邦说,在多菲内省的维埃纳,400名纺纱工人因为不同意降低工资已遭到同盟歇业。

马克思认为,我们应该给索特维尔-莱鲁昂的工人以紧急的救助。他认为:木工和细木工联合会借给巴黎青铜匠的20英镑已在我们的担保下借出[159],我们可以把这笔钱自青铜匠处移交给鲁昂的工人。

阿普尔加思说,每逢人们贷款给任何一个大陆上的工人团体,总是要经过国际的介绍的。他认为实际上钱是已经借给了国际。因此,他认为我们把钱从一个工人团体移交给另一个工人团体,是完全正当的。

随后一致通过:要求把巴黎青铜匠的钱交给索特维尔-莱鲁昂[160],并委托若昂纳尔把这一决议带往巴黎,通知青铜匠。

然后**荣克**说,巴塞尔的许多织带工人已经遭到同盟歇业,但他得到的消息还太少,还不能概述实况。

马克思说,有200名工人未预先通知就被解雇了,尽管巴塞尔的习惯是必须先期14天通知对方。解雇的原因是在瑞士通常应给工人一个1/4工作日的休假。① 他然后提议,通过一项谴责瑞士中央委员会的决议,因为它未将这一重要事件向总委员会作适当报告。[161]这一提议由**杜邦**附议,并一致通过。

---

① 详情是:瑞士织带工人有在米迦勒节享受几小时休假的惯例,这些工人之所以被解雇,就是因为他们在这一节日要求照例给予这一特惠。——编者注

即此休会。

主　　席　乔·奥哲尔

临时书记　海·荣克

委员会会议①

1869 年 1 月 12 日

公民**奥哲尔**主持会议。

出席委员：**鲁克拉夫特、列斯纳、马克思、巴克利、米尔纳、杜邦、斯特普尼、荣克**。

宣读［并］批准了上次会议的记录。

一致通过订正卡片，在卡片上加上"伦敦"一词。

马克思提议，**鲁克拉夫特**附议：印刷 1 万张。一致通过。

荣克宣读了一封比利时来信。在比利时已经建立了一些新分部，并且在一次由比利时各地代表参加的会议上，选举出比利时自己的总委员会。[162]**荣克**认为，把"总"字改为"中央"② 才合适。**马克思**认为，用"联合"这个词对他们将更为合适。委派比利时书记③把这一决定通知比利时委员会。

杜邦宣读了一封鲁昂来信，信中说 160 名遭到同盟歇业的纺纱工人中有 60 名已经找到了工作，另 100 名仍然失业；非常欢迎帮助。

一封巴黎来信说：青铜匠将在星期五开会，那时他们将决定怎样处理木工和细木工联合会借给他们的那 20 英镑。

---

① 本日记录由荣克记在记录本第 186—187 页上。
② 记录中以下划掉了"或联合"几个字。
③ 贝尔纳。

列斯纳认为，我们应当在8点钟重新开始会议，而不要在9点钟开始。

主　　席　约翰·韦斯顿
临时书记　海·荣克

委员会会议①

1869年1月19日

公民黑尔斯主持会议。

出席委员：林堡、黑尔斯、列斯纳、巴克利、杜邦、若昂纳尔、沃伦、奥哲尔、斯特普尼、韦斯顿、荣克、贝尔纳。

宣读并批准了记录。

皮箱匠协会的代表公民约翰·沃伦于委员会中就座。[163]

若昂纳尔作了他出差巴黎的汇报。巴黎青铜匠给了他那20英镑，他已带到鲁昂。我们在巴黎和鲁昂两地的人都正在大力进行宣传工作。

列斯纳提议，荣克附议：在每一张卡片背后印上三种文字。

韦斯顿和奥哲尔提议：我们现有的那2000张卡片背后也要印上。

要求列斯纳付一个月的租金，并做好生火的安排。

列斯纳预告将提出有关选举问题的动议。[164]

若昂纳尔说：在巴黎和鲁昂，我们的会员都在殷切地等待着下届代表大会的议程表。

即此休会。

主　　席　约翰·韦斯顿
临时书记　海·荣克

---

① 本日记录由荣克记在记录本第188页上。

委员会会议①

1869年1月26日

公民**列斯纳**主持会议。

出席委员：**列斯纳、巴克利、若昂纳尔、荣克、肖、奥哲尔、黑尔斯**。

宣读并批准了上次会议的记录。

[宣读了]一封鲁昂来信，信中感谢总委员会为遭到同盟歇业的纺织工人所做的工作。

宣读了一封马拉利安氏公司的来信，信中索取我们的章程和代表大会的报道。委托书记提供给他们。

宣读了一封星期日同盟的来信，信中请求总委员会派去一个代表团。

进行了长时间的讨论，由**奥哲尔**提议、**黑尔斯**附议的下列决议，以仅有1票反对获得通过：

该代表团须书面写出他们对工人阶级在大陆上（较之在英国）利用星期日的情况有何了解和意见，并在把关于这个问题的报告提交星期日同盟之前，先提交本委员会批准。

继而一致通过了下列决议：

要求代表团访问星期日同盟，通知他们总委员会所采取的方针。

宣读了一封布鲁塞尔来信，信中寄来4英镑会费，并保证下个月交来同样的数目，还询问有关大理石研磨工协会的一些问题。[165]公民肖愿

---

① 本日记录由荣克记在记录本第189—190页上。

负责索取有关上述问题的材料。

主　　席　约翰·韦斯顿
临时书记　海·荣克

委员会会议①

1869年2月2日[166]

公民**韦斯顿**主持会议。

出席委员：**莫里斯、埃卡留斯、列斯纳、巴克利、贝尔纳、若昂纳尔、沃伦、马克思、斯特普尼、米尔纳、荣克、韦斯顿**。②

宣读并批准了上次会议的记录。

公民**荣克**代表赴星期日同盟的代表团提出汇报。该同盟的委员会表示：希望国际协会总委员会正式参加星期日宗教习惯遵守问题的讨论，并给予这个运动以有利的影响。该同盟的委员会要求他转达：他们想要派一个代表团来辩论这个问题。

根据**莫里斯**提议，**埃卡留斯**附议，决定接受星期日同盟派来一个代表团。

公民**马克思**说，他收到来自曼彻斯特的一封涉及厄内斯特·琼斯葬礼的信件[167]。信中向他报告：步行送葬的工［人们］未被允许进入墓地。

通　讯

布鲁塞尔。比利时书记警告总委员会委员不要把正在进行着的事情

---

① 本日记录的开头部分由荣克记在记录本第190页上。
② 记录自此以下由埃卡留斯记在记录本第190—191页上。

告诉随便什么人；国外有诽谤者，他们竭力想要证明协会全无好处。并非只有一个韦济尼埃。A. 德·夏尔纳尔就曾在《蟋蟀报》上以极卑鄙的态度攻击国际协会。[168]他坚持说①，荣克、杜邦、托伦等人必须通过决斗来证明他们是清白的。

瑞士。一封巴塞尔来信提供了该城染丝工人和织带工人事件的详细情况。

1. 染丝工人由于身为国际协会会员而于12月26日遭到同盟歇业。最初遭到同盟歇业的数字为480人。自1月4日以来被迫害和歇业的为150人。[169]

2. 自11月末以来，由于身为会员而被迫害和歇业的织带工人为150人。

3. 工资标准：染丝工人每星期10—18法郎，每天还有一点酒。织带工人计件工作每星期挣9法郎—17法郎，工作时数为每天12小时—14小时。

4. 在织带行业里，雇用了许多妇女和幼童。

5. 当前身为国际协会会员的准确数目还不知道。同盟歇业前染工的数目是400人，织带工超过350人；据估计，当前染工约为250人，织带工约为200人。

6. 用于援助的钱数不详，救济物资主要是各种食品。

7. 织带工人分会提供了一笔700法郎的贷款来支援他们的同行。不仅是在业的染工和织工，还有别的行业的工人，特别是机械工人，都尽其所能地解囊相助。

8. 苏黎世和巴塞尔的雇主们达成了一项不雇用任何被赶出厂的工人的协定。

---

① "他坚持说"几个字是在1869年2月9日的委员会会议上批准记录时加上的。

巴塞尔委员会认为，来自伦敦的金钱援助会产生很大的道义上的作用。他们对中产阶级报纸的态度非常不满。该分部主席公民弗雷已当选为大参议会议员。

公民**荣克**说，他知道在当前情况下得到金钱的希望是不大的，但是他认为总委员会还是应该尽力而为。

马克思发言赞成着手处理这一事件，说由于这不是一次普通的打击和歇业，而是一种要想摧毁国际的企图，所以就更应该着手处理它。

一致同意由书记给主要工会团体写信，要求它们接待巴塞尔被歇业工人的代表团。

通过了一项提议：书记每周接受15先令作为其职务的报酬。

委托书记买一本账簿。

委员会于11时休会。

主席　海·荣克

书记　约·格·埃卡留斯

委员会会议①

2月9日[170]

出席委员：杜邦、埃卡留斯、贝尔纳、荣克、若昂纳尔、列斯纳、罗夫人、马克思、莫里斯、米尔纳、斯特普尼、沃伦、鲁克拉夫特、韦斯顿。

公民**荣克**主持会议；宣读并批准了上次会议的记录。

书记宣读了编织工人、雪茄烟工人、制帽工人等协会的来信，都同意接待巴塞尔被歇业工人的代表团。

---

① 本日记录由埃卡留斯记在记录本第192—193页上。

公民**荣克**报告，他参加了弹性织品工人协会的会议，他们议决捐款 1 英镑。

公民**列斯纳**交来在工人教育协会[171]周年纪念日募集的 2 英镑 6 先令。

派公民荣克和米尔纳参加雪茄烟工人协会执行委员会会议；派埃卡留斯和韦斯顿参加制帽工人协会会议。

公民**荣克**宣读了一封巴塞尔来信，信中抱怨说该支部副主席发行的一份周报《工人报》[172]现正处于困难中，并有被取缔的危险。

自日内瓦寄来一份章程，其意图包括设立第一笔罢工基金和其他［事项］，目的在于巩固瑞士国际协会的韦尔施①分部。[173]要求总委员会批准上述章程。

授权公民荣克予以审查［并］删掉可能发现与总章程不相一致之处，然后把章程加上适当的评语寄回。

委托公民荣克寄给巴塞尔 4 英镑。苏黎世的染丝工人已成立协会并加入了国际协会。

委派公民韦斯顿和杜邦审查账簿。

公民**杜邦**报告：鲁昂的罢工已告结束。工［人们］让步了，但正准备将来再干。在法国，对信用贷款问题的讨论渐趋过时，建立工会团体之风正在兴起。

他提议一俟获悉全部情况即发表一个巴塞尔和鲁昂事件的宣言。他又主张应在法国选举[174]以前公布下届代表大会的议程。

同意把讨论应否实行这些建议的问题列入下次会议的议事日程。

公民**韦斯顿**宣告：13 日星期六将在南安普敦大楼举行一次会议，

---

① 罗曼语区。

考虑给失业穷人提供就业的办法。他希望总委员会的代表出席这次会议。

委派罗夫人和公民米尔纳代表总委员会出席这次会议,但是限定他们只在土地问题上发言。

关于为比利时提供大理石研磨工协会情况一事,委派书记给公民肖写信。

同意把代表大会决议作为广告连续四次登在《蜂房报》和《圣克里斯平》报上。①

委员会于11时休会。

主席　本·鲁克拉夫特

书记　约·格·埃卡留斯

委员会会议②

2月16日[175]

出席委员:阿普尔加思、贝尔纳、杜邦、埃卡留斯、荣克、罗夫人、列斯纳、鲁克拉夫特、林堡、马克思、莫里斯、米尔纳、斯特普尼、沃伦。

一致邀请公民鲁克拉夫特主持会议。

宣读并批准了上次会议的记录。

书记宣读了两个细木工协会书记的来信,信中对巴塞尔工人表示同情,但抱憾于他们的协会无力给予金钱援助。

---

① 这句话于委员会1869年2月16日会议上批准记录时加于记录本第193页顶端。
② 本日记录由埃卡留斯记在记录本第193—194页上。

代表团报告说雪茄烟工人协会和制帽工人协会的执行委员会已同意把问题提交给他们的协会。

公民**列斯纳**交来工人教育协会又寄来的1英镑1先令。

公民**荣克**再给巴塞尔寄去50法郎。

公民**马克思**交来德国卢高的矿工寄来的会员证卡片款1塔勒。

公民**米尔纳**代表赴南安普敦的代表团汇报说,罗夫人当晚作了发言。会上表明:没有哪一方面〔在〕会上提出试探性建议;或可成立一个委员会,以期在某一方面提出这个问题时采取进一步的行动。

公民**荣克**宣读了巴塞尔《工人报》和日内瓦《平等报》上的摘录。《工人报》说,苏黎世的金属制造工(机械工)、木工和装订工成立了工会并加入了协会。又在一次公开集会上为巴塞尔工人进行了募捐,共募得62法郎。从巴塞尔州的埃普廷根村和上韦勒村送来了木柴、苹果、土豆、豌豆、干果等供应品。日内瓦的妇女分部赠送30法郎;由于国际协会会员公民埃利贡的呼吁,在巴黎的一次公共集会上募集了135法郎。圣伊米耶的一名钟表厂厂主①贴出布告,说他将不雇用国际协会会员。[176]《平等报》答复了《欧洲联邦》报上的一篇文章,反驳了所谓最高愿望是实现瑞士共和主义的思想。[177]

公民**阿普尔加思**报告:苏黎世工厂主们的一名代理人曾来看他。这个人问了一些问题,想查明瑞士工人在多大程度上是按照伦敦总委员会的指示行动的。他说,如果工资被迫提高到跟别的国家一样,他们就只得停办工厂,因为他们在取得原料方面的条件颇为不利;然而他们不进行生产是不行的,因为农业资源是不够供应居民的。

公民**荣克**和公民**马克思**说,工厂主是在故意散布谎言。他们知道他们的工人并不是在伦敦的指示下行动的;他们的工人只是由于同别国工

---

① 弗朗西永。

人联合起来而增加了一些勇气,而资本家们就尽其所能地把他们隔离开。就生丝来说,他们比别国工厂主有更方便的条件去获得原料,他们的利润也比英国工厂的利润高得多。

改革同盟霍尔本分会的一个代表团出席会议,请求总委员会协同筹备一次纪念厄内斯特·琼斯的示威游行。该代表团说,厄内斯特·琼斯曾经是欧洲各国被压迫者的先锋战士。

委派公民荣克、列斯纳和杜邦去与示威委员会一起筹措各项事宜。[178]

另有星期日同盟委员会的一个代表团出席会议。星期日同盟委员会要求国际的发言人参加讨论会,并说明将要提交讨论的问题如下:(1)比较大陆的星期日和英国的星期日;(2)据称博物馆和美术馆的开放须实行一项义务制,即工作七天只付六天工资,是否有此事?(3)为许多人的文娱生活雇用几个人,这是否破坏了国家的社会道德品格。

莫雷尔先生说,如果他认为博物馆在星期日开放会普遍导致星期日劳动的话,他本人就不赞成博物馆在星期日开放了。该同盟要求总委员会指定大陆上每一个大城市出一名发言人,在会议上讲述各地是怎样遵守星期日宗教习惯的。对这个国家①的大多数人来说,大陆就是巴黎。应邀请主日遵守协会来参加讨论。

代表团另一人说,应注意不使讨论流于神学的论争。

马克思评论说,如今星期日并未开放博物馆,可是过度劳动却大量存在。

一致同意从国外了解情况,并改日考虑指定发言人的问题。

公民**杜邦**提请注意他上星期所作的关于下届代表大会议程的发言。

马克思认为,现在公布整个议程为时过早。教育和信用贷款两大问

---

① 指英国。——译者注

题,原已留待下届代表大会讨论;土地问题一定又会提出来。这三项可能被宣布为一部分议程;应邀请那些想要提建议的人提出建议。

然后通过了下列建议:

"委派各书记写信给所有的大陆支部,通知他们土地、信用贷款和教育这三个问题将再次成为大会的部分议程。凡欲向代表大会提出有关其他问题的建议的支部,请及早把提议送来。关于这些问题所写的文件和文章,也请在规定的代表大会开会时间之前送达伦敦。"

委员会于11时[休会]。①

委员会会议②

2月23日[179]

出席委员:**贝尔纳、杜邦、埃卡留斯、黑尔斯、罗夫人、列斯纳、马克思、莫里斯、米尔纳、斯特普尼、韦斯顿**。

公民**列斯纳**主持会议。

宣读并批准了上次会议的记录。

宣读了机械工人联合会书记③的一封来信,信中说该会的委员会没有资金可以用来援助巴塞尔遭到同盟歇业的工人。

星期日同盟书记来信,提出应印发预定召开的讨论会的入场券,请求总委员会予以赞同。

总委员会予以同意,并委派书记把此事通知该同盟的委员会。

莱诺交来代表大会决议。

---

① 无签名。
② 本日记录由埃卡留斯记在记录本第195—196页上。
③ 艾伦。

委托公民**荣克**偿付账款3英镑5先令。

通过：决议的售价为每份1便士；免费寄给已加入本协会的团体和通讯员一事由书记酌办。

出席纪念厄内斯特·琼斯的示威委员会的公民列斯纳汇报说：已在售卖处散发了印刷品，其费用有待支付。向中产阶级请求援助的提议已被否决。

公民**马克思**宣读了一份关于萨克森煤矿工人状况的一长篇报告[180]，[它]表明成年人的工资每周为3便士6先令到3便士10先令，童工每周为4先令—5先令。他们在每周六天中，每48小时内工作24小时；各班的工作时间为6小时到12小时不等。每个矿井都有各自的互助储金会；雇主们以各种方式向储金会缴费，但是仅仅在一个事例①中，他们的缴费才与工人的缴费一般多。工人们对这笔储金全无主权，而雇主则通过他们的经理人永远支配储金。不论工人们由于什么原因离开工作，他们就丧失了领取储金的一切权利。有些互助储金会规则中还载有对罢工和联合的禁条，但是所有的规则都没有对因事故而永久丧失劳动力的工人规定任何条款，只有一般适用于因年老体弱或其他原因而不能劳动的人的条款。工人们提议把所有互助储金会联合成一个互助储金会，会员只要在德国居住并继续缴纳会费，就不会失去要求受益的权利；储金由定期召开的矿工大会所指定的人员掌管。有些人相信在这种安排下雇主们也还将继续缴纳会费。

委派书记设法使这份报告在某些日报上全文发表。

公民**米尔纳**提议，**马克思**附议：提名布恩先生为总委员会委员。

---

① 据恩格斯《关于萨克森煤矿矿工协会的报告》一文，这唯一的事例是指在下维施尼茨—基尔希堡公司的煤矿。——译者注

委员会于10时45分休会。

海·荣克
约·格·埃卡留斯

委员会会议①

3月2日[181]

出席委员：贝尔纳、巴克利、杜邦、埃卡留斯、荣克、列斯纳、马克思、斯特普尼、沃伦、韦斯顿。

公民**荣克**主持会议。

宣读并批准了上次会议的记录。

星期日同盟来信通知，已经预定了共济会会员大厅，主日遵守讨论会将在3月16日在该地举行，盼请指定发言人并通知发言人姓名。

马克思提议，**列斯纳**附议：指定罗夫人、杜邦、荣克、埃卡留斯为发言人；总委员会在下次会议上讨论这个问题。一致通过。

公民**沃伦**交来三份旅行皮包匠和皮箱匠协会的章程。

公民**马克思**说：在纽伦堡为赈济巴塞尔被歇业的工人举办了一次集会。纽伦堡警方认为，这一集会的入场费是非法收入，要予以取缔。该集会的主席屈服了，但表示了抗议。当时一个在场的人当众声称：既然不许他在入场口交出他的菲薄的捐赠，他将在进入室内后交出［捐款］。别人也照样办了，因此尽管警方干涉，却仍然募到了捐款。

他并请总委员会注意这一事实：在任命了工联调查委员会[182]之后，

---

① 本日记录由埃卡留斯记在记录本第196—197页上。

中产阶级就根据一些保险统计员的报告而发出了大声喊叫，因为那些报告说：由于把别的事项与福利金搅在一起，最好的工会也一定要在他们当前的会费收入状况下趋于破产。几天以前一名会计师公布了一封致格莱斯顿的公开信，信中证明现有十分之一的人寿保险公司陷于无力偿还债务的状况。[183]还要看看报纸是否会注意这件事情。

公民**荣克**说，在尼斯已为巴塞尔工人募捐了钱。

由于在报纸上公布了国际协会的章程和纲领，在那不勒斯召开了一些会议，会上有一些工会团体声明它们加入国际协会，并任命了一个委员会临时充任全意大利国际协会的中央委员会。委员会的成员如下：埃蒂耶纳·卡波鲁索，裁缝，任主席；克里斯蒂安·图奇，木匠，任副主席；安东尼·朱斯蒂尼亚尼，模型制造匠，任财务委员；安东尼·契马，木匠，任书记。这些活动正在资产阶级自由主义者中间引起很大的惊惧。[184]

公民杜邦被任命为意大利临时书记，并委派他与该新委员会通信。

书记①报告：他已把代表大会决议寄交所有与国际协会有通信关系的伦敦工人团体。

委托他去偿付《蜂房报》的12先令6便士。

公民**韦斯顿**作了关于示威委员会的汇报。他转达了一项强烈的要求：请总委员会派一名大陆委员届时发表演说。已经指定了五位主席和另外五位演讲人，并曾建议非宗教会员们[185]在晚间弄到尽可能多的厅室，以安排适当的音乐和演讲来纪念那一天。

委员会在10时半休会。

主席　海·荣克

---

① 埃卡留斯。

委员会会议①

3月9日

出席委员：**巴克利、贝尔纳、科恩、杜邦、埃卡留斯、荣克、罗夫人、列斯纳、鲁克拉夫特、马克思、莫里斯、沃伦**。

公民**荣克**主持会议。

宣读并批准了上次会议的记录。

宣读了国际社会主义民主同盟书记的一封来信，信中要求对某些问题作出回答——是，或者不是。[186]

公民**马克思**宣读了一封答复所提问题的信件，并提议把它作为复信寄出。**杜邦**附议。

提案一致通过，并作出指令：把此信寄给凡收到过前面那封信的通讯员，此信就是由前信引出的。

公民**荣克**报告：第一张给巴塞尔被歇业的工人的捐款单已公布，捐款数达300英镑。捐款在继续收进中。工人仍在被赶出厂外。

公民**马克思**报告：德国装订工人将建立一个国际装订工人联合会，并将召开一次代表大会，约请各国派代表参加大会。

书记②提请注意《平等报》上的报道：在奥地利已有1.35万人参加了国际协会。[187]

杜邦说：我们从报纸上多次见到工人加入国际协会的消息，但是我们却从来没有收到过正式通知。任何时候成立一个新的支部，都理应通知我们。

---

① 本日记录由埃卡留斯记在记录本第198—199页上。
② 埃卡留斯。

贝尔纳说，那些成立了委员会的国家有责任这样做。

公民马克思说：［因为］我们已经授权德国的几个［会员］去建立新支部，所以如果他们忽略了他们的责任，我们只需向他们提醒即可。

委派杜邦写信给意大利。

然后进行关于主日遵守问题的讨论。**马克思**在讨论中评论说：防止星期日劳动的最好保证是扩大工厂法。在社会的当前状况下，总是有一种把人的生存时间尽可能多地转变为工作时间的倾向。他举出都柏林面包业和伦敦小五金业的一些情况为例，说明宗教上的主日遵守并没有阻止住在星期日工作。

荣克讲了一些在瑞士实行主日遵守的情况。

公民**科恩**和**贝尔纳**相继发言。

公民**莫里斯**提名弗雷泽先生为总委员会委员。**罗夫人**附议。

委员会于11时休会。

主席　海·荣克

委员会会议①

3月23日

出席委员：贝尔纳、巴克利、杜邦、埃卡留斯、荣克、列斯纳、马克思、黑尔斯、鲁克拉夫特、布恩、贝德福德。

公民**荣克**主持会议。

书记宣读了爱丁堡工联理事会书记的来信，宣读了伊斯特本的公民亚罗和多塞特郡怀特彻奇城的约翰·斯密斯的来信；后者希望得到关于国际协会的资料。书记提到乔·朱·哈尼曾写信给特鲁拉夫先生，要求

---

① 本日记录由埃卡留斯记在记录本第199—200页上。

他寄去一些国际协会的报告文件。书记的意见是函索文件由总委员会正式寄出。

决定由书记把函索文件寄交函索人。

公民**荣克**提请注意《劳埃德氏报》上的一个鞋店老板的广告,刊登这个广告是为了诱使容易受骗的人给正在罢工的一家商店工作。

《平等报》上有一封信声称,已从意大利①寄钱给巴塞尔。另有一封马德里的来信说已成立一个支部,希望与伦敦通信。[188]

巴塞尔的工厂主已经同意让工人回厂工作,但有大约十几个自愿离开的人不在其内。

一封日内瓦来信说,建筑业发生了新的争端。有150名工人罢了工,他们需要援助。[189]

委派公民荣克复信:在目前情况下,不可能从此地得到供应。

公民**黑尔斯**提议接受布恩为总委员会委员。通过。

承认公民爱德华·贝德福德和J.罗斯为靴匠协会的代表。

公民**马克思**提议,**黑尔斯**附议:撤销给西班牙寄去公开祝贺信的决定,因为当前在西班牙没有什么可向工人阶级祝贺的事情。通过。

公民**荣克**对星期日讨论会上给总委员会委员的安排和待遇表示不满。该同盟成员的发言大[大]地超过了规定的10分钟,而他和杜邦的发言则被打断了。

委派书记往访科塔姆先生询问卡片事。

委员会于10时休会。

主席　海·荣克

---

① 记录中插入"意大利"一词来替换"那不勒斯"一词。

委员会会议①

3月30日

出席委员：贝尔纳、杜邦、巴克利、埃卡留斯、荣克、列斯纳、米尔纳、斯特普尼、罗斯、阿普尔加思、沃伦。

公民**荣克**主持会议。

宣读并批准了上次会议的记录。

公民**荣克**报告收到了一封巴塞尔来信，信中说罢工已经结束，但是人们的苦难却结束不了。并询问是否有再从伦敦得到钱的希望。推选出一位新主席②来替换弗雷；导致弗雷辞职的原因，似乎不是由于他对国际协会怀有恶意，而是由于他体弱和无能为力。成立了一个阅览室，欢迎送来劳工问题方面的著作，因为这类问题比其他问题更引人关心。裁缝们已成立了一个合作社，他们希望得到英国同类团体的章程等文件。

来自日内瓦的消息：排字工人和印刷工人为改订价目表③而举行了罢工。[190]

巴黎的埃利·勒克律和另外三个人已就《平等报》对资产阶级持敌对态度的方针提出抗议。[191]

斯特普尼收到一封寄自意大利比萨的来信。

《泰晤士报》和其他报纸正在攻击保险业。[192]

公民**荣克**继称：他曾接见了一名比利时人，这个人需要有关国际协会的资料。因为比利时警察正在时时监视着比利时的国际协会会员，所

---

① 本日记录由埃卡留斯记在记录本第200—201页上。
② 布吕安。
③ 指工资价目表。——译者注

以他只得前来接洽。

没有其他事项提出，**书记**①说现在仍可提出问题来讨论。公民**米尔纳**回答说，他将在以后的会议上提出这样一个问题：工会是否能够帮助失业会员从事某种个体经营，从而使他们避免时常被迫在肆无忌惮的雇主的任何条件下接受工作的命运。

委员会在10时半［休会］。

主席　海·荣克

委员会会议②

4月6日[193]

出席委员：**巴克利、贝尔纳、杜邦、埃卡留斯、荣克、列斯纳、斯特普尼、罗斯**。

书记宣读了格洛斯特郡悉尼城的费舍先生的一封来信，信中询问他怎样才能得到代表大会的决议，怎样才能为国际协会效力。

委托书记向他提供国际协会的文件。

收到了从伯明翰寄来的下列通告信，将此通告信推迟到下次会议再作考虑。

有一封附有一个联合会计划书的信件，声言要收回大城市附近地区的荒地，并根据合作原则加以耕种，即建立公社来生产差不多一切自给所需的东西，由劳动者分享可能增长的收益。

委派书记告知对方信已收到。

---

① 埃卡留斯。
② 本日记录由埃卡留斯记在记录本第201—203页上。

通 讯

一封那不勒斯来信称：一个真正的支部已经建立起来，［它］正在困难的道路上迅速前进，困难是由受统治势力资助的旧工人团体造成的。意大利有些地方不像其他地方那样对接受我们的原则有充分的准备，但是领导人是支持我们的，而且没有疑问的是：意大利在下次代表大会上会有很好的代表。要求通知他们，是否有人能用意大利文通信。资产阶级革命家和我们的想法不同，但是当前不能反对他们。

达希在一封信中对未给杜邦写信表示抱歉。他为促进工人阶级的事业已经做了很多工作，并且愿意做更多的工作。还没有收到布鲁塞尔代表大会的报告。社会的改革是迫切需要的，他希望得到该做些什么的忠告，并愿照着去做。邮局是不可信任的。

从日内瓦发出了抱怨，说还没有收到对那封请求金钱援助的信件的答复。他们不得不同一切联合起来的资产阶级政党进行斗争，这些政党做了一切努力来挑动工人采取暴力行动，但是工人保持镇定。建筑业主们给瑞士其他城市的雇主们寄去照会，告诫他们不要雇用任何来自日内瓦的工人。[194]

洛桑的裁缝支部希望知道，在英国是否有合作社可以向他们供应原料。他们已经付给库克在哈德斯菲尔德城的代理商8000法郎材料钱，付给埃尔伯夫4000法郎，付给德国6000法郎；但他们宁愿与合作社进行交易。他们将在瑞士的各个城市设店，并设一个中央委员会来总揽采购事宜。

一封布鲁塞尔来信说，许多支部正处于初创状态，所以还不能开出完备的名单。布鲁塞尔财务委员现正忙于把账目分类——哪是城市的，哪是农村的。他将在大约两星期内完成此事。布鲁塞尔会员共达

1500人。**195**

来自海尔维第①［协会］的两名代表询问：他们协会的入会表决是否能生效。对他们作了一些指示，两名代表约定明天早晨再来。

委员会于10时45分休会。

主席　海·荣克
书记　约·格·埃卡留斯

委员会会议②

4月13日

出席委员：巴克利、杜邦、埃卡留斯、荣克、列斯纳、林堡、米尔纳、马克思、弥勒、韦斯顿。

一致通过公民荣克主持会议。

宣读并批准了上次会议的记录。

书记③说，他什么信件也没有［收到］。

公民**马克思**报告：在北德意志议会上，有真正的工人代表［作了］三次社会主义的演说，这是以前从来没有在任何议会上发表过的第一次社会主义的演说。全德工人联合会**196**主席施韦泽博士利用一次辩论政府提供的手工业条例的机会作了发言。他说明了工人阶级需要的是什么，并且决心要获得他们所需要的东西；又作为对以后行动的准备步骤，他要求对整个劳工状况进行统计调查，并坚持主张进行正当的教育。一位布劳恩先生想要拿他的要求取笑，但是遭到柏林一位雪茄烟工人弗里茨

---

① 瑞士的旧称。
② 本日记录由埃卡留斯记在记录本第203—205页上。
③ 埃卡留斯。

舍的反击。资产阶级发言者们接着在第二天得到了倍倍尔的回答；倍倍尔也是一个工人，他作了一篇在各方面都出类拔萃的演说。倍倍尔指出国际协会应消除人们对劳工运动重大意义的任何怀疑，并且声称他自己是国际协会的辩护者和积极的会员。[197] 公民马克思说，当前在德国可能大有可为，但是由于缺少会员证卡片，我们的进展受到了阻碍。

公民荣克提出一些解释来说明他为筹备［卡片］都进行了什么工作，大家认为这些解释足以使他免于为这件事受到责备。

公民荣克报告：比利时有一个矿井，强迫工人们为救济基金缴费，却由矿主们独掌基金的管理权。那里有两名工人已被拒绝发给有权受到救济的证件，其中一人64岁，已缴费30多年。[198]

马克思说，他的有关萨克森矿区的报告已经在德国的三家报纸上发表。

公民荣克说，日内瓦建筑业主协会已经吁请工人们复工。

马克思认为，日内瓦委员会允许自己过于经常地卷入每一次小罢工，而又不准备任何支持罢工的手段，这只能损害协会的信誉。

荣克说，他在给日内瓦的信里总是极力讲明对这个问题的这种观点，告诉他们为大约150名工人罢工而向外国吁请帮助是可笑的，他们必须自己为这样的事情负起责任来。

公民韦斯顿赞成这些发言。如果吁请我们给钱，就应该在举行罢工之前向我们进行咨询。如果我们在每一次罢工时都进行募捐，那就会被说成是我们在鼓动罢工。

公民马克思提请注意一个叫做伦敦的法国人分部的组织，它以国际协会的名义活动，并且损害了国际协会的信誉。我们的章程给各个分部留下了广阔的余地，可使总委员会不能轻易地进行干预，但是也必须有一定的集［中］才行。那个分部没有缴过会费；而且根据上次代表大会的决议，我们有权要求他们每三个月作一次关于他们活动的报告。

公民**荣克**说,那个分部进行与总委员会直接对立的活动。总委员会曾经挫败了由工人宴请美国大使①的企图,而法国人分部的主席②则曾要求这位大使协助反对在罗马的法国军队。[199]费利克斯·皮阿曾声称帝国会毁灭财产,并要求枪毙皇帝③来拯救财产。荣克认为,我们应该努力除掉的正是财产制度,而让皇帝去听天由命;制度一垮台,皇帝就会倒下来。

公民**米尔纳**认为,对于用国际协会的名义去干的一切事情,我们多么注意也不会过分,因为它们可能使我们陷入麻烦。

公民**韦斯顿**对我们与法国人分部发生隔阂感到遗憾,这个分部简直不成其为分部了。要求他们遵守章程可能是个好办法。如果他们能够改变过来,那是好事;如果他们改变不了,乱搞,我们可以不承认他们。

公民**马克思**应声说,他的意见与韦斯顿的意见一致。可是法国人分部已经做了总委员会未曾注意的大量事情。他们曾派一个代表团到布鲁塞尔去,把一份反对总委员会的很长的诉状提交给代表大会。这件事交由布鲁塞尔支部处理,该支部作出了不利于他们的决议。于是他们就寄信到各地去控告杜邦和荣克。此后,他们曾设法安排一个会议来改动我们协会的章程;他们没有办到。现在他们就自称为法国人分部。如果在法国发生了什么事情,他们会连累我们的。

根据**米尔纳**附议的**韦斯顿**的提议,决定委派书记写信给该分部,指出他们未经磋商就以本协会的名义进行了活动,要求他们明确他们与总委员会的关系。

---

① 约翰逊。
② 贝松。
③ 拿破仑三世。

公民**马克思**提议，**米尔纳**附议：答应日内瓦人①的要求，在下次代表大会要讨论的问题中，加上继承法一项。通过。

埃卡留斯提议，**米尔纳**附议：了解参加伯明翰代表大会²⁰⁰大约要付出多少费用。

公民**弥勒**提出海尔维第人加入国际协会的声明，并交出作为其代表的证件。他得到承认。

委员会于10时45分休会。②

委员会会议③

4月20日²⁰¹

出席委员：贝尔纳、巴克利、杜邦、埃卡留斯、荣克、罗夫人、马克思、弥勒、斯特普尼。

书记宣读了一封伯明翰来信。信中说，去参加代表大会的代表的花费，每人将不超过6先令。

公民**杜邦**收到热那亚的一封来信。写信人说，因为他在旅行，所以久疏音讯。他曾往布鲁塞尔给杜邦写过信，但是那封信杜邦可能没有见到。他未曾收到所有各期的布鲁塞尔代表大会的报道；除章程外，他还需要日内瓦代表大会和洛桑代表大会的报道。²⁰²将公布一则利古里亚工人代表大会的报道，还将公布一个呼吁旧意大利工人联合会参加国际协会的文件。

一封鲁昂来信报告说，一切进行得很好。该支部在一本小册子中公

---

① 指巴枯宁派。——译者注
② 无签名。
③ 本日记录由埃卡留斯记在记录本第205—209页上。

布了关于他们活动的报告，期望它能使英国的工联主义者满意。他们找不到一个印刷商去印刷，只得在巴黎完成其事。²⁰³他们估计候选人不会被选进议会，但会获得相当可观的少数票。

公民**荣克**谈到比利时瑟兰炼铁工人罢工的具体情况。在那里，军队被召来帮助业主们强迫工人屈服；这导致了一场残暴的屠杀。列日支部为此派一名代表去布鲁塞尔，他于4月10日星期六晚上9点多钟到达那里。他敦促协会中央委员会①派一个人到出事地点去察看能做些什么事情使工人平静下来，因为工人们在当时的激动状态下可能被刺激得做出过火的事情。中央委员会派了欧仁·安斯，他于第二天早晨乘第一趟火车起程。下面是他的报告：

> 我于上午大约10点半钟到达列日。在那里遇见两名瑟兰支部的成员，他们自愿陪同我去瑟兰。我们于将近正午时分到达那里。
>
> 我是准备好去看一幅在军队占据下的城市景象的。令我大吃一惊的是这儿没有碰到一名士兵，只看到在远处有几个宪兵的军帽浮现出来。许许多多的工人来回走动，还有些人成群地聚在一起，但一切都显得非常平静。后来我发现了这种平静的原因：军队只是在夜幕下才执行任务。这种平静大概把人都欺骗了，我也曾经以为情况有所夸大，并且由于见到一切冲突都已云消雾散而感到很高兴。我们朝利兹走去，那里是我们的瑟兰支部所在地。然后我就听到了有关恐怖事件的描述，而这个看起来如此平静的地点，竟是发生这些事件的现场。
>
> 在星期五的夜晚，有很大一群人聚集在考克利尔街。是不是这群人因被激怒而投掷了石头，我不想去回答。但我愿这么说：那里本来没有大兵们什么事情，假若他们没有呆在那里，人们也就不会向他们投掷石头；纵然有几个鲁莽的人投掷了石头，这能成为所有的人都［被］野蛮对待的理由吗？
>
> 骚乱治罪法被宣读了三次，没有比这种给凶恶行径以合法气氛的做法更可

---

① 比利时联合会委员会。

憎的了。密集的人群怎能在几分钟之内消散呢？人们怎能信任他们的统治者的邪恶呢？他们把这种做法看成一桩可笑的事情。

在深夜10点钟的时候，骑兵出动了，从街道当中冲过来；步兵也举着刺刀沿人行道跑来。屠杀之神冲进如此密集的人群，谁也来不及事先逃避。遇难者被追赶着，跑进房屋里藏身。可是他们刚刚侥幸地关住房门，大兵们就迫使他们把门打开，而且不辨认他们追赶的是哪个，只是见人就打。这种事不但在啤酒馆里干，还在私人住所里干。受伤者的数目估计不出来，但一定是很多的。据说有两人死亡，但是谁知道还死了多少呢？

军队方面的受伤者不过是受了一些挫伤。只有一名旅长被他自己的枪重伤了。他的肩膀被射穿，那只可能是他在用枪托乱打毫无自卫的工人时走火所致。

同样的场面在第二天夜晚又重演一遍。下面是遇难者们的叙述。一个手臂正面有三处军刀伤口的人给我讲了如下的经过："我安静地沿着考克利尔街走着，拐个弯到我的住地乌格里去。这时听见了奔马声，我便跨上了人行道。一个警察（他是我的朋友）正由此地走过，伸出手来保护我；就在这一瞬间，我遭到了宪兵的袭击。他们一军刀把我打倒在地，又砍了我三刀，然后就把我丢在那里。"另外一个人说："星期天夜晚，我作忏悔回来"，他朴实地说，"到考克利尔的侧街迪巴街的［一家］酒馆去饮酒。我正背向着门坐着，门突然打开来。我感觉什么［东西］击中了我的腿，那是军刀：砍了我两刀。我扭转身来，看见我面前是个军官。我问他这种野蛮的袭击是因为什么，他抓住了我的衣领要把我扯到街上去。我在愤慨之下拿起玻璃杯朝他的脑袋投过去。我遭到包围，并被带到考克利尔街的行政机关，宪兵们在那里摆好姿势对我狂暴殴打。这时那个机关有一名雇员被我的喊叫声惊动了，过来把我从这些恶棍手中救下来"。

在听着这些叙述时，阳光是如此明亮而温暖，我看到各处都是一片宁静，谁能相信穿着制服的凶手们正潜藏在城内的埋伏处所，专等着夜间出来干他们的罪行呢？我不由得想到了巴黎特朗斯诺楠街的屠杀[204]，而这里的屠杀比那儿的可厉害多了。那次屠杀，士兵方面可因被激怒才动手而减轻罪过，而这次屠杀则无可辩护。这时阿德里安和瓦利特从韦尔维耶来了。我们在2点钟举行了一次会议，得出了这样的结论：我们能做到的最好的事情就是召开一次会议，使工人们不要被这些残酷的暴行引入歧途。会议定于11点半钟召开,并向各处送去了通知。相当多的人响应了这个号召。安斯和勒普尔克鼓励炼铁工人坚持罢工,但是劝告矿工复工,因为如果要支持炼铁工人,就需要尽量减少需要接济的人数。会议直至7点半钟平静地散会,因为没有大兵来干扰。我们从会场到火车站,听说下趟车要等一个小时又一刻钟才能到来,就走出去喝杯啤酒。我们才从车站[走]出几步路,突然有骑兵掠过街道冲袭过来。在离我们几步远的地方有一个人遭到军刀砍杀,倒下了。我们退了回来。大约过了5分钟,我们从另外一条路出去,尽快地跑进了咖啡馆。在那里呆了没有多久,一位列日来的朋友感觉气闷不适,便打开门走出去。突然,他大叫一声,趔趄着要倒下来。店主和另外一个跑去搀扶,因为他肋上挨了一刀。在他们扶助他的时候,一个宪兵闯进来,在店主的肩膀上扎了一刺刀。后来,我们关上了门,在屋里躲着。大约半个钟头之后,街上似乎平静了;我们回车站去,未受阻碍。到达那里后,我们看见候车室里有一个男人,半裸着,背上有三处刺刀伤,他是一个工人。在发车的月台上坐着两个受了伤的人,一个人的膀臂被刺刀刺穿,另一个人的肋部受伤。原来在我们离开这里以后,旅客们遭到了冲杀。只有一名牧师派的下院议员①为这些事件向内政部长②提出了质问。部长回答说:[一切]都是根据法律干的。宣读那个骚乱治罪法的瑟兰市市长③是考克利尔方面④的代理人。内政部长是煤矿的最大股东,而弗兰德的伯爵则在铁矿拥有150万法郎的投资。

决定由总委员会作一声明抨击这些暴行;委托公民马克思起草这一声明,并把它提交给下次会议;书记应邀请各工会的代表参加下次会议。

一封比利时来信通知说,布鲁塞尔有一个派别,它不遵循中央委员

---

① 科艺。——编者注
② 皮尔梅。
③ 康普。
④ 据马克思所写《比利时的屠杀》一文,这是考克利尔股份公司。——译者注

会的方针，却想要作为一个独立的分部参加国际协会。[205] 倘若它作了这种申请，要求总委员会在召开代表大会以前不要同意它的申请。

据通知，日内瓦建筑业主退让了；靴匠协会已经加入国际协会。[206]

书记宣读了致法国人分部的信件草稿，草稿［得到］批准。

委员会于10时45分休会。

主席　本·鲁克拉夫特
书记　约·格·埃卡留斯

委员会会议[①]

4月27日

出席委员：贝尔纳、杜邦、埃卡留斯、荣克、列斯纳、罗夫人、鲁克拉夫特、马克思、弥勒、罗斯。

公民**鲁克拉夫特**主持会议。

［宣读］并批准了上次会议的记录。

书记宣布收到了怀特彻奇的亚罗的来信和邓迪工联理事会书记耶尔的来信。亚罗说明了他什么事还都［没有］做的原因。邓迪工联理事会索取有关国际协会宗旨的材料，并了解了他们怎样才能参与这一有益的事业。

委派书记复信并寄去文件。

公民**荣克**收到一封信和一些文件，是日内瓦印刷工人协会寄来转交伦敦排字工人协会的。委派书记往访塞尔夫先生，把这些文件转交给他。

关于比利时的暴行的声明已准备就绪；公民马克思说：自他接受这

---

① 本日记录由埃卡留斯记在记录本第209—211页上。

个任务以来，新的暴行又已发生，而其详细情况则尚未及时收到以资利用。所以他建议这个问题延期到下次会议再行讨论。他还认为，还应该做些别的工作，但在有这么多英国委员缺席的情况下，总委员会还难以决定遵循什么方针。如果罗夫人能够阅读原文的报道，他相信她可以利用这些报道来把这一事件公布于英国公众之前。

罗夫人说，如果她能为协会增益，她总是会高兴的。

书记说，他已把安斯的报告寄交四家日报，但是并无一家把报告刊出。①

公民**荣克**口译了一封布鲁塞尔来信。据来信说，中央委员会书记安斯被捕了，中央委员会各委员的住所被搜查。三名委员参加了会议，因为委员中有一人被捕。所有的比利时支部都对政府的行径提出了抗议；瑞士支部寄出了慰问信。[207] 布鲁塞尔来信还说，有一名叫德勒萨勒的人（他以前是一名会员）在激动和半醉的状态下四处活动，给自己惹了灾祸。这个人曾接到一封电报，说工人们被士兵打死打伤了。他回电说："提高勇气，朋友们！"并跑到各个啤酒店去，说了一些欠考虑的蠢话，使得警察认为他正在发动一场阴谋事件。

决议由书记召集总委员会全体委员和加入国际协会的各团体代表来参加下次会议。

公民**马克思**宣读了《民主》报上的一篇文章，它的作者是克吕泽烈将军，纽约分部的一名会员。文章是反驳一家波拿巴分子的报纸《人民报》上的诽谤攻击的。委托书记把这篇［文章］翻译出来交给周报发表。[208]

公民**荣克**说，他受托提供一份关于工联主义在德国传播情况的说明，以备蒙德拉先生之用；蒙德拉是提交下院的工联法案的附议者，该

---

① 这句话显然是在委员会下次会议上批准记录时加进记录中的。

说明准备在议案二读时使用。

马克思说,他的报告都寄走了。**埃卡留斯**说,他对此事详情所知甚少。

公民**弥勒**通知说,〔他〕即将去瑞士,他的团体将委派另一名代表。

下列声明发表在4月25日的《蟋蟀报》上。

> 致国际工人协会新布鲁塞尔支部(称为革命者分部)的会员们。
>
> 公民们,你们的伦敦法国人分部的兄弟只能对你们说:你们干得很好。
>
> 确实如此:当一个支部阻碍着国际协会由其章程所规定的进展时;
>
> 当不关心政治事件受到称赞时;
>
> 当宣传具有反革命性质时;
>
> 当它与工人事业订有不可违反的盟约时;
>
> 当人们因有身为革命者之罪而被排斥时;
>
> 当宗教迷信者和君主政体支持者被允许加入组织时;
>
> 当志同道合的一伙人冒称他们拥有鼓动和指挥的一切权力时;
>
> 当人们自行摆脱了你们所明文规定的一切条例的约束时,我们必须重复地说:你们干得很好!
>
> 六年前,为了以下目的在伦敦建立了法国人分部:
>
> 1. 为使革命传统相联结的纽带更新;
>
> 2. 为建立一切革命者之间的团结纽带并使之更加紧密。
>
> 在斗争了五年之后,法国人分部恰如它的原则所要求的那样,由于使你们与布鲁塞尔委员会决裂的同样原因,被迫与中央委员会决裂了。我们,法国人分部的会员,向你们高呼:勇敢,坚持!
>
> 以法国人分部的名义致以兄弟的敬礼!
>
> 书记 蒙蒂

总委员会于10时半休会。

主席　罗·阿普尔加思
书记　约·格·埃卡留斯

委员会会议①

5月4日

出席委员：**阿普尔加思**、**贝尔纳**、**布恩**、**巴克利**、**杜邦**、**埃卡留斯**、**黑尔斯**、**荣克**、**列斯纳**、**马克思**、**莫里斯**、**扎比斯基**，以及泥水匠协会第一分会、细木工联合会、日工装订工协会的代表。

公民**阿普尔加思**主持会议。

宣读并批准了上次会议的记录。

书记宣读了美国波士顿乔治·朱利安·哈尼的一封来信，信中对国际协会的发展和原则表示满意，并附寄1英镑作为捐款，要求一张收据，因为他以前给改革同盟寄过钱却未得到过字据。[209]

公民**马克思**宣读了正在纽约举行罢工的有轨电车列车员和货车驾驶员致美国工人的呼吁书。他们每星期工作105个小时，而且第二街道公司还要求他们每天比现在再多干1小时。[210]

公民**荣克**说，在《平等报》上登载了来自那不勒斯和巴塞罗纳的信件，国际在那里受到了欢迎。巴黎工人发布了一个以国际协会的原则纲领为依据的竞选纲领。拉斯拜尔接受了那些条件。[211]

然后**马克思**宣读了关于比利时屠杀事件的声明草稿。

公民**阿普尔加思**声称这是［一个］有力的声明，但认为在进行讨论以前，再提出一些事件的详细情况，这样会更好一些。

---

① 本日记录由埃卡留斯记在记录本第212—213页上。

General Council's declaration on the persecution of members of the French sections written by Marx in the Minute Book, p. 60

马克思写的总委员会关于对法国各支部成员的
迫害的声明（记录本第60页）

粘贴在记录本上的纽约有轨电车罢工工人印发的传单

于是**书记**宣读了记录上的安斯报告的译文。公民**荣克**提供了瑟兰和博里纳日两地罢工和屠杀的一些详情,并指出比利时人的工资比几乎任何别的国家的工人的工资都要低,却从来没有向外国请求过援助。公民**阿普尔加思**说:这是一个平常的老故事了。工人生活悲惨,他们力求改善自己的处境,而老板们则予以抵制。但是决不能容许老板们找大兵来帮忙;我们也不能在雇主们这样砍杀劳动人民的时候一言不发地站在一边。他认为大家都有责任进行帮助。这个声明①不仅是对野蛮暴行的谴责,也是一篇现实情况的写照,应当使它流传全国。

公民**布莱特韦尔**和**加德纳**说,一定要向他们的执行委员会请求给予金钱援助。

埃卡留斯赞成把这一声明付印。

公民**马克思**说,这里包含着两个问题。第一,工人的罢工权利;第二,国际协会的前途,国际协会必须做点事情来显示它的力量。

公民**黑尔斯**说,这个声明将大大有助于在本地传播情况;我们应该用这样的事件来教育本地的人民。

公民**韦斯顿**听了宣读的声明很高兴。国际协会应当采取行动来表明它是一种力量,而采取行动就会使它成为一种力量。必须把资本家行为②的极其凶残可恨向别的国家的工人们揭露出来。

公民**阿普尔加思**认为,这是一个使英国人民懂得外国正在发生什么事情的大好机会。他说他已经在本委员会的会议桌上学到了很多东西,而如果经常把本委员会会议记录的摘要付印,就可以[使]它和工会报告一起流传。

公民**黑尔斯**提议,**埃卡留斯**附议:采纳、印刷并传播这一声明。一

---

① 记录中此处有"不但"一语被划掉。
② "资本家行为"是在划去了"罪过"一词后写上的。

致通过。

委托书记印出1000份[212]，免费寄若干份给报社和加入本会的团体以及我们与之［有］通信关系的人；其余的出卖，把价格印在上面。①

莫里斯提议：印出公告，把这一次决议张贴于各工会室内。②

本·鲁克拉夫特

委员会会议③

5月11日[213]

出席委员：巴克利、贝尔纳、杜邦、埃卡留斯、荣克、科恩、列斯纳、鲁克拉夫特、莫里斯、奥哲尔、罗斯。

公民**鲁克拉夫特**主持会议。

宣读④了上次会议的记录。

公民**荣克**说，他曾经报告过阿姆斯特丹造船协会加入了协会，此事未被记录。随即通过予以记录。

公民**莫里斯**抗议说，没有加上他曾提出的建议。加上了这个建议并批准了记录。

公民**列斯纳**提请总委员会注意《蜂房报》刊登书记⑤的报道。书记提出了他自己，却隐瞒了作为这一比利时事件声明提议人的公民马克思的名字。

书记否认他曾以任何形式提出了他自己，但［说］他曾有意地省略了这一声明的提议人的名字，为的是不使人有可能说这是马克思的声明而不

---

① 记录中以下有"总委员会于11时休会"一句被划掉。
② 本句是在下次总委员会会议上批准记录时加进记录中的。
③ 本日记录由埃卡留斯记在记录本第214—218页上。
④ 记录中此处划掉了"批准"一词。
⑤ 埃卡留斯。——译者注

是总委员会的声明。如果他做错了，他愿在《蜂房报》的下次报道中作一声明予以纠正，而且总委员会可以对他的行为提出一项不信任投票。

公民**列斯纳**把《蜂房报》交给主席来宣读报道中他所指责的部分。

主席宣读了"美国的英语通信书记读了一封哈尼先生的来信"等语，接下去是说马克思和另外一些人发言赞成这一声明。

埃卡留斯辩论说，他是美国的英语通讯书记。

公民**列斯纳**说，谁都知道公民肖是美国书记[214]，但肖却未曾出席那次会议。

埃卡留斯的印象是，肖只是由于他完成了先前12个月所应完成的全部美国通讯才被提名到补充名单中去的。

公民**马克思**说，不应允许**埃卡留斯先生**任意使用总委员会委员的名字。他本人并不要求提到〔他的〕名字，可是他的名字未作为声明的起草人，倒出现在赞同者中间了。这看起来好像是总委员会抱愧于他所做的东西。他并不注重他的名字，也完全没有必要在《蜂房报》的报道中提到人名，但是德国书记①却是个实体，并非虚构之物。②

书记想要知道，他在什么具体场合没有承认德国书记的工作；又说最好是在公布报道之前先有人批准报道。

主席在读这篇报道时有个想法：这是一篇拙劣的报道。

公民**荣克**说，埃卡留斯是曾经被指定为美国的英语书记，因此他并不认为那是故意犯了什么过错。

没有别的委员在这个问题上继续发言，于是**书记**宣读一封公民阿普尔加思的来信，信中叙述了他缺席的原因，并索取十几本代表大会的决议以及协会章程。

---

① 马克思在总委员会的身份是德国书记。
② 记录中此处划掉了"他要求以这个身份把他的工作承认下来"一语。

多塞特郡怀特彻奇城的约翰·斯密斯在一封信中声称，以他为书记的那个合作社不打算加入国际协会，但如果可由他个人参加，他要求把他的名字登记为会员，并且寄来邮票作为会费。国际协会的原则对他是不生疏的，他曾经加入过1838年的宪章派和1846年的民主派兄弟协会²¹⁵，并且认为有奥哲尔的名字在内的任何团体都会是好团体。他随信寄来一份曾经刊登在布兰德福德的报纸①上的致比利时矿工的公开信，该信是自称为国际工人协会革命委员会写的，信中企图说服比利时矿工去杀人和大屠杀等，一直搞到获得完全自由的保证，并且提出给他们送去武器。

公民**奥哲尔**提议对这封公开信予以驳斥。

公民**荣克**附议，并评论说：自身安全的人鼓动他人去战斗并允许给以武器，这是出于怯懦的诡计。如果他赞成他所推荐的办法，他自己就不应害怕去战斗。

一致通过："该公开信的作者们与国际工人协会毫无关联，总委员会完全拒绝这种报复办法。"②

公民**科恩**说，他在报纸上见到安特卫普的雪茄烟工人将举行罢工的报道，就去进行了解，安特卫普的工人回答说：他们对此毫无所知，这类报道一定是老板们散布的。安特卫普以及布鲁塞尔的各团体都进展得很好，它们都将在财政年度满期后立即加入国际协会。③

公民**荣克**报告：布鲁塞尔委员会的成员仍在狱中；被捕者共约200人，其中有些人无疑将被释放。

---

① 显然是指《布兰德福德快报》，"曾经刊登在布兰德福德的报纸上"一语是写在行间的。

② 引号中的决议是用1869年5月15日《蜂房报》的报道剪贴在记录本上的。

③ 此处有一份从报纸（1869年5月15日《蜂房报》）上大量剪裁下来的剪报贴在记录本上。剪报的头两行（"一个荷兰造船工会宣告已经加入了国际协会，这是在荷兰的第一次入会行动"）被划掉了。

公民**马克思**收到了曼彻斯特寄来的援助比利时受难者的 1 英镑。[216]

公民**科塔姆**宣布他带了卡片来。他说，上次他等候付款等了很长时间，这次他不能再这样等了。他希望立即给他一部分，并于 6 月 15 日全部清账。

公民**荣克**说，当初交出订货单时，手里曾有足够的钱来付清全部账款，但现在的情况不是这样了。

决定明日上午把总委员会的决定通知公民科塔姆。

然后公民**马克思**起立说，大多数委员想必在《蜂房报》上见到了一封戈尔德温·斯密斯教授的来信，信中谈到萨姆纳议员的演说在美国造成的影响。[217]他，公民马克思，收到从美国寄来的谈到同一情况的信件。他认为，这是总委员会呼吁美国工人迫使共和党把这些①威胁停止下来的适当时机。为此目的，他起草了一封致合众国全国劳工同盟的公开信，此信如果得到委员会批准，可采纳并寄往美国。然后他宣读如下：

国际工人协会致合众国全国劳工同盟②

工人朋友们！

在我们的协会的成立宣言里我们说过："使西欧避免了为在大西洋彼岸永远保持和推广奴隶制进行可耻的十字军征讨冒险的，并不是统治阶级的智慧，而是英国工人阶级对于他们那种罪恶的疯狂行为所进行的

---

① 记录中此处划掉了"好战的、公开的"几个字。
② 记录本中此处粘贴着 1869 年 5 月 15 日《蜂房报》刊载这一公开信的剪报。在本卷《国际工人协会总委员会文件》中，以"致合众国全国劳工同盟的公开信"这一题名刊印了这一文件，文字完全相同（是根据 1869 年在伦敦印成的传单刊印的）。——译者注

英勇反抗。"[218] 现在轮到你们来阻止战争了,因为这个战争的直接结果将使大西洋两岸正在兴起的工人运动倒退若干年。

也许用不着向你们说明:有一些欧洲强国,它们正迫不及待地想挑起美国对英国的战争。看一下商业统计的数字,我们就会相信:直到国内战争使天秤两端的比重发生变化的时候,俄国原料的出口(俄国再没有别的东西可以出口)都是竞争不过美国的。把美国的犁铧改铸成刀剑,在目前恰恰意味着使一个被你们的贤明共和党大政治家们选为心腹顾问的专制强国免遭迫在眉睫的破产。但是,即使不谈对这个或那个政府有什么特殊利益,难道用一场战争来破坏迅速扩展着的国际合作运动,不正是为了我们的压迫者的普遍利益吗?

我们在林肯先生再度当选总统时给他的贺信[219]中表示过,我们确信,美国的国内战争对于工人阶级的发展,同美国独立战争对于资产阶级的发展,具有同样巨大的意义。的确,反对奴隶占有制的战争的胜利结束已在工人阶级的历史上开创了一个新时代。从这个时候起,美国也产生了独立的工人运动,旧党派及其职业政客都对它冷眼相看。但是,要使这个运动产生效果,还需要多年的和平;而要扑灭这个运动,美国和英国之间的战争则是最可靠的办法。

国内战争直接的可以触及的结果,当然是美国工人境况的恶化。不论在美国或欧洲,国债的重担总是被一手转一手,最后压到工人阶级的肩上。你们的一位国务活动家说,从1860年以来,日用必需品的价格上涨了78%,而非熟练工人的工资只提高了50%,熟练工人的工资只提高了60%。他抱怨道:"目前在美国,赤贫比人口增长得更快。"况且,工人阶级的苦难同金融贵族、暴发户贵族[220]和其他因战争而出现的寄生虫的穷奢极欲形成鲜明的对比。但是无论如何,国内战争总还有好的结果,那就是奴隶的解放以及因此而对你们本身的阶级运动所起的刺激作用。可是,没有崇高目的和社会需要的、跟旧世界历次战争一样的另一次战争，其结果将不是粉碎奴隶的锁链，而是为自由工人者锻造新的镣铐。新战争所带来的贫困的增长，马上会给你们的资本家找到借口和手段，好用常备军的无情的刀剑来迫使工人阶级放弃他们勇敢的和正义的愿望。

因此，一个光荣的任务落在你们的肩上，那就是要向世界证明：现在，工人阶级终于不再作为一个驯服的追随者，而是作为一支独立的力量登上历史舞台，他们已经意识到自己的责任，并能在他们的所谓的主人们叫嚷战争的地方保卫和平。

    代表国际工人协会总委员会：

  英国人：罗·阿普尔加思，木工；马·詹·布恩，机械工；詹·巴克利，彩画匠；约·黑尔斯，弹性织品织工；哈丽雅特·罗；本·鲁克拉夫特，细木工；乔·米尔纳，裁缝；乔·奥哲尔，鞋匠；J. 罗斯，鞋匠；罗·肖，彩画匠；考埃尔·斯特普尼；J. 沃伦，皮箱匠；约·韦斯顿，制造扶手的技师

  法国人：欧·杜邦，乐器工；茹尔·若昂纳尔，石印工人；保尔·拉法格

  德国人：格·埃卡留斯，裁缝；弗·列斯纳，裁缝；W. 林堡，鞋匠；卡尔·马克思

  瑞士人：海·荣克，钟表匠；安·弥勒，钟表匠

  比利时人：P. 贝尔纳，彩画匠

  丹麦人：詹·科恩，雪茄烟工人

  波兰人：扎比茨基，排字工人

  主 席 本·鲁克拉夫特

  财务委员 考埃尔·斯特普尼

总书记　约·格奥尔格·埃卡留斯

1869年5月12日于伦敦①

公民**奥哲尔**反对使用"寄生虫"一词。

公民**鲁克拉夫特**则颇为赞成这个词。公民**马克思**说，除非改动上下文，否则没有别的词可以用来代替它。

交谈一番后，由公民**杜邦**提议、公民**奥哲尔**附议，通过了这封公开信。

决定总委员会全体委员都应在声明上签名，并写明他们的职业。[221]

然后要求公民荣克说明金库余款数目。他回答说余款数为5英镑17先令10便士。

然后决定付给公民科塔姆4英镑。

提出了要财务委员②借款5英镑的意见，但公民**荣克**很不愿意采取这种做法。③

委员会会议④

5月18日

出席委员：**阿普尔加思、贝尔纳、杜邦、埃卡留斯、荣克、马克思、斯特普尼**。

公民**阿普尔加思**主持会议。

宣读并批准了上次会议的记录。

---

①　剪报至此结束。
②　斯特普尼。——编者注
③　无签名。
④　本日记录由埃卡留斯记在记录本第218—219页。

公民**马克思**说：在上次会议上被拒绝承认的那个委员会①的领导人，以前原是警察局的一名委员。

公民**杜邦**宣读一封马赛来信，内称细木工以463票对7票表决了举行罢工，并已根据这项决议罢了工。

《民论报》编辑的一封来信称：一俟选举事件[222]编排就绪，即可刊登比利时的声明。

公民**荣克**宣读《平等报》上的消息：洛桑的木匠、彩画匠、泥水匠和制革工人已决定建立交易社。[223]

一伙日内瓦的纨袴子弟在大街上殴打了两名罢工的排字工人（和他们的家属在一起）。其中两人被捕，但旋即释放。

巴黎排字工人协会主席被派往日内瓦促使罢工工人和雇主们达成谅解，但是雇主们反对，说他们不能和外国人谈判。可是八名老板中也只有四名是瑞士人。[224]

公民**埃卡留斯**说，据维也纳《人民呼声报》称，该城劳动人民要求不受限制的联合自由，并召开了几次群众大会，把他们的要求公之于众。[225]

公民**马克思**说，美国政府想要战争，理由不止一个。它要使南北两方和好，又要满足军方。

公民**荣克**代替贝尔纳发言说：一个比利时的矿工团体发出了一项声明，其中提出期望矿山成为公共所有的美好时代终将到来。

阿姆斯特丹造船工人为要求减少劳动时间已经罢了工。他们一向从上午5点钟工作到下午7点钟，而现在要求：今后他们的工作日从上午6点钟开始到下午6点钟结束，每日工资2弗罗林。[226]

公民**马克思**说，在安特卫普的一次会议上，一个资本家作了一次反

---

① 即所谓布鲁塞尔"革命委员会"。——译者注

对国际协会的发言。一名工人随即发言答复他，但是他没有停留下来聆听这一答复。

委派书记给已经加入国际协会的团体寄出捐款单。[227]

为比利时受难者捐到1英镑。

主席　本·鲁克拉夫特
书记　约·格·埃卡留斯

委员会会议①

5月25日

出席委员：贝尔纳、布恩、杜邦、埃卡留斯、荣克、鲁克拉夫特、列斯纳、斯特普尼。

公民**鲁克拉夫特**主持会议。

宣读并批准了上次会议的记录。

公民**荣克**提请注意《蜂房报》报道中的两个错误[228]，委派书记予以更正。

书记宣称，木工和细木工联合会执行委员会向比利时受难者捐赠了2英镑。

公民**布恩**说，他的时间使他不能正常地参加会议，但［他］可以推荐一个能够工作得很好的人。他又提名乔治·哈里斯先生和唐森先生为委员。

埃卡留斯和**荣克**附议。

公民**列斯纳**提名弗雷泽，公民**莫里斯**附议。

公民**杜邦**宣读了巴黎青铜匠协会书记的一封来信，他向委员会索取

---

① 本日记录由埃卡留斯记在记录本第219—220页上。

关于比利时事件的材料。巴黎的许多人一点也不了解这一次事件，因为在巴黎的报纸上只发表过简短分散的电讯。青铜匠已开始进行募捐；大理石雕刻匠已经寄出了50法郎。他认为，在代表大会议程上应加上工会在工人阶级解放斗争中的作用的问题。普遍要求就业问题也可以优先讨论。他已寄来一份印刷出来的工会联合会章程草案，并希望听到总委员会对它的意见。青铜匠协会将派一名代表到代表大会来。该会已表决立即偿还英国工会团体在罢工期间借给的款项。[229]

公民**荣克**说，《巴塞尔民主党人报》[230]赞扬德国工人，说他们坚持与阻碍他们前进的一切障碍进行斗争，而有着较大行动自由的瑞士人都动作缓慢。

巴塞罗纳支部的一篇宣言已在《平等报》上发表，宣言中说：革命已使西班牙摆脱了一个暴君，一个政治上的暴君；现在战胜社会暴君的时刻业已到来，而这只能由工人阶级的联合行动来完成。[231]

书记认为，总委员会应当正式为布鲁塞尔的安斯夫人致哀。她的死，即使不是起因于政府官员的起诉，也必然是由此促成的。[232]经过一番讨论后通过：

"总委员会对欧仁·安斯因其妻让娜（生于布里斯梅）之早亡而遭受的不幸深表同情，并对她在过早结束生命前夕所受官方的残酷对待深表痛恨。"

据称，所有被捕的布鲁塞尔委员会委员均已被释放，但是又一次进行了住宅搜查，而且所有的委员会委员都曾被训导法官传讯。

公民**列斯纳**报告说，彼得·福克斯患病五日后在维也纳去世。

公民**杜邦**宣读了伦敦《国际报》[233]上的一篇声明，其中有关于国际协会的不实之词，他希望对此给予答复。

提议为……①

委派书记为各协会应缴会费事写信给各协会。②

委员会会议③

6月1日

出席委员：**杜邦、埃卡留斯、荣克、列斯纳、斯特普尼、鲁克拉夫特、阿普尔加思、沃尔顿、扎比茨基**。

公民**荣克**主持会议。

宣读了伊斯特本的亚罗、设菲尔德的艾恩菲尔德的来信，以及细木工联合会书记的来信，该联合会决定为比利时受难者捐赠3英镑。

公民**扎比茨基**交来从他的友人处捐到的3先令。

公民**荣克**说：阿姆斯特丹支部已自命为荷兰中央支部。[234] 他们正在印制传单，其中载有劳动人民的控诉和国际协会的宗旨。这是为出版一份命名为《人民旗帜报》④ 的报纸作准备。

在那不勒斯公布了一份呼吁工人参加国际协会的公报[235]，并将公布协会的章程；一份正规的报纸⑤将在6月份创刊。在日内瓦建立了一个意大利支部。

日内瓦警察已开始对工人进行袭击，并且逮捕他们，在夜间把他们关进监狱，到早晨司法官再把他们释放。在洛桑，泥水匠罢了工，要求工资每小时40生丁；苦力和手推车工人罢了工，要求工资每小时30生

---

① 记录中此处文字脱漏。
② 无签名。
③ 本日记录由埃卡留斯记在记录本第221页上。
④ *De Standaart des Volks.*——编者注
⑤ *La Fratellanza*（即《博爱报》）。——编者注

丁。市政会命令军队武装起来"保护个人自由",并残暴对待被怀疑的工人。[236]

根据公民**列斯纳**的建议和**埃卡留斯**的附议,决定从比利时基金[237]中借来7先令6便士付给莱诺。

送50份决议给合作社代表大会。[238]

主席　海·荣克
书记　约·格·埃卡留斯

委员会会议①

6月8日

出席委员:贝尔纳、布恩、杜邦、埃卡留斯、荣克、列斯纳、林堡、罗斯、斯特普尼。

公民**荣克**主持会议。

宣读并批准了上次会议的记录。

宣读了美国全国劳工同盟主席威·H. 西尔维斯的一封来信,信中通知已收到公开信。[239]

收到怀特彻奇的约·斯密斯的一封来信,信中附寄邮票11先令捐赠给比利时人。另一封来自伦敦西头靴帮缝制工人协会,通知已议决捐赠比利时人10先令。公民阿普尔加思寄来一信,内装10先令,是肯辛顿博物馆科学艺术部的H. 巴克马斯特的捐赠。泥水匠协会第一分会书记寄来一信,通知收到募捐单并保证尽力而为。伦敦切尔西区木工协会的哈里寄来一信,索取更多的比利时事件声明,但为时已迟。利物浦雪茄烟工人协会寄来一信,介绍詹姆斯·塞缪尔森前来索取大陆声明。

---

① 本日记录由埃卡留斯记在记录本第222—223页上。

宣读了巴黎的缪拉的一封来信，内称他曾写过一封长信，是由上次带信来的那位朋友捎去的，但是尚未得到回信。青铜匠协会曾把他们所欠英国各协会的款项交给他，请代转交，并开有各项清单。他们在支持其他行业的同时，已把他们的债务从1800英镑减少到200英镑。提到选举[240]时，他说选举已在社会主义的高气压下举行，现在每一个人都在谈论社会①问题。《人民之声报》发表了一篇赞成代表大会议程的文章[241]；机械工人协会将派两名代表参加代表大会。

一封马赛来信称，细木工的罢工仍在继续。许多罢工工人在巴黎委员会解散以前是国际协会会员。[242]他们要求两方面的援助：一是借款；二是道义上的支持。该行业所有的工人都参加了罢工。这个协会刚刚存在了几个月，并且完全仰仗于别人的金钱支持。老板们决心迫使他们饥饿得再也支持不下去。工人们得到的结论是：采取开办合作工场的办法，他们可以没有老板也能工作。但是这个办法实行起来却有困难。

接着进行了讨论，得出一致的看法是：当前没有可能从英国各协会得到钱款。

公民**列斯纳**提议，**罗斯**附议：委派法国书记②写信说明此意。

据布鲁塞尔《国际报》报道，阿姆斯特丹的造船细木工人提高了工资，但未赢得减少工作时间。将公布一则报道来表明政府在罢工中起的是什么作用。[243]

一致通过公民哈里斯、唐森、弗雷泽为总委员会委员。

公民**列斯纳**提议，**埃卡留斯**附议：常务委员会应开会拟定代表大会的议程，并不迟于6月22日星期二提出报告。

公民**罗斯**提请总委员会注意这一事实：公民奥哲尔为他在斯塔福德

---

① 记录中此处划掉了"改革"一词。

② 杜邦。

竞选游说耗用了大约10英镑，为了付这笔款项，可以接受任何捐助。应当把那个促进工人参政的委员会搞成常设性质的[244]，这样就能获得多余的资金以储备将来之用。

主席　海·荣克
书记　约·格·埃卡留斯

委员会会议[①]

6月15日

出席委员：贝尔纳、布恩、杜邦、埃卡留斯、黑尔斯、荣克、列斯纳、马克思、米尔纳、斯特普尼。

公民**荣克**主持会议。

宣读并批准了上次会议的记录。

收到加斯帕尔·森蒂尼翁的一封来信。他是一个住在东普鲁士的西班牙人，信中说他很想与巴塞罗纳支部书记[②]［通］信；他非常想参加这个支部，因为他即将返回西班牙。

宣读了巴黎装订工人协会书记公民瓦尔兰的一封来信，信中对他未从总委员会收到任何消息表示不满，说巴黎装订工人协会既然是巴黎唯一的支部，这就越发出人意料。他要求解释：为什么给巴黎的各报寄去了代表大会议程，却没有给他寄去。关于暴乱事件，他说那是警方挑动起来的[245]，为的是找到借口逮捕某些人并对他们起诉；这些人之中有前委员会委员孔博、缪拉、托伦、利穆赞等人。[246]

公民**杜邦**说，他之所以没有去信，是因为他并没有收到任何来信，

---

① 本日记录由埃卡留斯记在记录本第223—224页上。
② 拉斐尔·法尔加·佩利塞尔。

而根据章程,公民瓦尔兰本来有责任寄信给他。

委派公民杜邦复信。

宣读了日内瓦的德国委员会的一封来信[247],信中提出一项拟加进代表大会议程的提案:工人阶级怎样才能实现集体所有制,从而消灭阶级对抗。信中抱怨以《邮袋报》[248]为代表的德国支部以及那些投票支持纽伦堡大会[249]的支部未能给予必要的帮助。还对未曾收到总委员会正式发布的各项声明[250]表示不满。

公民**荣克**说,他以前不可能把那些声明寄发出去,因他没有译本,而①原件已被书记②寄走了。

委派公民荣克答复。

一封布鲁塞尔委员会[251]来信建议,在代表大会议程上加上两个问题,即未来的司法机构问题,储蓄、友好和保险团体的联合和组织问题。

公民**黑尔斯**提议,**列斯纳**附议:把此问题交常务委员会于下星期二提出报告。通过。③

委员会会议④

6月22日

出席委员:**贝尔纳、布恩、科恩、杜邦、埃卡留斯、哈里斯、列斯纳、马克思、米尔纳、罗斯**。

---

① 记录中此处划掉了"文件包含"几个字。
② 记录中在"书记"前划掉了"总"字。
③ 无签名。
④ 本日记录由埃卡留斯记在记录本第224—225页上。

公民**杜邦**主持会议。

宣读了工人俱乐部和讲习会主席的来信，信中邀请总委员会委员参加一次技术教育会议[252]；又有伯明翰工联理事会书记的来信，要求知道国际总委员会是否将派代表参加在伯明翰召开的工人代表大会[253]；另有伦达尔鞋匠协会书记的来信，随信为比利时受难者寄来5先令。

公民**马克思**宣读了一封来自索林根的信件。写信人说，劳工问题只能由国际联合会组织来解决这一信念，正越来越广为流传。在提到所谓的自由教友会[254]时，他说：那些团体是由老板以及此类人等组成的，这些人反对工人阶级有所进取；他们干脆扔掉圣经中的老牌上帝，而代之以财神爷。

莱比锡的装订工人急欲与别国装订工人取得国际联系。有些装订工人协会已经加入了我们的协会。

一封布鲁塞尔来信通知说，已收到伦敦寄去的援助比利时受难者的100法郎。

根据常务委员会的报告，通过了下列诸项为下次代表大会议程：

1. 土地所有权问题；
2. 继承权；
3. 信用贷款能被工人阶级立即利用到何种程度；
4. 教育问题；
5. 工会对工人阶级解放的作用。

继而又通过了开会程序如下：

1. 验明证件；
2. 选举代表大会职员；
3. 总委员会的报告和分部与支部的报告；
4. 讨论议程上的各项问题；
5. 指定下一年度总委员会所在地；

6. 选举总委员会委员;

7. 拟定下次代表大会会议的时间和地点。²⁵⁵

继而通过在议程表上附加一项通知,说明仍在继续征求统计材料。

委员会最后决定在下次会议上开始讨论议程上的各项议题。

本杰明·鲁克拉夫特
约·格·埃卡留斯

委员会会议①

6月29日

出席委员:杜邦、埃卡留斯、荣克、列斯纳、鲁克拉夫特、罗夫人、斯特普尼、唐森、韦斯顿。

公民**鲁克拉夫特**主持会议。

宣读并批准了上次会议的记录。

收到《劳埃德氏报》营业处来信,要求为刊登代表大会议程预付1英镑7先令。

书记说,他曾把抄件寄给了所有的日报和几家周刊。《每日新闻》已把它刊出;《电讯报》和《雷诺新闻》登了摘要;《海尔曼》用德文刊出;《蜂房报》把它挤排在角落里,并压缩了对上次会议的报道。

收到了公民阿普尔加思寄来的通知,要求派一名代表参加去见内务大臣②的工会代表团。

委派公民韦斯顿参加该代表团。²⁵⁶

宣读了自马赛寄来的一封信,信中抱怨把委员们团结起来的纽带松

---

① 本日记录由埃卡留斯记在记录本第226—227页上。

② 普鲁斯。

弛了。会员们没有固定的开会地点，然而仍可到处看到他们在出面活动。工人阶级已设法与他们的对手自由主义者共同行动，如果他们设法继续干下去，就可能取得他们的西班牙革命。但是当前社会主义者要求行动，而民主主义者现时正在鼓吹和平。不可和解的甘必大已经身价跌落，倘若激进派不迅速行动，他们就将名誉扫地。谨致共和主义敬礼。

里昂公民里沙尔来信抱怨说，他的信件（要不就是给他的回信）是误投了。他们现在在里昂没有固定的组织，但经常开会。关于选举，则被迫不体面地投了温和主义派的票。他们的会费将在巴塞尔一总缴纳。

提请注意《平等报》上的一篇声明，其中说日内瓦警察查抄了伯尔尼和日内瓦的《灯笼报》①的头五份，日内瓦书记昂利·培列是该报代理人。宣读了《平等报》上刊载的法国圣艾蒂安动乱的详细情况。[257]

公民**米尔纳**反对把这么多的时间用于讨论通信上，这种时间应予缩短，否则不可能讨论代表大会的议题了。

对代表大会议题的讨论随即开始。

宣读［了］第一个问题以后，**书记**宣读上次代表大会通过的有关耕地的各项决议。在上次代表大会上有20—30名代表在投票时弃权，其后还不满地说那些决议出乎他们的意料。所以，如果说这些决议是代表们的信念的恰当反映，那是可以争议的。因此，问题应予重新考虑。书记的意见是：总委员会应该或是提议确认那些决议，或是另提一项决议以备下届代表大会采纳。

公民**米尔纳**毫不怀疑总委员会是赞成使土地转变为国家所有的，但是认为应该详细申述理由，以答复那些想法不同的人的反对意见。他此时还没有充分准备好讨论这个题目，但如果没人反对的话，他愿在下次

---

① *La Lanterne de Berne et Genève*。

的晚间会议上提议确认上次代表大会的决议，从而开始对这个问题的讨论。

随后规定9点钟为讨论会开始时间。通过。

委员会于11时休会。

本·鲁克拉夫特
约·格·埃卡留斯

委员会会议①

7月6日

出席委员：贝尔纳、布恩、杜邦、埃卡留斯、弗雷泽、哈里斯、荣克、罗夫人、列斯纳、马克思、米尔纳、韦斯顿。

公民**鲁克拉夫特**主持会议。

宣读并批准了上次会议的记录。

宣读了里昂青铜匠协会书记②的一封来信，信中请求借款4万法郎，使该城青铜匠能够自立经营业务。请求是由公民舍特尔签署的。²⁵⁸在巴黎西部和鲁贝成立了国际协会的新团体。表扬了雅克拉尔，认为他是这一事业的可信任的人。

公民**马克思**说，据安特卫普《工人报》载，阿姆斯特丹支部有一份它自己的报纸③，这份报纸受到了所有资本主义报刊的攻击；使这些报刊吃惊的是：国际协会竟已渗入到像荷兰这样平静的国家了。

公民**荣克**报告：布鲁塞尔大理石雕刻匠合作社已向他提供了所有货

---

① 本日记录由埃卡留斯记在记录本第227—231页上。
② 记录中此处划掉了"公民里沙尔"几个字。
③ 《人民旗帜报》。

物的样品和价目表。由于工人一直是为把货物出口到英国去的老板们干活，他们也就想用同样的办法做生意。主要的困难是此地的老板们很不乐意同他们做生意，而且对他们的货物只肯出低于原料成本的价钱。另外一个困难是：他们接受低价就难［以］保证不致损害此地的工人。[259]

公民**韦斯顿**、**哈里斯**和**鲁克拉夫特**主动请求进行调查。

公民**韦斯顿**讲述了他参加往见内务大臣的代表团的情况。他说，代表团受到很好的接待，并对政府起了良好的作用；政府意欲做点什么事情，但在当前这届会议期间还做不了。即使他们对现在提交议院的议案给予援助，议案在本届会期内也不能形成法律；但可能在下届会期通过一个政府议案。代表团已决定促使对下院的二读进行表决。

公民**哈里斯**提名，**唐森**附议：公民约翰·帕尔默为总委员会委员候选人。

公民**米尔纳**重新提出上次中断的土地问题的讨论。他提议把以下内容作为上次代表大会决议的附录：

"确认上次代表大会业已表明的观点：土地、矿山等应成为造福于全民的国家财产；

大片土地、矿山等的私人占有，给了少数人支配多数人的权力，这是与一个民族的自由不相容的；

实现每一个人享有对其国家的土地利益的天然权利的唯一办法，是使土地成为人所共享的共有财产。"

公民**米尔纳**认为，讨论这整个问题简直等于把业已说过的话重说一遍。这需要扼要重申改变所有制的理由，并让不同意的那些人陈述他们不同意的理由。代表大会决议中所陈述的观点是相当温和的。他同意下述论点：土地是大自然白送的礼物；它应该成为公共财产，成为在正义原则上建立起来的国家的财产。但他希望更加强调人对土地的权利。决议中所提出的改革理由是社会必要性，这并不比资产阶级处理重大问题的手法高明。根据这个理由,电报事业已由政府收买,铁路即将继之,而我们本该做得比这更胜一筹。我们必须主张把土地转变为公共财产,这并不是出于权宜之计,而是出自天然权利。资产阶级的理由已经完全否认了人的天然权利。但是只要承认人有生存的权利,人就必须也有得到维持生活的资料即土地的权利,而唯一的解决办法就是把土地转变为国有财产。目前的状况是,不[仅]少数人拥有巨大权力而损害了国家,而且他们还能剥夺他们自己子女的继承权;于是个人占有权成为专制主义。作为我们的通货的黄金非从土地不能得到,一切东西都要仰仗于土地。要么否认个人的天然权利,要么使土地成为公共财产,别无他途。虽然世世代代蹂躏了人的天然权利,人的天然权利却从未消失,始终存在;而社会必要性这个理由,对要求归还人的天然权利说来,却全无必要。要求权利能够推动人去行动,社会必要性则不能。他能够活[到]像决议这样的出版物流传全欧而且各国工人公开拥护这一主张的日子,甚感欣慰。

公民**布恩**赞成米尔纳所说的话。他认为,提出权利要求比提出社会必要性好。讨论整个理论上的权利问题会占去太多的时间。但是既然我们没有土地就不能生活,我们就确乎有一种对土地的理论上的权利。矿山和土地必定国有化的时刻正在到来。他赞成在附录中把对土地的要求当做天然权利。

公民**马克思**认为,米尔纳没有完全理解这一争论的实质。谁也没有反对把矿山和森林转变为公共财产。土地积聚在少数人手中所造成的损害是人所公认的,有争议的只是在耕地方面。反对意见来自坚持主张小农经济的那些人;小地产所有制是争论的要点。

提出社会必要性这个理由,比要求理论上的权利更为可取。各种事物,各种可能的压迫形式,都曾被理论上的权利证明过是正当的。现在该是抛弃这种宣传方式的时候了。问题是应当在什么形式下实现这种权利。曾经有过把封建所有制变为农民所有制的社会必要性;在英国,私有者在农业上已经不再是必要的东西了。

至于天然权利,则动物也有对土地的天然权利,因为动物没有土地就不能生存。从这种天然权利推导出其逻辑上的结论,就会使我们陷入这种主张:每一个人都去耕种他自己的一份土地。

社会权利和社会必要性决定了必须以何种方式取得生活资料。在非实行合作不可的场合,社会必要性便发生了自己的作用,从而出现了工厂。没有人能单靠自己生产出任何东西,这种情况就使合作制具有了社会必要性。他并不反对使决议具有更加有力的表达方式。

公民**哈里斯**反对使用任何这类旧用语。既然地球的内脏应该成为国家财产,为什么地球的表皮就不应该呢?他赞成作为权利提出来。

公民**韦斯顿**强烈主张:如果使决议更尖锐些,决议就会收到更好的效果。他并不计较权利与必要性哪个提法更好,但是决议的现状是语言乏味,必须使它更富有表达力。他确信委员会有几名委员能够把它改得更好些,如果他们愿意费心的话。小农经济像小规模制造业一样,是注定要灭亡的。小农经济无法运用科学和机器,必须抛弃这种经济。他有理由相信,小自耕农在为自己干活时,他们的个人干劲更加旺盛。在合作的情况下,个人的漠不关心导致他们的劳动所得只有小量的差别。只要合作能使小农感到满意,只要证明这种做法对他们有利,他们就会乐于加入。他〔韦斯顿〕听见过许多人为小农经济的好处辩护,但他概不相信。他感到确实该使决议具有一个更有力的形式,决议在它目前的形式下是不会在英国人的会议上获得通过的。

公民**荣克**说,米尔纳、布恩和哈里斯赞成提出每一个人对土地的权利,这势必导致给每一个人一份土地。如果他没有弄错,公民布恩还赞成小农经济(公民**布恩**声明,他拥护土地国有化和合作耕作)。公民荣克继续说,法国人对权利这个论点并不反对,他们否认的是使土地成为公共财产的必要性。小农并不比工资劳动者能够更多地为自己劳动;他们操劳一辈子，总得向国家纳税，向资本家付息。至于谈到不积极，如果一个人干一件事情不积极，这并不证明他干任何事情都不积极，这只证明他待错了地方。反对土地国有化的意见来自那些要求土地比现在更加分散的人，他们反对国家干预，不愿意同国家发生任何关系。

作为观察员列席的巴黎公民**埃利泽·勒克律**被邀请陈述他的意见。他说，我只有很少的几句话要说。农民们对世界［上］正在干些什么所知甚少。他们不到你们的代表大会上去，甚至并不知道你们开过了那几届代表大会。我们很少关心他们。城市里的人则拥护集体所有制。在布鲁塞尔代表大会上有那么多余的一伙人，他们并不能代表全体；大多数工人是拥护集体所有制的，把它看成是一种当然的权利。

公民**马克思**说：小农没有出席历次代表大会，但会上有代表他们的思想代表。蒲鲁东主义者十分顽强地坚持那种思想，他们就出席过布鲁塞尔代表大会。总委员会是对那些决议负有责任的；决议是由布鲁塞尔委员会[260]，由那些充分了解他们所必须对付的反对意见的人拟订的。我不反对改写决议。公民韦斯顿讲到的只是社会必要性。我们看到，土地的两种私有制形式都造成了有害的后果。小农只是名义上的私有者，但他是更为危险的，因为他仍在认为他真是私有者。在英国，土地可以凭议会的一道法令在两星期内转变为公共财产。在法国，这种转变则必须通过私有者负债和纳税才能实现。

公民**米尔纳**说：我并不要求重作决议，只希望加上一些东西好使它坚实有力。

罗夫人被邀发言，她说今夜不想说什么话。

公民**杜邦**提议暂停讨论。

本·鲁克拉夫特

书记 约·格·埃卡留斯

委员会会议①

7月13日

出席委员：阿普尔加思、贝尔纳、杜邦、埃卡留斯、哈里斯、荣克、罗夫人、列斯纳、鲁克拉夫特、马克思、莫里斯、米尔纳、斯特普尼、唐森、韦斯顿。

公民**鲁克拉夫特**主持会议。

宣读并批准了上次会议的记录。

宣读了伦敦裁缝协会书记的一封来信，信中说该会的委员会业已决定：如果能够解除该会过去的债务，它愿与国际协会恢复联系。

埃卡留斯提议，**莫里斯**附议：鉴于其债务没有解除的原因是罢工失败，其后该会又处于瓦解状态，再加上担负了中央刑事法院的诉讼费，应同意这一请求。

委员会通过。

宣读了蒙克舍伯恩的 J. 菲普森的一封来信，内称他在《每日新闻》上看到了一则通告，说国际协会将创办一份用英、法、德文印行的报纸。他希望得到法文版的报纸以及国际协会业已出版的其他文件。

主席知道有些关于某种新行动的话正在流传着。他认为公民哈里斯定能反映一些情况。

公民**哈里斯**说，曾有一则通告说将成立一个国际共和协会。已召集了一个会议，并邀请了布拉德洛参加；他自己也受到邀请，但他在头天晚上得知这是一些团体发生分裂的结果。在《国民改革者》上讨论过创办一份工人报纸的必要性。侯里欧克对必须怎样经营这份报纸作了精

---

① 本日记录由埃卡留斯记在记录本第231—234页上。

心的指导。哈里斯对这件事只知道这么多。

公民**马克思**：《每日新闻》上说的是本协会将创办一份报纸。

根据公民**哈里斯**的提议通过：由书记写一封信给《每日新闻》，正式否认那种说法。

宣读了一封里昂来信，信中报告说该城的 Ovalistes① 同意加入国际协会，他们共有 750 名女工和 300 名男工。随信附寄一份正式声明；会费将在巴塞尔代表大会上缴纳。络丝工人正在罢工，他们请求援助。**261**

公民**荣克**提议，**埃卡留斯**附议：接受这一加入协会的申请。通过。

关于金钱援助问题，**罗**夫人发表一点意见：不妨与斯图亚特·穆勒先生联系，把这一问题提交给妇女参政协会，该协会将在星期日开会。

公民**米尔纳**认为，倘若罗夫人亲自去参加这次会议并提出这个问题，会更好些。他提议、**列斯纳**附议：派罗夫人为代表去参加该会议。**罗**夫人同意；委员会通过。

罗夫人提出：她在下星期日去发表演说时，可向听众募集捐款。

委员会同意。

公民**马克思**说，他收到德国雪茄烟工人联合会主席②的来信；那里也发生了罢工，并请求援助。**262**

公民**列斯纳**又开始辩论土地问题。他就权利和必要性之争说道：我们的敌人知道我们是对的，却扬言我们改变不了现状。所以我们就有责任说明，存在着改变的必要性，而且情况一定会得到改变；改变是避免不了的，因为必要性使之如此。提出必要性比提出权利要有利得多。

公民**鲁克拉夫特**：我同意那种认为必要性可以构成更有力理由的意见，但还是有一个更为有力的东西，那就是强制力。我赞成土地属于人

---

① 络丝工人。
② 弗里茨舍。——编者注

民，但我不赞成把土地出租；土地应该由国家官员来经营。应该使土地能够出产多少就出产多少，这应由政府来进行监督。而且没有地租，产品就会便宜得多。当然，人民需要这样做的权力，而在人民获得这种权力之前，就得先行消灭贵族统治。

罗夫人：我赞成公民鲁克拉夫特的意见。我自然地倾向于把完全保有地产看成好事情。至于说到权利和必要性，则权利是必需的。如果你把土地出租给合作社，你就会有竞争。增长主要来自所增加的劳动力。土地的价值增长了，但是劳动力的价值却降低了。每个人都有权依赖于他自己所生产出来的土地的果实。厄内斯特·琼斯说过：当人们要求土地的时候，他们还不如要求老虎去掉爪子而同其他动物和平共处。在我们得到土地以前，我们势必先弄下贵族统治的爪子来。不管土地出租与否，产品的一部分势必要损失于经营管理和产品分配。

公民哈里斯：必要性与权利的差别，在我看来很像街道与马路的区别。我在这儿有必要，这就给了我对土地的权利。如果有把它国有化的必要，那么为什么要把它租出去耕种呢。另一方面，如果你把耕种土地委托给政府，如果你有个商业部门来出卖产品，你就总归要为这些劳动付酬；要向这些职员付酬，而这就必须从产品里付出。作为一个民主主义者，我是尽可能地要少求于政府的。土地价值的增长或者是由附加劳动造成的，或者是由别的什么造成的。如果引导适当，竞争是好事。

公民阿普尔加思：现在谈这样一个大问题，时间有些晚了。我认为讨论离开了主题。在我们争论出租还是不出租之前，应当先知道怎样去获得土地。在烹烧兔子之前，我们必须先捉到兔子。别再讨论权利和必要性了，而应该去想个怎样获得土地的实际办法。当我们发现在我们与土地之间有贵族统治这么一块绊脚石的时候，我们的头号任务就是搬开这块绊脚石,而且我们必须使人民相信有搬开它的必要性。

埃卡留斯:对土地的天然权利,在今天,和在刚出现人类第一个家庭的时候是相同的;但是社会必要性就不同了。在那人类还能以大自然的天然产物维持生活的时代,土地一直为人类所共同享受。即使在游牧部落当中(在那里人们必须饲养和看守动物以供生活所需),土地仍为共同享有,土地也无这一部分和那一部分的区别。但是当土地必须予以耕种以获取食物时,就出现了把一定的部分用于特殊目的的必要,而这种社会必要性就导致了个人占用,导致了个人所有权。个人所有权现在已经成为①进一步发展的障碍,因而有了把它废除的必要性。对生产的指挥和对产品的分配将最终成为政府的职能,我对这点毫无怀疑,但要使之成为事实,则不仅贵族统治,而且连资本家和雇佣劳动者都必须先行归于消灭。合作生产是这一变革的开始,也是实现这一转变的②唯一可行的手段。为了结束这一讨论,我提议弄清楚究竟是主张决议应从权利出发还是从必要性出发,并交给常务委员会作出相应的决议。

公民**米尔纳**作了回答,他坚持认为必要性给人一种更明确的改革观念。各民族的幼年时代已经过去了,我们不能听凭一系列未预见到的事件的摆布,而必须知道我们在干什么。

主席把问题交付表决,每种观点各有6票赞成,于是主席投了赞成社会必要性的决定性一票。

主席　**鲁克拉夫特**
书记　**约·格·埃卡留斯**

---

① 记录中此处划掉了"生产"一词。
② 以下划掉了"当前"一词。

委员会会议[①]

7月20日[263]

出席委员：贝尔纳、埃卡留斯、荣克、黑尔斯、罗夫人、列斯纳、鲁克拉夫特、林堡、马克思、米尔纳、罗斯、斯特普尼、唐森、韦斯顿。

公民**鲁克拉夫特**主持会议。

宣读并批准了上次会议的记录。

公民**马克思**宣布收到由莱比锡寄来的援助比利时受难者的25塔勒——合3英镑15先令。[264]一封马赛来信中附有两个人请求入会的申请书。《拉萨尔特信使报》的编辑请求授权为本协会的代理人。

罗夫人自妇女参政协会回来汇报说，对里昂络丝工人的问题未能正式考虑。但是，要是带着认捐单子的话，她就接受私人捐款了。如果寄去认捐单子，尤尼恩街的妇女俱乐部愿为募捐。

公民**马克思**揭开了继承权问题的讨论。他说，这个问题是日内瓦社会主义民主同盟提出来的，总委员会同意把它付诸讨论。[②]日内瓦同盟的主要要求是完全废除继承权。有两种继承形式。遗嘱给予的权利，或称根据遗嘱的继承权，是从罗马传来的，曾为罗马所特有。罗马家庭的父亲对于家庭所有的一切享有绝对的权力。罗马家庭的父亲是不能与今天家庭里的父亲相比的。罗马家庭把奴隶和被保护人包括在内，家长有责任公开保障和维护他们的事务和利益。[③]有过一种迷信，认为家长死

---

① 本日记录由埃卡留斯记在记录本第234—238页上。
② 记录中句首划掉了"因为"一词。
③ 记录中"和利益"几个字是从行间插入的。

了以后，他的灵魂还像个看守一样留在家中，监督家人把样样事情办好；如果办得不好，他就要施加折磨。在罗马早期，人们给这种家神上供，甚至举行血祭来向他致敬，以平息他的愤怒。① 逐渐地形成一种风俗：通过一个遗嘱继承人来与这个灵魂取得和解。这就是罗马的灵魂不死的观念。② 死后的意志通过遗嘱永存下来，但是这个遗嘱并不一定给继承的后人带来什么财产，而遵守死者的意志则被视为宗教的义务。随着时间的推移，这些遗嘱继承人也提出了对财产的要求；但即使在帝制时代，他们依法得到的从未超过1/4。③ 这种非基督教徒的迷信也传到了基督教国家，并且④成为现在英国和美国实行的遗嘱权的基础。

日耳曼的继承权是无须遗嘱规定的家属权，即把产业当做共有财产，由家庭中的父亲管理。这个管理人死后，财产即归全体儿女所有。日耳曼人除此以外不知道有别的继承权，而罗马教会引进了罗马的继承权，日耳曼的继承权便被封建制度改变了，因为负担着军费的封建财产是不容分割的。法国革命又恢复了日耳曼的继承权。在英国，我们有许多荒唐的事情：个人有遗赠其财产的无限权利，甚至有权剥夺其子孙的继承权，因此在他死后的长时期内还支配着自己的财产。⑤ 这种遗嘱权留给资产阶级去对待吧，因为恰可用它来反对贵族统治。在普鲁士，一个人的财产只有一小部分可以立遗嘱赠送。

没有东西可以继承的工人阶级对这个问题是毫无兴趣的。

---

① "以平息他的愤怒"几个字是后来插入的。
② 这句话是后来插入的。划掉了下面的字："这一发明便永存下来了"。
③ "依法"一语是后来插入的。往下又划掉了"遗嘱权就是建立在这一迷信的基础之上"几个字。
④ 句中"非基督教徒的"和"传到了基督教国家，并且"都是后来插入的。
⑤ 以下划掉一句："这就是使贵族统治得以保持其现状并可以留给资产阶级去研究的东西"。

民主同盟打算以废除继承权来开始社会革命。他要问：这样做得法吗？

这个建议并不是新的，圣西门在1830年就提出过了。[265]

作为一种经济措施，这是毫无用处的。这会引起极大的公愤，以致必然掀起一场几乎无法克服的对抗，从而不可避免地导致反动。倘若在革命的时刻宣布废除继承权，他相信一般的认识水平也不会保证支持这种做法。况且，倘若工人阶级有充分的权力来废除继承权，那就会有足够的力量去实行剥夺，而剥夺才是简单和有效得多的办法。

在英国废除土地的继承权，必然影响与土地、贵族院等有关的世袭制的职能；除非1.5万名贵族和1.5万名贵族夫人都死掉了，废除才能办到。相反，假若一个工人议会宣告地租应该纳入国库而不交给地主，政府就会立即得到一笔资金而不致①发生社会动乱；要是废除继承权，那就会使一切陷于骚乱而毫无所得。

我们必须朝这样一个目标努力：一切生产工具不得成为私有财产。生产工具的私有制是荒诞的，因为占有者不可能亲自使用生产工具，而只对生产工具有支配的权力，并利用这一权力迫使别人为他们做工。在半野蛮状态下这也许有所必要，但现在则不然了。一切劳动资料必须社会化，以便每一个人都既有权利又有工具来使用自己的劳动力。如果我们做到了这一点，继承权就毫无用处了。而只要我们还未能做到这点，家属的继承权便不可能废除。人们为其子女储蓄的主要目的，是为了保证他们占有生活资料。如果一个人的子女在他死后生活有靠，他就可以不必为给子女留下谋生之物而操心；如果办不到这点，废除继承权就只能带来苦恼，就会激怒和惊吓人们，因而极为不利。废除继承权并不是社会革命的开始，而只能是给革命送终。社会革命的起点必须是找到使

---

① 记录中以下划掉了"由于废除"几个字。

劳动资料社会化的方法。

遗嘱继承权是资产阶级所厌恶的；国家可以利用这种继承权来随时进行可靠的干预。我们已经有了遗产税，我们必须做的只是增加这个税，使之成为累进税，就像所得税那样，而对比如50镑这样的小额实行免税。这个问题只有在这个限度内才是工人阶级的问题。

与财产现状有关的一切都必须予以改变。但是，倘若对遗嘱加以禁止，遗嘱就会被活着时候的赠送所代替。所以，与其搞得更坏，不如在一定条件下容忍遗嘱。必须首先取得改变财产状况的手段，然后这种权利就会自行消失。

公民**米尔纳**说，人们看到那么多的人被剥夺了继承权，因而对继承权提出了异议，这是完全自然的。俗话说占有财产的人打官司总占上风，所以古往今来人们都力求获得财产的占有权。假如人人都有继承权，那就得有一种分家权；倘若非所有的人都有继承权，有些人就要被剥夺财产，而另一些人则永久占有财产。一个人有剥夺另一个人的继承权的权利吗？这种权利导致家庭的二元性。占有权导致支配权，支配权导致奴役制。工联主义者们为什么不到这儿来发表他们的意见呢？我们要听听所有的意见。只要我们还未获得原料占有权这样的权利，我们就仍然要当奴隶。除了宣布我们对原料的占有权，我们还能做什么呢？

主席认为，公民马克思是觉得在代表大会上宣布废除继承权不够审慎，因而提出抽税的建议。

公民**马克思**回答：如果国家有权力占有土地，继承权就不复存在了。宣布废除继承权是愚蠢的。一旦发生革命，就会着手没收土地；如果还没有权力来这样做，继承权势必不可废除。

公民**黑尔斯**认为，这里牵涉到一个对社会有痛苦影响的大问题，即存在着一种不同于继承权的处置权，一个人可以凭借这种权利设法处置其财产而对活着的人构成损害。当我们看到土地冻结了，机构停顿了，每一项进展都受到阻碍，我们应该不应该宣布废除这种处置权呢？我们应该宣布：任何人不得在死后享有处置其财产的权利。

公民**荣克**说，这个问题最初是由在日内瓦出现的一个派别①提出来的。他们打算干一番大事，就宣布了这个。他认为，这只能把工人阶级从别的问题上引开。他并不赞成继承权，但是他反对利用这个问题来捣乱。他倒情愿能采取与日内瓦代表大会相同的方案：起草决议提交给代表大会。

公民**韦斯顿**认为，马克思是建议用削弱继承权的办法来达到同样的结果。来自土地的租金大约仅占财产的1/4；如果对其他财产不闻不问，那是自相矛盾的。一切使人不用工作就能生活的财产转移权都应予以废除。

主席说，公民韦斯顿误认为公民马克思提出了一种迂回的办法。公民马克思是认为财产的现状还要长期继续存在，而有的事情则应该即时办到。一旦土地变成了公共财产，继承权就会立即告终。

公民**韦斯顿**说：我们已经把电报事业国有化，但并没有消除人们靠它为生的权利。

进行了商谈，研究了是否可以停止讨论而提出一个决议来。

公民**马克思**同意在下次会议上提出一个决议来。

辩论暂停，将于7月17日②星期二继续进行。

本·鲁克拉夫特
书记　约·格·埃卡留斯

---

① 社会主义民主同盟。
② 日期有误。——译者注

委员会会议①

7月27日

出席委员:科恩、杜邦、埃卡留斯、荣克、阿普尔加思、罗夫人、林堡、马克思、莫里斯、米尔纳、鲁克拉夫特、斯特普尼、哈里斯、韦斯顿。

公民**鲁克拉夫特**主持会议。

宣读并批准了上次会议的记录。

收到了一份呼吁书,它再次强调必须使伯明翰劳工代表大会[266]取得成功。暂缓处理。

宣读了公民沃尔顿关于土地问题的来信[267];宣读了贝辛斯托克的菲普森女士要求入会的来信;宣读了制革工人协会的[来]信,信中说他们不能为代表大会的资金捐款。②

宣读了巴黎公民瓦尔兰的一封来信。信中说机械工人将派两名代表出席代表大会,青铜匠将派一名代表;鞋匠将派一名代表;装订工人等正在讨论是否派去代表。会员们遭到了比以往更多的警察干扰。

委派公民杜邦提醒瓦尔兰:根据章程,未缴会费的团体不得派代表到代表大会来。

一封马赛来信说,尚未收到上封[信]的复信。要求知道在当前代表大会即将召开期间怎样批准入会。一切进行得很好,举行了一次会议,把一些工会组成了联合会。要求更经常地通信。

公民**杜邦**说,在法国有了拥护国际协会的反应;但要求入会的工人

---

① 本日记录由埃卡留斯记在记录本第238—239页上。
② 这句话是后来插入的。

必须向伦敦写信,那是费钱的事。而如果总委员会寄去会员证卡片,警方就会予以没收。最好的办法是指定通讯员,并授权法国人自行印制会员证。

公民**马克思**说,日内瓦社会主义民主同盟已经按照总委员会的要求行事[268],所以他提议接纳他们入会。

提议由埃卡留斯附议,获得一致通过,并委派总书记把这一决定通知该同盟的书记。

公民**科恩**说,他的团体①不能派代表出席代表大会。他们的花费在过去18个月内已超出收入700英镑。但他们将把一项为代表大会捐赠经费的建议提交下次会议。

罗夫人把给里昂络丝工人的2英镑4先令6便士交给法国书记,并说女士们不愿参加罢工。

然后通过暂停议事日程[269],以便考虑公民杜邦的提议。最后就该提议形成一项决议:由杜邦授权他们的通讯员接纳入会人;会员证卡片将在代表大会开会以前通过私人寄交;把这一问题提交代表大会考虑并作出决议。

主席　海·荣克
书记　约·格·埃卡留斯

委员会会议②
8月3日[270]

出席委员:埃卡留斯、哈里斯、荣克、罗夫人、列斯纳、马克思、

---

① 伦敦雪茄烟工人协会。
② 本日记录由埃卡留斯记在记录本第239—240页上。

莫里斯、米尔纳、罗斯、斯特普尼、唐森、韦斯顿。

公民**荣克**主持会议。

宣读并批准了上次会议的记录。

宣读了勒吕贝先生的一封来信,信中要求偿付几年以前交来的账单。

决定将此问题推迟到下次会议讨论。

科塔姆先生在一份通知中要求把欠他的卡片费余款在8月4〔日〕以前付清。

委派书记提醒科塔姆:他迟迟不把全部卡片交来,这是没有全部付给他已交货款的原因;并且,由于他延迟交货,还耽误了本委员会本年对卡片的使用。

在对立即筹款的可能性略作讨论之后,通过:欧洲大陆的书记们应把下列决议寄交给他们的通讯员。决议:"本协会的各支部和各分部凡尚未向委员会缴纳会费者,应在代表大会开会以前缴纳。① 鉴于根据条例第8款未缴纳会费的支部和分部的代表不得参加代表大会,而且布鲁塞尔代表大会又已决定执行这条规定,就更须如期缴纳。"

再责成书记们将总委员会财务状况的说明书随此决议一并寄出。

公民**荣克**宣读了一封日内瓦来信,日内瓦委员会在信中抱怨说,他们的开会处所本年再次被人夺走,因为那所房产已交出拍卖。又说,倘若总委员会发一通知劝告各分部借款给他们,他们就可买下他们现正用作开会的这所房屋,而且这所房屋也是国际所属各个团体的开会〔处所〕。

委派公民荣克复信说,总委员会认为在当前发出这样的通知是不可取的。[271]

---

① "在代表大会开会以前"几个字是后来插入的。

公民**马克思**宣告：由于德国旧团体的分裂，一个工人的代表大会定于［8月］7日在爱森纳赫召开，在那里将产生一个没有宗派分歧的新组织，它对国际协会的态度也将确定下来。[272]日内瓦的菲·贝克尔公布了一个纲领，建议日内瓦委员会成为各个德语支部的中央委员会[273]，对此，莱比锡的工人询问该怎样对待。他已答复说，本委员会不问语言，只问国度；由于这个原因，就有德国、瑞士、法国等国的书记。

公民马克思然后宣读了一个文件，其中包括为反对废除继承权而提出的五点理由。

公民**米尔纳**认为，它不像一项决议，倒像一篇论文。

公民马克思认为，提出理由再提决议，这样较好一些。

根据**埃卡留斯**提议、**韦斯顿**附议，通过接受这一文件。此项讨论遂告结束。

公民**马克思**说，巴塞尔委员会又添加了一项他们在瑞士称之为"直接立法权"的新建议。[274]

根据公民**马克思**提议、**列斯纳**附议，通过：把教育问题安排在信用贷款问题之前，在下次会议上讨论教育问题。

然后又通过：自开始讨论信用贷款问题的8月14日星期六开始，连续于三个星期六各开一次会议；各个星期六的会议应全部用于讨论代表大会的议题，会议准时于8点钟开始。

收到伦敦西区靴帮缝制工人协会寄来用作代表大会经费的8先令。

主席　本·鲁克拉夫特
书记　约·格·埃卡留斯

委员会会议[①]

8月10日[275]

出席委员：布恩、埃卡留斯、黑尔斯、哈里斯、荣克、罗夫人、列斯纳、鲁克拉夫特、马克思、米尔纳、唐森、韦斯顿。

公民**鲁克拉夫特**主持会议。

收到科塔姆先生寄来的一封信，信中对等筹到钱后再付款一事表示勉强同意。

公民**荣克**说，在的里亚斯特成立了国际协会的一个支部。[276]

宣读了寄自里昂的几封来信，信中告知最近的罢工已胜利结束，正在推广按照英国的模式建立工会。大理石切割工人协会、制帽工人协会、细木工协会正在讨论加入国际协会的问题和派代表到巴塞尔代表大会的问题。参加国际协会的各协会工作人员遭到了警察厅长[②]的传讯。信中又说已经收到了100张会员证卡片，但目前还不能使用，因为它们会成为罪证材料。

关于圣艾蒂安事件，据说矿上的总工程师曾分发了白兰地酒；被雇来压制矿工的士兵们曾每天自公司领取法郎；有72名工人，他们同别的工人一样是无罪的，正在等候审判。

收到了里昂室内装潢工人协会加入国际协会的声明；又收到了圣桑福里安多宗（伊泽尔）200名络丝工人加入国际协会的声明，以及里昂络丝工人加入国际协会的通知。

收到的捐款有里昂个体会员的20法郎，络丝工人协会先交的30法

[①] 本日记录由埃卡留斯记在记录本第241—243页上。
[②] "厅长"一词是后来插入的。

郎，室内装潢工人协会的 20 法郎。

公民**里沙尔**提到了他和别的一些里昂会员之间存在着一些分歧；他把那些人叫做资产阶级分子[277]，说他们将提出一份对里沙尔的告发状，好把他送入警方手中。他认为应该拒绝他们参加代表大会。

收到一封马赛来信，内称成立了两个团体，它们要加入协会并派代表参加代表大会。若有权参加会议，即派六名代表。要求了解加入国际协会怎样才能生效，并要求发给证件。

公民**马克思**提议、**荣克**附议：发给里昂络丝工人协会女主席菲洛梅恩·罗藏特别证件。通过。

公民**马克思**宣读了法国警方在伦敦的宣传工具《国际报》上的一篇很有趣的文章。文章说本协会享有一种全世界的独裁权，又说本协会现正忙于填充钱柜，而一俟钱柜填满，就要公布本协会的律条。[278]

公民**韦斯顿**说，他已作了有关大理石制品价格的调查。比利时壁炉架的价格全都不比英国的价格低，而且有一种还高出了 2 英镑。

根据公民**马克思**的提议，委派书记准备资产负债表，并任命公民韦斯顿和公民米尔纳为审计员。①

然后开始讨论教育问题。

公民**埃卡留斯**宣读了日内瓦代表大会有关训练和教育儿童与青少年以及建议应坚持教授什么科目的全部决议。这样就只需讨论由谁来管理教育和由谁出资的问题。由于大量增税有困难，那么除自常备军和国教会项目下抽出资金外，别无他法。上两届代表大会之所以未能作出决议，就是因为有许多人，特别是法国人，反对把这件事托付给国家。

公民**哈里斯**宣读了美国报纸上的一篇文章，文中有一些关于教育问题的讨论是与日内瓦决议一致的。

---

① 记录中此处划掉了"关于提出的教育问题"几个字。

公民**马克思**说：在这个问题上有一种特殊的困难。一方面，为了建立恰当的教育制度，需要改变社会环境；另一方面，为使社会环境有所改变，又需要恰当的教育制度。所以我们必须从我们的实际情况出发。

历次代表大会都讨论过教育应该是国立的还是私立的问题。[279] 国立教育曾经被看做政府经营的，但情况并不一定是这样。在马萨诸塞州，每一个市政府都有责任设立学校，使所有的儿童受到初等教育。在居民超过5000人的城市，必须设立中等技术教育学校；在更大些的城市，必须设立高等学校。国家提供一些经费，不过不多。在马萨诸塞州，地方税收的1/8用于教育；在纽约州达1/5。管理学校的学校委员会是地方性的，由它委任教师，选用书籍。美国教育制度的缺点是过于地方化了，所办的教育取决于每一州的文化水平。因此发出要求中央监督的呼声。为办学校征税是强制性的，但并不强制儿童上学。财产须纳税，而纳税人就要求税款用之有益。教育可以是国立的，而又不是政府经营的。政府可以委派视察员，负责监督学校遵守法律，就像工厂视察员监督工厂遵守工厂法那样，而对教育过程本身则无权干涉。

代表大会应当毫不犹豫地通过：教育应该是强制性的义务教育。至于说会妨碍儿童们做工，那么有一件事是可以肯定的：这不会降低工资，而人们也将对此习以为常。

蒲鲁东主义者坚持认为免费教育是愚蠢的，因为国家必须为教育花钱。当然总得有人出钱，但不该由最出不起钱的人来出。他并不赞成大学免费教育。

鉴于对普鲁士教育制度人们已经谈论得很多了，他只愿用一句评语作结束：普鲁士制度只能培养出优秀的士兵。

公民**米尔纳**认为，任何教育计划都须征得各个阶级的同意，但是工人阶级必须坚决主张：儿童们在生产中应该学懂决定着他们的劳动所创造的价值的规律。

公民**哈里斯**表示支持，说这一点应予重视。

公民**荣克**提议暂停讨论。通过。

本·鲁克拉夫特

书记　约·格·埃卡留斯

委员会会议①

8月17日[280]

出席委员：埃卡留斯、杜邦、荣克、哈里斯、列斯纳、罗夫人、鲁克拉夫特、马克思、米尔纳、扎比茨基、林堡。

公民**鲁克拉夫特**主持会议。

宣读并批准了上次会议的记录。

宣读了一封巴塞罗纳来信，内称该支部人数虽少，但品质良好，将派代表去巴塞尔。[281]

星期日同盟的一封来信提醒总委员会已拖欠应付税金的事实。[282]

委托财务委员②付两个月租金。

一封维也纳来信索取会员证卡片[283]；委派德国书记③询问需要多少，并寄去卡片。

公民杜邦收到巴黎青铜匠协会付给伦敦各工会的欠款。

委派公民荣克、杜邦、鲁克拉夫特往访各工会，交还欠款，并要求它们向代表大会捐款。

宣读了一封鲁昂来信，内称会费将在巴塞尔交付，并将自巴黎、鲁

---

① 本日记录由埃卡留斯记在记录本第244—246页上。
② 斯特普尼。
③ 马克思。

贝等地派来代表。

书记宣布，他收到了美国全国劳工同盟主［席］① 突然死亡的消息。书记②受托给美国全国劳工同盟成员寄去悼念信。²⁸⁴

一封里昂来信说，前来参加代表大会的代表将交来会费。

公民**荣克**说，他参加了木工联合会委员会的会议，并认为他们将派一名代表到代表大会来。²⁸⁵

公民**扎比茨基**提到波森③建筑工人（波兰人）赢得了他们第一次罢工的胜利；他们曾经得到柏林人的援助。²⁸⁶

公民**鲁克拉夫**特评述了他同和平协会书记的一次谈话。一本用三种语言书写的小册子将在代表大会上分发。

公民**马克思**反对与各和平协会打任何交道。布鲁塞尔代表大会已经声明过反对瑞士和平协会；英国和平协会是反对工人的。

公民**勒克律**说，在巴黎和平代表大会上什么派别的人都有。

公民**鲁克拉夫**特说，他在报纸告白上看到英国工人与比利时工人之间曾发生过一次争斗。他主张如果事态严重则应进行干预。

公民**马克思**赞成这样做，如果总委员会有权力这样做的话。

公民**荣克**又揭开了教育问题的讨论。他说，［他］没有多少话要说。他的意见与有些发表过的意见不同。我们不能一直等到阶级差别消失那一天，所以我们必须满足于一个可以得到别的阶级赞同的方案。在美国和瑞士，教育事业是国立的、义务的。阿贝尔·斯密斯证明瑞士商业占人口的比例比英国的大，这就表明有利于义务教育的要求。初等教

---

① 威廉·西尔维斯。
② "宣布，他收到了美国全国劳工同盟主［席］突然死亡的消息。书记"这些字是后来插入的。
③ 波兹南的旧称。——译者注

育应［该］是免费的；更高等的教育，劳动人民就够不上了。义务初等教育是可以在全世界建立起来的。他不同意公民米尔纳的意见。教导儿童们懂得劳动价值的教育应该由谁提供呢？至于这种价值包括些什么，也有大不相同的见解。读、写和体育将使人们有能力自己作出判断。如果每一个人都受过操练，常备军就无须存在了。至于资金，则教会财产可以用于教育。他反对把任何一种学说都引进学校。他希望知道公民米尔纳的意旨何在。

公民**米尔纳**说，他不想探讨这个问题，这个问题已经谈论得很多了。他不过是主张国际协会不应该忽略价值和分配的问题。他希望荣克撤回其看法，即认为我们对劳动价值是什么见解不一。难道我们应该承认我们对这个问题一无所知吗？美国到处都谈这个问题。初等教育未能使劳动人民懂得这个问题，资产阶级和贵族又不愿让他们明白过来；如果我们也不去启迪他们，我们就不如不谈这个问题了。他没有供问答教学的教材，不然的话，他会推荐这个。必须用它来熏陶儿童们的头脑，而他只不过要求在我们的声明中对这一点稍加提及罢了。

公民**荣克**承认自己的无知。经济学家们在这个问题上的意见相差如此之大，竟没有人知道谁是谁非。公民米尔纳设想人们今天必须受过初等教育，但事实并非为此。所以他要求初等教育是义务的，必须使儿童们学会读和写。

公民**哈里斯**支持公民米尔纳的意见，并希望规定初等教育的内容。他曾经努力教给儿童们文法和代数，却因太卖力气而被解职，并据此被认为不适于当教员了。农业劳动者对他们的劳动价值一无所知。他手下曾有120名儿童，但他们都相继被领走，下地干活去了；穷人是没有力量让他们的孩子受教育的。在美国，义务教育造就人们搞更多的钱；在瑞士，则使人不再出卖自己去为欧洲暴君打仗；在普鲁士却教人去杀人。若不能迫使教育达到比当前更高的水准，教育就是毫无用处的。除伦敦大学外，我们所有的大学和学院都是不好的，尽管它们是教育人的场所。伦敦大学[287]是对它们的活生生的抗议。而埃默森说过，在我们能够去教育人之前，我们必须先了解一切生活关系。

罗夫人通过教学懂得了使人类进步的一切事物。工人阶级必须拥有各种教育机构，而不从中取利。教会财产必须收回用于学校。我们不需要那么多的牧师，却需要更多的教师。①《法律时报》预言国教将不会再延续十年，所以现在是大力进行这件事情的时候了。国教反对者会站在我们这边，这会促使国教的教士们努力去自筹资金。波普说，人所应该研究的对象是人类。米尔纳要求我们研究劳动者是什么样的人。公民米尔纳主张，应该教孩子们懂得他们劳动的价值是什么，以及怎样得到它。如果教导了他们，他们就不想工作这么多小时了。她建议我们提出把教会资金用于教育的要求。

公民**勒克律**说，总委员会不为平等教育讲话是不好的。我们并不是要求我们的一部分权利，而是要求我们的全部权利。在一切问题上，我们都要求懂得真理。我们的教育应该尽可能地完满：不仅教育工人的孩子，也教育富人的孩子。也许有人反对，说我们没有资金。在法国我们有教会、陆军、海军，它们占用着每年6000万法郎的资金，这些资金如果用于教育，那就会收到比现在更好的效益。如果我们没有资金来教育所有的孩子，那就让我们来教育最好的孩子。初等教育必须继续到较高的年龄，再用适当的②考试制度来选择出最优秀者，由国家出资来提升他们接受最高等的教育。国家必须对全体男女提供平等的机会。

公民**埃卡留斯**说，社会的两大阶级对劳动的价值有不同的估价。当前我们的对手在统治着国家，因此他们有权力厉行他们认为是正确的观

---

① 这句话是后来插入的。
② 记录中此处划掉了"教育"一词。

点。当轮到工人统治国家时,工人就将厉行自己的观点,并把事情办好。

公民①不能接受劳动价值是偶然性事物这种观点。一个人的一个小时的劳动与另一个人的一个小时的劳动是等值的,必须使年轻的一代对此深有印象。沃伦在美国已经说明了什么是等价交易。

公民**鲁克拉夫特**认为,我们应该作出一个决议。我们应该努力做些实际的事情。倘若我们要等到废除国教的时候,那我们就得置教育于不顾而长期等待下去。那些有才能的人应该升学;当前唯一存在这种情况的国家是土耳其。在那里,如果一个男孩表现出才能,那么不管是谁,他就要被推向前进。他不赞成仅仅要求低级的初等教育。他主张强迫的普遍的、免费的教育,并让智力高者升学。照公民哈里斯所说,美国人懂得劳动的价值,这使得他们贪财。我们应该作出我们的要求,而让统治者去找出资金。

公民**马克思**说,在某些论点上我们是一致的。

讨论是从建议重申日内瓦代表大会决议开始的,这项决议要求智育与体力劳动相结合,与体育和技术训练相结合。对此没有反对意见。

无产阶级的决议起草人所主张的技术训练,是用来弥补由劳动分工造成的缺陷,这种分工使徒工们不能获得对自身业务的全面知识。人们抓住了这一点,并用资产阶级对技术教育的理解来歪曲它。

罗夫人的国教经费建议,这该是代表大会公开表示反对国教的良好策略。

公民米尔纳的建议作为学校问题提出来,是不恰当的;那是年轻人必须在日常生活的斗争中从成年人那里得到的教育。他也不同意把沃伦的看法当成经典,在那个问题上人们很少能够意见一致。我们可以再作

---

① 记录中无人名。

补充说：这样的教育不可能从学校得到，而必须从成年人那里得到。

凡是容许党派和阶级加以解释的东西都不应放到小学和中学里讲授。只有像自然科学、语法等科目才是适合于学校教学的东西。例如语法规则，无论是由一名笃信宗教的托利党人来讲解，还是由一名自由思想家来讲解，那是不会有所不同的。容许作出不同结论的课题必须排除在外，让成年人向教授宗教学的罗夫人那样的教师们去学习。**288**

废除军队的问题已由布鲁塞尔代表大会作出决议了。

再提出它来是不适宜的。①

委员会会议②

8月24日

出席委员：**杜邦、埃卡留斯、科恩、黑尔斯、哈里斯、荣克、唐森、列斯纳、拉法格、马克思、韦斯顿、鲁克拉夫特**。

公民**鲁克拉夫特**主持会议。

宣读并批准了上次会议的记录。

书记宣告他收到美国一名土地改革者寄来的信，信中应许寄给代表大会一份文件。

一封巴塞罗纳来信告知该支部将派一名代表出席代表大会。

公民**哈里斯**讲述了他同特罗洛普先生就比利时大理石制品进行的一次会谈，说发现那些制品价格低廉，又说波特曼市场索尔兹伯里街的沃克是可以去接洽的合适的人。

一致同意由公民马克思起草年度报告。

---

① 记录在此中断，无签名。
② 本日记录由埃卡留斯记在记录本第247—284页上。

公民**黑尔斯**提出修正案指定代表大会代表；**列斯纳**附议。修正案以7票对4票通过。[289]

然后要求财务委员①报告手头有多少钱。

现有钱数为13英镑10先令。他已把青铜匠协会的借款还给装订工会。他估计装订工会将捐一些钱给代表大会。他将去访问泥水匠执行委员会，这个委员会可能拿出一点钱来，他们原先曾决定捐赠10英镑。鞋匠协会执行委员会可能将他们应该收到的5英镑全部捐出。在马赛另有2英镑，若索取可能收到。

公民**米尔纳**认为，我们应该设法找到愿意自负开支的人，而用这笔钱去偿付我们的债务。

公民**马克思**主张用我们现有的钱作为派去代表的费用。[290]

在付给每个代表的钱数问题上：6票赞成10英镑；5票赞成12英镑，附加条件是若只派去一个人才给他12英镑。

投票结果：荣克11票；埃卡留斯11票；阿普尔加思7票；米尔纳6票②；科恩6票；鲁克拉夫特5票。在荣克与埃卡留斯之间第二次表决：埃卡留斯9票，荣克2票。在科恩与米尔纳之间第二次表决：米尔纳7票，科恩4票。然后通过：如果③被提名的总委员会委员愿意自费前去的话，也应发给他们证书。

然后公民**哈里斯**揭开了信用贷款问题的辩论。他宣读了关于这个问题的发言，并声称信用贷款对他说来是一种与土地一样的天然权利。如果他不能开出他的支票，他就没有信用。

主席宣读了议程上的议题，并要求发言人不要离题。

---

① 斯特普尼。——编者注
② 记录中以下划掉了"鲁克拉夫特6票"几个字。
③ 以下划掉了"可能选择"几个字。

公民**韦斯顿**说，当工人愿以 20 先令的劳动所值去抵借 15 先令的贷款时，获得贷款是不会有困难的。资本家总得为他所承担的风险索取报偿，他决不肯仅取 5 先令作为保证金。还得给他适量的固定利息。如果人们以那样的抵押相互借钱，合作就会继续下去。增加工资和罢工固然可以补救工人阶级遭受的不幸[291]，但没有信贷就不能实现合作。

公民**黑尔斯**说，我们也许要再用一个月的时间来讨论一般性的问题，但我们面对的问题则是一个实际问题。开设劳工银行，工会和其他团体可投资其中以便借款给别的工人团体，这是立即利用信贷的唯一手段。

根据公民**米尔纳**的提议，讨论中止，到 8 月 31 日星期二继续进行。

本·鲁克拉夫特
总书记 约·格·埃卡留斯

委员会会议①

8 月 31 日[292]

出席委员：布恩、科恩、埃卡留斯、黑尔斯、哈里斯、荣克、罗夫人、列斯纳、鲁克拉夫特、拉法格、莫里斯、奥哲尔、斯特普尼、唐森、阿普尔加思、米尔纳。

公民**鲁克拉夫特**主持会议。

宣读并批准了上次会议的记录。

书记宣告，他收到了纽约寄来的康默福德写的一篇关于土地问题的论文。他还收到细木工联合会寄来作为代表大会资金的英镑；又从考埃

---

① 本日记录由埃卡留斯记在记录本第 248—251 页上。

尔·斯特普尼处收到一张10英镑的支票：5英镑作为代表大会的资金，5英镑用来印刷代表大会的报道。

公民**荣克**说，泥水匠执行委员会捐给代表大会资金5英镑。制帽工人执行委员会未能通过任何款项，他以为还不宜向该会提出要求。但是加入协会的问题则应在代表大会以后立即予以讨论，届时必须寄去一个通知。

公民**拉法格**说，由于公民马克思患病，报告尚未写成。²⁹³

通过：于星期三举行一次特别会议来听取这一报告。

公民**黑尔斯**宣布，工联代表大会在伯明翰通过了下列决议①：

> 由**克里默**先生提议、**拉甘**先生附议的下列决议已获通过：
>
> 鉴于地方工人组织几乎到处都让位给全国范围的组织，因此我们相信：由于自由贸易原则的推广在各国之间引起了如此激烈的竞争，在这样的竞争下，工人的利益完全被忽视，并且被当做资本家之间的疯狂国际竞争的牺牲品；这样要求工人组织应当日益扩大并成为国际性的组织。而且鉴于国际工人协会的宗旨在于保卫和扩充工人群众到处都相同的共同利益，本届大会热烈地建议联合王国的工人，特别是所有工人组织，支持这个协会，并且恳切地希望它们加入协会。②²⁹⁴

手头现有钱数：公民**荣克**说他有15英镑；**书记**说他有7英镑—8英镑，用作代表大会报道印刷费的5英镑未计算在内。委员会的债务为17英镑5先令。

通过：截至星期五晚上可能收进的钱，要用于支付派往代表大会的代表们的费用。

---

① 记录本中此处粘贴一份报纸报道的剪报。
② 剪报到此结束。

责成代表们向代表大会严重提出财政问题。

然后公民**米尔纳**继续信用贷款问题的讨论。他遗憾的是这个问题在我们还没有准备好研究它的时候就提出来讨论了。接着还要讨论工会问题。他感到在信用贷款问题上他没有尽到责任，但这不是他的过错，因为他没有得到机会。罗伯特·欧文曾经花费钱财去赡养工人阶级。即使政府愿意提供援助，又岂能办到这步呢？倘若政府提供了援助，别的阶级就要大加责难。改革了的议会[295]什么也没有做。沃尔顿说，政府援助将不妨碍国家［的］财政安排；但是一定会妨碍的。前些时候流入了黄金，公家的债权人就叫嚷要重新考虑他们的态度。能够采取什么办法来鼓励劳动阶级有充分信心地自己［去］做些事情。有些人以还不算低的工资受雇于部分［时间］的零活，而其余时间他们就得从事廉价劳动来储备一些物品，这些物品在交易兴旺时总是以高价出售的。这种状况能不能有所改善呢？必须［采取］一些措施，不然机器就要把大家降到低水平上。只要每个行业都留出点钱来雇用本行业的过剩人手，办法就出来了。工联就可［力］争提高工资，不然就拒绝工作。工联还可以试行劳动产品［的］相互交换；只要人们能用自己的劳动换取贷款，办法也就有了。合作只产生了一个新的想赚钱的阶级，各个协会应该处理这个问题。各协会以贷款给自己的失业会员为手段，就一定能提高［工资］。每一行业都应该在商品上贴上标记，担保其商品货真价实。商品的买卖必须以诚实与公平为基础，这是商业上的新事物。迄今为止，工人还只是努力争取高工资，他们应努力争取把自己从雇佣制度下解放出来。如果一个工人把一件商品送到协会去，协会就应当在商品上添加一点东西；可以用劳动票据来充当此任，它最终会成为国内的通货。应该利用国际的组织来传播这种思想。

主席：这是建议工联必须贷款给它们的失业会员，从而使他们有工作可做。

公民**科恩**说,这是一个牵涉很广的大问题,在这样短的时间内来处理它是困难的。信用贷款不能超出工人阶级所掌握的资金限度,应限制在组织起来的工人之内。个体工人没有资金。协会的资金是投资于银行和股票的。他已经建议他的协会①把他们的一部分钱财用来进行生产,已得到250多票赞成。② 他们生产的货物并不是由工人们消费的,所以问题就在于实际消费者会不会同他们打交道?应该建立一个中央银行,让各协会存款于其中,并凭此可从该行得到贷款。

公民**哈里斯**说,在现今的货币制度下谈自由贸易,那就像在奴役状况下谈自由劳动一样愚蠢。问题并不是把技工自己的钱信托给技工,问题是要废除用别人的劳动养肥了的金钱势力。

公民**布恩**说,科恩似乎认为,只有存入款项的人才能有信用贷款,他们有资金而不去使用它。应当想到,如果一个人存入了他的劳动,[他就应该]因此而得到一个代价,即得到［他］赖以维持生活的东西。如果生产者能够直接变卖［他们的商品］,他们就可以脱离资本家而自由了。人们往往对其工作的价值一无所知。清除垃圾的人的一小时工作,与任何别人的一小时劳动同值。当前,有些人一个星期收入1英镑,别的人则只收入15先令,他们之间还谈论什么等值!只要人们还不能以劳动交换劳动,他们就自由不了。一个制造椅子的人可以把椅子放到某个中心［货栈］去,从那里拿到一张具有椅子十足价值的票据,并用这张票据交换他所需要的东西,而不必到处去兜售货物,甚至以低于材料所值的价格卖出。经营商店是不道德的。财富［的］生产者被看成不如销售者了。

---

① 伦敦雪茄烟工人协会。——编者注
② 接下去有"反对它"几个字在记录中被划掉了。

罗夫人要求正视困难。科恩说他们可以集资来雇用他们的会员，但是他们生产的货物却可能卖不掉。如果购买力不能提高，他们就不能在竞争制度下坚持干下去。如果存在着对他们能够生产的货物的需求，资金就会发现这种需求，他们就不致赋闲；他们赋闲就证明没有需求。布恩把这个问题当做道德问题，但是他的建议则是共产主义。他想使人人各自独立，而她则主张所有的人都相互依靠。一个人拿椅子到货栈去，要求有权换取椅子的十足价值，他却可能得到劳动一无所值的代价。倘若椅子没有销路，货栈就要积压着椅子，［直到］它们一文不值。要想有布恩说的那种货栈，我们就得［有］规定生产什么的权力，我们就必须有罗伯特·欧文所向往的共产主义。不增加劳动所需的原材料的生产，就不能提高购买力。在共产主义情况下，指导者将会知道需求着什么，并据此分配劳动力。在任何别的情况下，劳动权利和劳动价值都得不到保证，在竞争制度下这是做不到的。她赞成共产主义。

公民**黑尔斯**和**科恩**支持下列决议：

总委员会建议成立与劳工介绍所相关联的劳工银行，从而使工人阶级业已拥有的资金可以直接用于为他们自身谋福利。

公民**奥哲尔**认为，不经过进一步讨论就通过决议是不对的，因此他提议暂停辩论。

公民**奥哲尔**提议，**黑尔斯**附议：提名莱瑟姆先生和拉姆博德先生为委员。

主席　安·卡·卡梅伦①

---

① 卡梅伦主持了9月14日的会议，在那次会上批准了本日记录。

委员会会议[①]

9月14日[296]

出席委员：阿普尔加思、布恩、科恩、杜邦、埃卡留斯、弗雷泽、黑尔斯、哈里斯、荣克、拉法格、列斯纳、鲁克拉夫特、莫里斯、米尔纳、奥哲尔、韦斯顿。美国全国劳工同盟代表、芝加哥的**卡梅伦**先生也出席了会议。

一致推选**卡梅伦**先生主持会议。

宣读并批准了上次会议的记录。

埃卡留斯提议推迟宣读通信，先听取代表大会代表的报告。通过。

然后**主席**指名公民**荣克**发言。荣克说：我简短地谈谈。我们于星期六晚上到达，在车站等候我们的人接待了我们。星期日上午召开了预备会议，会上任命了一个代表证书审查委员会。有人要求代表大会于当日开幕，但被否决。下午，我们列队在城外游行，前面有旗帜和乐队引导，后面跟随着巴塞尔和邻近地区各工会的队伍。公众在一个大啤酒花园里给代表们举行了一个欢迎会，有几个人在会上发表了演说。会后我们就回来了。星期一上午审查完了60多名代表的证书，然后巴塞尔支部主席[②]致了开幕词。接着进行大会工作人员的选举。我被选为主席。代表人数众多，大都是真正有代表性的人。特别是因为有了一位美国代表，我们的代表性就比往常更好了。也许有人会认为成就不大，因为仅仅处理了三个问题。我们的开会时间是上午9时到12时，下午2时到6

[①] 总委员会第3册记录本自此开始。本日记录由埃卡留斯执笔，记在第1—5页上。

[②] 布吕安。

时。星期三以后,我们又增加了晚上8时到11时的开会时间。费了许多时间去起草条例[297],这将给以后的会议节省时间。对代表的接待和住宿,对代表大会会议的安排,都处理得井井有条。自日内瓦代表大会[298]以来,已经取得了巨大的进步。在日内瓦,德国人坐在一个角落,法国人坐在另一个角落,代表们互以法国人和德国人相称。在巴塞尔全无这种现象。新闻界出席踊跃。在场的不仅有巴黎报纸的记者,也有地方性报纸的记者。他们是怎样谈论我们的,你们知道得比我清楚。巴黎的团体有很多代表。自从巴黎委员会成员被拘禁以来,在巴黎的工人中间,表现了加入协会的极大热望。当代表们被问到会费问题时,他们说在收款上有着很大的困难。无论在他们的哪一次会议上,如果一提到国际,会议就立刻被解散。我问他们是怎样设法募款送代表来的,他们说他们巡回到各个工场去募捐。于是我就告诉他们可以用同样的办法替总委员会捐款。他们答应将来一定付款。最重要的决议是关于土地问题的。[299]去年有34票赞成,6票反对,23票弃权;今年有54票赞成,4票反对,13票弃权。没有提出新的争论。

在返回的途中,我们在巴黎度过了一个愉快的晚上。石印工人协会在他们的合作社为我们举行了一次招待会。大多数巴黎工人都赞成土地公有制,投反对票的代表并不代表真实的意见。缪拉要不是为了协会受过关押,他是不会当选为代表的。托伦不得不从马赛的面包师协会那里弄到证书。舍马莱也显然很不得意,他就信用贷款问题说,要是有了公有制,信贷就不需要了。

阿普尔加思说:我对刚才的发言完全同意。我在工会委员会,但是我却不能使人听到我的意见。我本来想要说明工会能够做些什么事情。我起草了一些决议,但时间太短,不能讨论它们。[300]有一名美国代表出席,这使我非常高兴。主要的问题是土地问题。有趣的是《泰晤士报》竟奉承起我们的良知来了,还说希望我们对土地决议投反对票。[301]但该报在其版面上所报道的发言,却让人得出相反的结论。教育问题未得到处理使我感到遗憾。我们希望,美国代表的出席将导致美国工人阶级与我们之间的牢固联合和密切联系。我听说埃卡留斯写信给几家报纸,商谈刊登大会报道而未得到回答,我就给《设菲尔德独立报》① 写了报道,这家报纸发表了我寄去的材料。³⁰² 从我所见到的来看,发言人的调子比在前几次代表大会上的要好些。

鲁克拉夫特说:我并不像荣克那样感到满意,因为有很多时间被浪费掉了。总委员会应该起草各个问题的决议。预备会议和作报告占用了三天时间。这使我着急,但代表们那样服从主席,又让我高兴。荣克忘记报告,我们曾在巴黎参加了一次合作社成员的宴会。我们坐在石印工人提供的长桌两边,每边大约坐了 50 人。一次罢工促使[他们]设法靠自己干活,他们获得了成功。全面想来,可以说我也像别人那样为代表大会感到高兴。

阿普尔加思:在将来的代表大会上,我们必须给我们的书记们供应合适的记录本;我们还必须有决议的翻译人,让他们专管翻译不管别的事情。代表大会闭幕后,我到苏黎世去了。我在那里所了解到的在教育和合作方面用少量资金所能取得的成就,比从所有的蓝皮书上看到的还要多。

列斯纳说:除代表大会外还有晚会,每天晚上都有人在会上演说。埃卡留斯作了一次讲演,³⁰³ 我和别人也发了言,在那里作了大量的宣传。长篇报告和许多别的东西都被摒弃了。我赞成由总委员会准备好决议,我们还必须有人翻译并记录发言,这些人不是代表,我们必须为此付给他们报酬。

埃卡留斯说:在以前的几次代表大会上,我们都力图摆脱宣读冗长

---

① 指《设菲尔德和罗瑟勒姆独立报》。——编者注

的报告和文件，但未取得成效。现在情况已经自行改正过来：那些过去持反对态度的人，现在已经自觉地摆脱了那种做法。我们还要继续去掉这种坏作风。我只想再补充一点：那些晚会同代表大会一样，也产生了很大的精神影响。在别的代表们离去之后，我发现"国民咖啡馆"是巴塞尔的工厂主们乐于常去的地方，这些人在九个月以前是想要扑灭国际协会的。他们已经听到了我们所必须说的一切；我毫不怀疑他们会因此而确信，我们并不是容易给除掉的。对我们关系最大的则是改选了总委员会。①

荣克说：我在前几次代表大会上看到过的那种混乱状况没有了。会上决议有人翻译。如果总委员会译好决议，就用不着在代表大会上翻译了。

阿普尔加思：我的希望是使有其他事情要做的人摆脱这种麻烦。

主席接着要求发言。他说：我不想多费言词。我在此地出现，就证明我们想要和你们有更紧密的联系。社会上只有两个阶级：剥夺者和被剥夺者。用最长的时间从事劳动的人常常只能贫困地死去，而什么也不干的人却获得了一切。我们已经使自己摆脱了旧党派的局限性，以便结束阶级的立法；我们要为全体人民立法。我们那里有财富上的贵族统治，你们这里有门第上的贵族统治，我们自己的财富和门第都是最微不足道的。我希望你们订出一个管理移民的方案，从而使工会会员们离开本地就能立即加入我们的队伍，并在他们到达美国后与我们齐心共事。资本家们在全欧洲都有他们的代理人，他们的目的是要压制住美国的工人阶级，使之甘居下风。一有事端发生，就以要从欧洲弄来工人进行威胁。宾夕法尼亚的矿工们昼夜工作，工资一星期14美元，在七个月当中生产了一年全部所需的煤；在一年的其余时间他们就空闲了，或者不

---

① 这句话是后来在下次会议上批准记录时添上的。

得不按低于市价的工资干活。他们终于不想再忍受［这个］了，他们要求缩短劳动时间。报纸处于资本家的控制之下，舆论被用来反对工人。可是在我们的代表大会上，报纸是对我们开着门的，矿工们的状况被送到了公众面前，情况现在已经发生了变化。在利物浦登岸时，我见到的第一件东西就是招工广告，标题是：重金招募矿工，工资每星期18美元—20美元。我细看时［看到］广告下面的署名正是那些在宾夕法尼亚大搞压迫的流氓无赖。我们在矿区还有一种不付给工人货币工资的可恶的制度。与矿山和工厂邻接的所有的土地都归公司所有，公司不许开设商店。公司以欺骗手法支付给工人的是它们自己商店的支票，这些支票在别处1美元只值60美分—70美分；而若有人在别处购买东西并被公司发现，他就要被解雇。如果工人们起来反对这样的事情，他们就要受到从欧洲大量引进工人的威胁。[304]现在，如果发生争端，我们就可以打来电报，你们就可以在这里把事情公布出来，以防人们落入资本家的圈套，资本家就会被迫让步。

黑尔斯提议：埃卡留斯再次当选为总书记；通过。

阿普尔加思提议：所有的书记们都重新当选；通过。

提议斯特普尼重新当选为财务委员；通过。

阿普尔加思提议：任命一个委员会去考虑卡梅伦先生的建议；通过。

随即指定了下列人选：阿普尔加思、杜邦、埃卡留斯、黑尔斯、哈里斯、荣克、科恩、拉法格、列斯纳、马克思、米尔纳、奥哲尔。

委员会即此休会。

主席　罗·阿普尔加思[①]

书记　约·格·埃卡留斯

---

① 阿普尔加思主持了1869年9月28日的会议，在那次会上批准了这次会议的记录。

会 议①

9月28日[305]

出席委员：阿普尔加思、杜邦、埃卡留斯、黑尔斯、哈里斯、荣克、拉法格、列斯纳、鲁克拉夫特、莫里斯、米尔纳、唐森、斯特普尼。

公民**阿普尔加思**主持会议。

宣读并批准了上次会议的记录。

通 讯

弗雷泽寄来一信，对错误地把他的名字列入总委员会委员名单一事表示遗憾，并要求把他的名字去掉。

赫尔寄来一信，附有迪安的捐款及大福斯特和小福斯特的捐款。

美国。纽约染纸工人寄来一信，要求总委员会施加影响，以制止输出工人来挫败目前正在罢工的工人。

委派书记写信给国外所有协会的报纸，并在本国尽可能地广为传播此事。

美国全国劳工同盟书记来信说，给西尔维斯的上一封信到达时，他本人已经去世，该信已转交给代表大会，大会随即推选了两名代表。[306]

纽约杰瑟普寄来一信，通知已收到了悼念信。[307]

德国希尔登的染丝工人和木版雕刻匠寄来一信，因罢工请求支援。[308]

---

① 本日记录由埃卡留斯记在记录本第5—7页上。

委派书记①答复。

法国。马赛寄来一信,报告编筐工人已遭同盟歇业并要求援助。³⁰⁹

委派法国书记②回答:没有得到金钱援助的希望。

委派总书记写信给伦敦编筐工人。

公民**荣克**说,据马赛《信号报》上发表的有关和平[同盟]代表大会的报道,一名美国记者奥斯本·华德,作为美国各工会的代表出席了该代表大会。

公民**阿普尔加思**说,他知道华德这个人,并且确信他并不是代表,他也不会自认为代表。

委派公民杜邦写信给马赛时,通知更正这个错误。

公民**荣克**说收到克吕泽烈将军从纽约寄来的一封信。信是寄给代表大会的,但是到得太晚。³¹⁰

书记汇报说,莱诺同意印刷 1000 份代表大会的报道,用小开本 40 页或大开本 32 页,费用为 8 英镑。

同意用大开本,并增加页数,但费用不得超过 10 英镑。③³¹¹

委员会关于移民部的报告。

委员会提出:

1. 应建立从属于美国全国劳工同盟的移民部。

2. 发生罢工时,总委员会应尽力防止美国资本家从欧洲雇来工人以打击美国工人。

3. 由于卡梅伦先生已允诺提供美国各地区劳动工时、工资标准、

---

① 埃卡留斯。
② 杜邦。
③ 指《关于1869年9月6—11日在瑞士巴塞尔举行的国际工人协会第四次年度代表大会的报道》的出版。

行业状况、内陆通路等方面的可靠情报,在收到这些情报以前不采取积极行动。[312]

通过了这个报告。

公民**阿普尔加思**提议,埃卡留斯附议:提名约瑟夫·谢泼德为总委员会委员。

公民**荣克**和**莫里斯**提名公民赛拉叶。

委托财务委员先付给科塔姆先生6英镑,付给星期日同盟房租3英镑3先令。

公民**黑尔斯**说,在以后的会议上他将提议成立一个国际的英国支部。

公民**鲁克拉夫特**要求总委员会对代表们在代表大会上的行为表明意见。

黑尔斯说,他对土地问题的讨论感到满意。

公民**米尔纳**对代表们没有什么不满的意见,但是他以为他们没有抓紧处理全部问题。信用贷款问题一点也没有受到注意。

公民**荣克**说,他认为信用贷款问题是个次要的问题。正是对这个问题最热心的人们帮着把这个问题撇开了。

公民**阿普尔加思**说,假若公民米尔纳当时在场的话,他就会看到很难再做点什么了。

委员会于11时休会。

主席 乔·米尔纳
书记 约·格·埃卡留斯[①]

---

① 记录中以下勾掉了:"10月5日的委员会会议由米尔纳主持"。

委员会会议①

10月5日

出席委员：阿普尔加思、布恩、杜邦、埃卡留斯、荣克、黑尔斯、哈里斯、列斯纳、鲁克拉夫特、莫里斯、米尔纳、唐森、韦斯顿。

公民**米尔纳**主持会议。

宣读并批准了上次会议的记录。

通 讯

曼彻斯特的肖罗克斯先生寄来一信，答应传送关于纽约染纸工人罢工的通知，并答应销售100份代表大会报道。

《纽卡斯尔时事日报》寄来一信，告知刊登上述罢工通知的价钱。

巴黎的瓦尔兰寄来一信，内称召开了一次代表大会代表会议，他们决定要尽力促进各自的团体加入协会。还说将要印制协会章程，个人入会很有希望。[313]

根据公民**荣克**建议，委派书记向铜版印刷工人协会书记请求接待一个代表团。

书记宣布公民奥哲尔建议选举莱瑟姆先生和拉姆博德先生为委员［的问题］，尚未处理。

公民**阿普尔加思**自荐去和莱瑟姆谈话。

通过推迟选举。

书记接着宣布：转入对代表大会代表的行为提出意见的问题。

---

① 本日记录由埃卡留斯记在记录本第8—9页上。

公民**哈里斯**不明白，还没有见到正式的报道怎能发表意见。

公民**黑尔斯**说，可以就代表们自己的汇报表示意见。他提议，**莫里斯**附议：表示满意，通过。

公民**黑尔斯**接着提议：

总委员会应着手建立以代表大会决议为其纲领基础的国际工人协会英国支部；该支部应称为"全国劳工同盟和国际工人协会英国支部"。

协会虽然建立于伦敦，伦敦又一向是总委员会的所在地，但协会在国外的发展却比在伦敦更大。总委员会有太多的国际事务要处理，因此需要有一个组织来承担本国的事务。

公民**鲁克拉夫特**附议。

经过一番有荣克、阿普尔加思、鲁克拉夫特、埃卡留斯和哈里斯参加的长时间讨论之后，公民**哈里斯**提出修正案："总委员会认为尽快建立一个国际工人协会的英国支部是必要的。"

在**主席**和公民**莫里斯**发言后，公民**韦斯顿**宣布：将于10月13日星期三在伦敦老贝利区贝尔旅馆召开一次改革者会议，目的是建立一个宣传土地问题和工人提出的其他措施的组织。[314]

然后通过暂停讨论。

委员会于11时休会。

主席　约翰·黑尔斯
书记　约·格·埃卡留斯

委员会会议①

10月12日[315]

出席委员：埃卡留斯、黑尔斯、哈里斯、莫里斯、米尔纳、鲁克拉

---

① 本日记录由埃卡留斯记在记录本第9—10页上。

夫特、唐森。

公民**黑尔斯**主持会议。

宣读并批准了上次会议的记录。

通 讯

巴黎的瓦尔兰寄来一信，内称有五个团体举行了会议来听取他们出席代表大会的代表的报告。但是警方的监督人员说，如果要宣读报告，他们就一定要解散会议。

鞋匠工会的代表①未能提出报告，报告将在秘密会议上宣读。鞋匠工会已经声明加入国际协会。[316]

鲁昂的奥布里寄来一信，告知埃耳伯夫的毛纺工人罢工事件并请求援助。[317]上述毛纺工人坚持要求规定一个价目表。另有四个城镇的纺纱工人也参加提出这项要求。如果不答应他们的要求，将在两周内举行罢工。奥布里已接到于15日解除他的工作的预先通知：（1）因为参加了代表大会；（2）因为亲自参与了埃耳伯夫的罢工；（3）因为他参加了上次的选举。[318]

公民**黑尔斯**说，当前没有得到金钱援助的希望。

公民**哈里斯**问，劳资调解委员会在工资争端中有何种权力。

公民**荣克**回答说，他们没有什么权力。他进而说明他的意见：法国书记②应写信给奥布里说明这里没有办法可想，并劝告工人们一般不要轻率地急于罢工。

交换了赞成和反对的意见之后通过了提议。

---

① 西蒙·德雷尔。
② 杜邦。

公民约瑟夫·谢泼德由**阿普尔加思**和**埃卡留斯**提议，当选为总委员会委员。公民赛拉叶由**荣克**和**莫里斯**提议，当选为总委员会委员。

公民**黑尔斯**提议，**鲁克拉夫特**附议：提名托马斯·莫特斯赫德。

接着重新讨论建立英国支部的问题。

公民**莫里斯**说，必须找到一些资金来进行宣传工作。

公民**荣克**认为，建立几个英国分部来吸引好心人赞助我们的事业是必要的。他赞成在议事日程上保留这个问题，但暂停讨论。

公民**米尔纳**赞成成立一个英国支部，但又恐怕它会分散总委员会的职权。

公民**埃卡留斯**说，我们需要一个英国支部来做一些作为总委员会不便干预的有关其本国的事务。

公民**鲁克拉夫特**认为，由本委员会建立一些分部是毫无困难的。现在也正合时宜，但他想要的是一个协会的英国支部。

公民**哈里斯**提议暂停辩论。

公民**黑尔斯**打算取消他所提建议中的全国劳工同盟那一部分，并支持建立一个各分部的支部这个提议。

提案以 1 票反对通过。

任命一个委员会来执行这项决议一事，延至下次会议再议。

主席　罗·阿普尔加思
约·格·埃卡留斯

委员会会议①

10 月 19 日

出席委员：**阿普尔加思、埃卡留斯、黑尔斯、哈里斯、荣克、列斯**

---

① 本日记录由埃卡留斯记在记录本第 11—12 页上。

纳、鲁克拉夫特、马克思、莫里斯、米尔纳、唐森、韦斯顿。

公民**阿普尔加思**主持会议。

宣读并批准了上次会议的记录。

宣读了爱丁堡工联理事会书记寄来的一封信，信中通知收到了关于纽约染纸工人罢工的信件。

巴黎马隆的一封来信说：联合工人支部已增至 150 人，他们曾当着警察的面开了会。另一支部将在鲁贝成立。曾有信自鲁贝寄给杜邦，但此信一定误投了。民主派的候选人辜负了他们的信托：他们拒绝在 26 日做任何事情。① 屠宰工人、报纸雇工、风琴匠、钢琴匠都正在建立工会。马赛的海员联合会将［要］在所有的法国海港城市建立分会。³¹⁹ 正在为欧班的受难者和埃耳伯夫的纺纱工人捐款。

公民詹姆斯·帕涅尔被接受为弹性织品织工协会的代表。

公民**列斯纳**提议：代表大会报道应由所有的书记签名。

同意由代表大会主席和英国书记②签上名字。上次会议曾推迟任命一个委员会来建立一个［英国］分部，现在提出予以任命的提议时，埃卡留斯提出异议，认为可以延迟到对伦敦老贝利区会议的结果有更多的了解时，再予任命。³²⁰ 他认为存在着把那里即将建立的团体作为英国支部的可能性。

公民**哈里斯**认为总委员会应派代表参加老贝利区会议；他曾听说那里有人试图在夜里推翻第一次会议的成果。

公民**鲁克拉夫特**发言赞成埃卡留斯的提议。

公民**黑尔斯**认为，有必要同他们达成一项协议，来确定所应遵循的方针。

---

① 指新选出的法国立法团拒绝在 10 月 26 日开始工作。——译者注
② 荣克和埃卡留斯。——编者注

公民**米尔纳**认为，简单说明我们所能同意的要点就够了，别的我们可以等待，直到大家在所有各点上都取得意见一致为止。

公民**鲁克拉夫特**认为总委员会不应进行干预。

任命上述委员会一事再度推迟。

公民**鲁克拉夫特**要求公民马克思随意对什么问题讲几句话。

公民**马克思**说，他只能说工人运动在德国正在良好地进行。[321]

公民**鲁克拉夫特**接着发言，说有必要创办一份国际的报纸。他认为采取合作社的方式可以办成此事。没有一份自己的报纸，我们总是什么事情也不能做。

另有几个人发言承认有一份报纸的必要性，但是筹资的困难似乎太大，当前还处理不了这个问题。

委员会于10时半休会。

主席　本·鲁克拉夫特
书记　约·格·埃卡留斯

10月26日会议①

出席委员：杜邦、埃卡留斯、黑尔斯、哈里斯、荣克、列斯纳、鲁克拉夫特、马克思、莫里斯、米尔纳、唐森、韦斯顿、斯特普尼。

公民**鲁克拉夫特**主持会议。

宣读并批准了上次会议的记录。

书记宣读了巴黎27个工会代表对欧班血案的抗议书的译文。[322]

公民**荣克**说，日内瓦各工会已向埃耳伯夫的毛纺工人贷款1000法郎，将募款偿还。在日内瓦，一家工厂的石板瓦工人曾遭受降低工资的

---

① 本日记录由埃卡留斯记在记录本第12—14页上。

威胁，但国际协会的援助避免了罢工。他又说，法国报纸刊载了矿工们反对业主和政府的事件。[323]据最新的报道，有24人死亡，36人受伤。一些政府雇员躲藏起来，因而未遭到枪杀；许多人在逃跑时被枪杀了。工人们宁肯保护政府的官员，并不想去伤害他们。

公民**马克思**报告：一个荷兰劳工代表大会已于19日在阿纳姆举行，有800名代表参加了会议。所代表的主要行业工人是家具制造工、排字工、木匠、彩画匠、铁匠、石匠和抹灰泥工。各工会已经成立了一个全国劳工联合会，并且加入了国际协会。[324]他还报告，收到了莱比锡国际装订工人协会主席的一封来信，他想要与此地的装订工人取得联系。

委派公民**荣克**和**列斯纳**去访问日班装订工人协会执行委员会。

公民**托马斯·莫特斯赫德**被一致推选为总委员会委员。

下列两人被提名：约翰·约翰逊——由公民**哈里斯**和**唐森**提名；威廉·黑尔斯——由**埃卡留斯**和**约翰·黑尔斯**提名。

公民**韦斯顿**提议：总委员会有必要通过决议，为梅里曼先生上星期日在海德公园所作的演说向他表示感谢。他认为在这篇演说中有许多内容是总委员会能够同意的，用表示感谢来表示赞成这篇演说，可能对政府产生一些压力。总委员会以前就曾有一次表示过对爱尔兰的同情。[325]

公民**荣克**认为，应该先让总委员会了解这篇演说，然后总委员会才能行动。他主张作出一项赞成释放囚犯的决议。

公民**哈里斯**反对表示感谢，但赞成作出决议。

主席认为现在是有所作为的恰当时机。

公民**马克思**说，主要的问题是无论我们通过了什么，伦敦的报纸也不会给登出来。示威游行的主要特色就曾被抹杀了，这一特色就是至少英国工人阶级的一部分已经丢掉了反对爱尔兰人的偏见。这次可以写成文件寄交某一个人，而不寄交政府。他认为现在是有所作为的好时机。

公民**黑尔斯**反对表示感谢。总委员会曾经通过一项赞成芬尼亚主义的决议，那时梅里曼就辞去了他在改革同盟的职务。他提议起草一个要求释放政治犯和说明总委员会对这个问题的看法的决议；并提议由公民马克思、鲁克拉夫特、荣克和埃卡留斯组成小组委员会来起草上述决议。[326]他希望这个决议表明：爱尔兰人不会满意于任何缺少自治的货色。

公民**莫里斯**想知道该决议是要寄交政府，还是寄交各工会。

公民**米尔纳**说，我们必须为爱尔兰取得平等的待遇；必须像对待英格兰一样对待爱尔兰。

公民**韦斯顿**认为，如果把决议寄交政府，开一张收到的便条就足以把它送进文件堆里去了。我们应该以一种威严的方式忠告政府。因为一个人做得正确而表扬他，这是必要的，但是我们还可以把我们对问题的意见［告诉］他。

公民**荣克**赞成公民韦斯顿的意见。英国一向总是把这一斗争当成种族斗争，而上个星期日则表现出它是阶级斗争。

主席①反对寄交政府，因为执政者只是在压力之下才会行动。我们必须强迫政府做出点事情。他作为一个英国人，认为他还没有尽到他的责任。我们的职责就是向爱尔兰人表明：损害他们的只是英国人中的一个阶级，而爱尔兰人中的这个阶级也是同样恶劣的。

一致通过了这一提案，并通过寄交个人而不寄交政府。

委员会于10时45分休会。

主席②

书记　约·格·埃卡留斯

---

① 鲁克拉夫特。
② 未签名。

委员会会议①

11月2日

出席委员：布恩、杜邦、埃卡留斯、黑尔斯、哈里斯、荣克、鲁克拉夫特、列斯纳、马克思、莫里斯、米尔纳、莫特斯赫德、奥哲尔、唐森。

公民**奥哲尔**主持会议。

宣读并批准了上次会议的记录。

日班装订工人协会书记博凯特先生交来该协会议决捐作代表大会经费的2英镑。

公民**马克思**提请注意，比利时书记②已长期未出席会议。请公民荣克和杜邦同他作一次面谈，弄清他的缺席原因；如果他不愿重返他的职位，就收回他所持有的文件。

通　讯

纽约法国人分部的书记来信，给总委员会附寄了一些钱来。这个分部发表了一份公报。来信还说，所有的纽约报纸都谈到代表大会。代表大会似乎比前几次大会虚弱了，而托伦则很不通情理。境况不好，否则还可以寄更多的钱来。

公民**荣克**报告：瑞士工会联合会现共包括47个团体。[327]一家日内瓦工厂的木工正在进行罢工，反对加班加点和计件工作。珠宝业正致力于

---

① 本日记录由埃卡留斯记在记录本第14—15页上。
② 贝尔纳。

成立一个琢磨女工和项链工的联合会。[328]

他又报告：法国政府使用慈善学校的女生来代替亚麻布制品商店的店员，因为后者正在进行罢工来反对星期日工作。

公民**荣克**问：以约·约翰逊为书记的那个同盟是否与所谓的法国人国际[①]的领导人有联系。

公民**黑尔斯**和**布恩**作了一些解释，说明他们之间没有联系。

公民**马克思**问：是否已经为建立国际的英国支部采取了措施。

公民**黑尔斯**说，他了解这件事已经搁置了。上星期三，土地和劳动同盟[329]成立了，总委员会许多委员进入了该同盟的执行委员会，目前没有必要做其他的事情。

委托书记答复上次接到的美国劳工同盟和纽约州同盟的来信。

又委托书记写信给制帽工人协会和铜器抛光工人联合会，要求他们接待代表洽谈加入协会问题。

委员会于10时休会。

主席　詹·科恩

书记　约·格·埃卡留斯

委员会会议[②]

11月9日

出席委员：布恩、科恩、埃卡留斯、黑尔斯、哈里斯、荣克、莫里斯、米尔纳、帕涅尔、唐森。

公民**科恩**主持会议。

---

① 伦敦的法国人分部。
② 本日记录由埃卡留斯记在记录本第16—17页上。

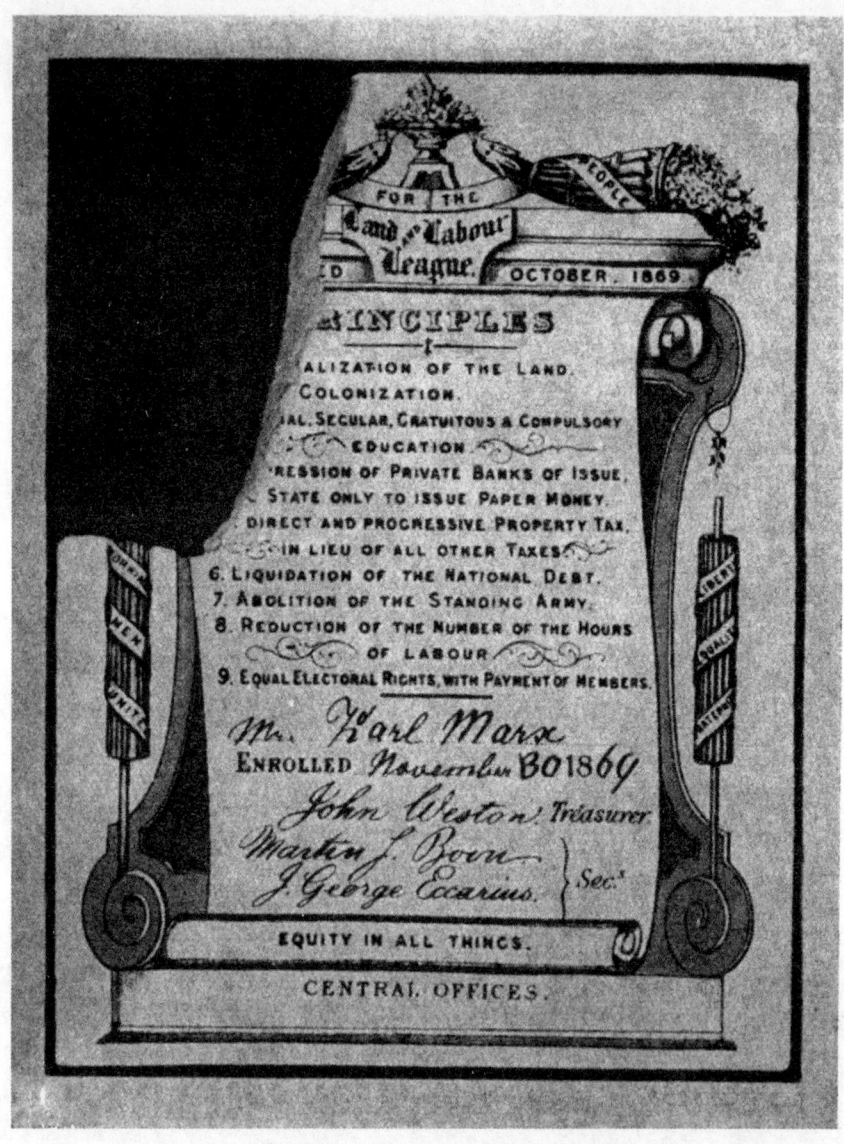

卡尔·马克思的"土地和劳动同盟"盟员卡

宣读并批准了上次会议的记录。

书记宣读了纽约新民主会[330]寄来的一封信；委托书记于两个星期后的会议上提出对这封信的答复。

公民**荣克**说，拉斯拜尔把自己从资产阶级反对派中分离了出来，[331]里昂的工人为此祝贺了他。他又说，在瑞士，把工人组织起来的工作和为国际协会作宣传的工作，正以空前的热忱进行着。巴黎各药房的店员们正在组织工会。电报雇工已经呼吁邮递员和他们联合起来。2000名镀金工人已通过在任何情况下每天工作都不超过十小时。

《平等报》上的一篇声明引起了一场关于公布定期报告是否必要的议论。

公民**荣克**负责写信给日内瓦，告知该报编辑总委员会为什么没有公布报告。[332]

书记代表小组委员会提出报告：已通过不撰写关于爱尔兰问题的信件，[333]因为如果真正说明了总委员会的意见，政府和报纸就会借以攻击被囚禁者。

公民**荣克**宣读了公民马克思支持这个报告的信件。如果报告通过，公民马克思建议讨论下列问题：（1）英国政府对爱尔兰问题的态度；（2）英国工人阶级对爱尔兰人的态度。公民马克思自愿展开这一讨论。

通过了报告，并把上述问题列入议事日程。[334]

公民**黑尔斯**提议，**列斯纳**附议：凡索取代表大会报道50份以上者，得以每英镑100份的价格取得之，邮费免交。通过。

公民**科恩**说，因为国际协会没有阻止外国工人到伦敦来，已有人向他的协会①提出退出国际的建议。在伦敦东区有一些比利时公寓老板，他们把外国工人运进如此之多，致使他这一行业的工人受到了十分严重

---

① 雪茄烟工人协会。——译者注

的妨碍。这些人刚到达时，不论给他们什么报酬他们都干活。他希望知道安特卫普雪茄工人协会是不是国际会员，他们在安特卫普和布鲁塞尔各有多少人，他们有多少基金。

公民**荣克**将设法去了解这些情况。

公民威廉·黑尔斯以前是本委员会的委员，最近已回城①，被重新承认为委员。

对约·约翰逊的选举延期。

委员会于10时休会。

主席　本杰明·鲁克拉夫特
书记　约·格·埃卡留斯

委员会会议②
11月16日

出席委员：埃卡留斯、约·黑尔斯、威·黑尔斯、哈里斯、荣克、列斯纳、鲁克拉夫特、马克思、莫里斯、米尔纳、莫特斯赫德、斯特普尼、唐森、韦斯顿。[335]

宣读并批准了上次会议的记录。

书记宣读了各地告知收到代表大会报道的信件。又宣读了一封邓迪工人协会书记的来信，信中索取成立分部的细则；细则已经寄去。

公民**马克思**宣读了布鲁塞尔的德巴普的一封来信。信中询问比利时书记怎么样了，他是否寄出了全部募捐到的钱；他们只收到了200法郎；并要求委派一名新书记。[336]

---

① 指伦敦。——编者注
② 本日记录由埃卡留斯记在记录本第17—22页上。

公民**马克思**提议：贝尔纳不得再担任书记。

公民**荣克**说，他和杜邦已经执行了去看望贝尔纳的任务；他未曾遇见贝尔纳，不知杜邦是否遇见了他。

通过授权公民荣克和公民杜邦追询那笔款项。

公民**荣克**说，鲁昂的工厂主曾吁请工人们和他们一起反对延续对英国的贸易条约[337]，工人们无条件地拒绝了。荷兰各分部已在它们的机关报《人民报》上声明说，社会的改造要求双重斗争，即社会的和政治的斗争。《平等报》上的一篇文章提出：应成立一个英国委员会，以便减轻一些总委员会的工作。[338]在埃耳伯夫，只有150名纺纱工人还在罢工，在达尔讷塔勒有400名。巴黎镀金工人的罢工在继续中。那些得到预支款而复了工的工人，把预支款交出来支持罢工。那不勒斯支部以"平等"① 的名称出版了一份报纸。[339]

公民**马克思**接着揭开了关于英国政府对爱尔兰问题的态度的讨论。他说，引起政治大赦的原因通常有两个：（1）当一个政府依仗武装力量和社会舆论而足够强大，同时敌人承认了失败，就像美国的情况那样，这时才宣布大赦。（2）当争吵的原因是对国家的管理不善，而且反对派正在扩大势力，就像在奥地利和匈牙利的情况那样。爱尔兰的情况就应该是这样。

迪斯累里和格莱斯顿都说过，别的国家通过革命所做到的事情，政府也应该为爱尔兰做到。布莱特屡次断言：如果爱尔兰没有一个根本的改变，它就总要到处蕴藏着革命。在竞选期间，格莱斯顿声称芬尼亚社社员起义是正当的，并且说任何一个别的民族处在同样境况之下都要起义。[340]但当他在议院受到攻击时，他又含糊其辞地说，他那反对"征服政策"的激烈宣言乃是意味着"应该按照爱尔兰的观念治理爱尔兰"。

---

① L'Eguaglianza。

为了结束"征服政策",他本来应该一当上大臣就像在美国和奥地利那样立即宣布大赦。可是他却什么也没有做。于是就发生了爱尔兰自治机构要求大赦的运动。[341]当一个代表团带着一份有20万人签名的要求释放囚犯的请愿书正要起程时,他抢先释放了几名囚犯,用以避免表现出他是向爱尔兰人的压力让步。请愿书交给了他,虽然这次行动并不是芬尼亚社社员搞起来的,他也不予答复。接着,议院中提出了虐待囚犯的问题。至少在虐待囚犯这件事上,英国政府倒是没有偏向的,它给爱尔兰囚犯和英国囚犯同等的待遇。欧洲再没有一个国家像英国和俄国那样对待政治犯的。普鲁斯不得不承认事实。穆尔要求调查,但是要求被拒绝了。于是,在利默里克发动了要求大赦的群众运动。举行了一次大会,有3万人参加,通过了一个无条件释放囚犯的请愿书。在北方的各个城市里都举行了集会。接着,在都柏林宣布召开一次有20万人参加的大会。大会在几星期前就决定于10月10日举行。各行业团体将举行游行。8日,公布了禁止游行队伍通过某些街道的公告。伊萨克·巴特说,这就是禁止游行。他们去找福蒂斯丘质问,但是他不在家。他的秘书伯克则说不知道。留下了一封信要求答复;福蒂斯丘推诿不答。政府是想要搞起一次冲突,所以人们放弃了游行。事后获悉,当时曾发给了每个士兵40发子弹。

格莱斯顿事后对利默里克8月请愿书作了含糊其辞的答复。[342]他说人的行为大有不同。有的人是奉公守法的,另一些人出言不逊,竟强词夺理地要求本来只能是出于仁慈的善举。

一名领薪金的公仆竟教训起群众集会应该怎样讲话来,这真是无礼行径。

格莱斯顿的另一个反驳意见是:囚犯们迄今未放弃他们因被囚禁而中断了的计谋。

格莱斯顿从何而知他们的计谋是什么,又从何而知他们还想实现这些计谋？曾经严刑逼供了吗？他是想使他们放弃他们的原则，想使他们在精神上受到屈辱。拿破仑在实行大赦之前，并［没有］要求人们放弃他们的共和原则，普鲁士也没有附加这类条件。

然后格莱斯顿又说，阴谋现仍存在于英国和美国。

如果阴谋仍然存在，苏格兰场①就会立即打击它。其实这只是"持续了700年之久的不满"罢了。爱尔兰人已经声明，他们愿把无条件获得自由当做和解的步骤。格莱斯顿是无法消灭在美国的芬尼亚社的阴谋的，他的行为反倒助长它；有一家报纸就把他称做"首脑"。[343]他对报刊不满，又没有勇气去追究报刊，就想让囚犯们来承担责任。莫非他是想要把他们当做人质，好使监牢外边的人民安分守己吗？他说："我们一直想要做到最大的宽容。"他的这种做法大概就是最大的宽容了。

当芒特乔伊监狱挤满了未经审判的囚犯时，麦克唐奈医生给约瑟夫·默里一封又一封地写信，告诉他囚犯们所受的待遇。后来梅奥伯爵说，默里隐匿了这些信件。麦克唐奈又写信给监狱的监察，这是一位职位更高的官员。可是麦克唐奈后来被撤了职，而默里则升了官。

格莱斯顿还说：我们曾建议释放情节较轻的犯人，但重要的领导人和组织者我们不能放。

这是一个纯粹的谎言。犯人之中有两个美国人，各判了15年徒刑。由于害怕美国，他才把他们释放。凯里于1865年被判5年徒刑，他现在住进了精神病院，他的家属要求放他回家，因为他是不可能推翻英国政府的。

格莱斯顿又说：扰乱社会治安在英国从来就是犯罪行为。但只有在英国才是这样。杰弗逊·戴维斯的叛乱之所以被认为是正当的，那是因为他反对的并不是英国人，并不是英国政府。[344]他接着说，政府除了惩

---

① 伦敦警察厅的所在地。——译者注

办罪行外,再无其他考虑。

政府是爱尔兰压迫者的仆从。格莱斯顿想叫爱尔兰人因为开明的君主和议会干了伸张正义的壮举而跪倒在地。可是他们是爱尔兰人民面前的罪犯。爱尔兰事件乃是格莱斯顿和布莱特借以当上大臣的唯一事件,这个事件也使他们得以打击非国教徒,还给了爱尔兰猎取高位者一个出卖自己的借口。教会只是进行征服的旗号。旗号拿掉了,但是奴役继续存在。格莱斯顿声称,政府决定要继续消除一切不满;可是他又声称,他们一定要保障生命和财产安全,一定要保障帝国的完整。

危及人的生命和财产的是英国贵族。加拿大制定了它自己的法律,却并未破坏帝国的完整。但是爱尔兰人对自己的事务则无从过问,他们必须听凭议会来管理,听凭那个迫使他们陷于当前这种状况的同一个政权来管理。认为放囚犯出狱会比凌辱整个民族更为危险,这真是绝大的愚蠢。英国人那种旧式的征服者的神态,体现在这句言词之中:我们愿意给予赏赐,但是你们必须请求。

格莱斯顿在给伊萨克·巴特的信中说:

> 您提醒我说,我有一次曾经为外国人辩护。难道这两种事情能够相提并论吗?芬尼亚社社员是按照合法的惯例而受审讯的,并且是由他们的同胞所组成的陪审团定罪的。那不勒斯的囚犯则是逮捕而不加审讯,后来审讯了,又是由特别法庭审讯的,而且给他们判刑的则是靠政府吃饭的法官。[345]

一名偷猎者被由乡绅老爷们组成的陪审团审讯了,这也得说是由他的同胞审讯的。爱尔兰的陪审团是由官府的买办们组成的,他们靠他们的判决吃饭,这一点是声名狼藉的。压迫始终是一种合法的惯例。在英国,法官可能是独立的,在爱尔兰就不然。法官升迁与否,要看他们为政府效劳得怎样。沙利文这名检察官就被任命为管理案卷的长官了。

格莱斯顿还答复都柏林的"护林人古会"说,他并不记得曾许诺过按照爱尔兰的观念治理爱尔兰。³⁴⁶而在干了这一切之后，他又来到市政厅抱怨说他干不来这项工作。

结果是一切维护佃户权利的集会全都停止；人们只是要求［释放］囚犯。他们已经与教权派决裂。他们现在要求爱尔兰自治。穆尔和巴特已经声明支持这一点。①他们已经决定选举奥顿诺凡-罗萨为议会议员，以便使他得到释放。³⁴⁷

公民**马克思**最后提出下列决议：

决定：

格莱斯顿在对爱兰尔人要求释放被囚禁的爱尔兰爱国者的答复中（答复载于他1869年10月18日致奥谢先生和1869年10月23日致伊萨克·巴特先生的信中），有意地侮辱了爱尔兰民族；

他给政治大赦硬塞上条件，那些条件等于让苛政的受害者及其民族蒙受屈辱；

他身居要津，曾公开而热烈地欢呼美国奴隶主的叛乱，现在竟跑出来向爱尔兰人民大念驯顺服从的教条；

他在爱尔兰大赦问题上的全部作为，乃是"征服政策"的货真价实的产物，而正是凭着对这一政策的猛烈抨击，格莱斯顿先生才把他的政敌托利党人逐离权位；

国际工人协会总委员会对爱尔兰人民进行大赦运动的热烈而高尚的精神特表敬佩；

把本决议通知欧洲和美国的国际工人协会的所有分部，以及与它们有联系的所有工人团体。³⁴⁸

公民**哈里斯**赞成这一决议。

主席认为讨论最好推迟到下星期。

---

① 这句话是插入记录本行间的。

公民**米尔纳**极为高兴，并希望把这一决议加以详尽引申，好使没有听到讨论的人了解全貌。

讨论即此中止。

委员会于11时休会。

主席　约翰·黑尔斯
书记　约·格·埃卡留斯

委员会会议①

11月23日②

出席委员：阿普尔加思、埃卡留斯、约·黑尔斯、威·黑尔斯、哈里斯、荣克、列斯纳、马克思、米尔纳、莫特斯赫德、奥哲尔、斯特普尼、唐森。

公民**黑尔斯**主持会议。

宣读并批准了上次会议的记录。

收到了制帽工人协会主席的一封来信，内称将于星期五晚上接待代表团。

委派公民荣克和阿普尔加思前往。

宣读了多塞特郡怀特彻奇城的约翰·斯密斯的一封来信，信中拥护土地国有化，拥护奥哲尔参加索思沃克议员的竞选，[349]并建议一有机会就应把鲁克拉夫特和阿普尔加思也推举出来。

公民**荣克**宣读了一封圣艾蒂安的来信，通知成立了一个共有30名

---

① 本日记录由埃卡留斯记在记录本第23—28页上。
② 原记录上日期写为11月26日，有误。这次会议于1869年11月23日星期二举行。

会员的支部，它是由里昂的里沙尔组织的，并将通过他寄来会费。

公民**马克思**说，他收到了一封自汉诺威寄来的信，那里的机械工人已经罢工六个星期，反对延长工作日和降低工资。雇主们属于一个防止工人受到工联主义和国际协会影响的劳动保护团体。[350]

会上意见表明：在当前情况下不可能寄去钱款。

公民**荣克**说，他已见到装订工人，并拿来他们给莱比锡协会的几件公文。他们认为他们加入国际协会，相当于在大陆上参加一个同行业团体的联合会。

他又说，他没有见到贝尔纳，但已在他家里留下一个通知，和他订了一个约会。

然后恢复了关于不列颠政府对爱尔兰问题的态度的讨论。

公民**米尔纳**说，他曾经说过应把决议加以详尽引申，当时他并没有想到要公布一个像公布在《雷诺新闻》[351]上那样的讨论报道；有那个报道就足够了。

然后主席宣读决议。

公民**奥哲尔**说，不以要求的方式向政府提出请求，是必要的。在召开海德公园会议[352]的传单中，就曾提出了无条件释放的要求。我也像别人那样赞成释放他们，但是以那种方式提出要求是失策的，会搞坏事情。假若本委员会做了什么事情，却被要求颠倒过来，本委员会就会对这个要求嗤之以鼻。格莱斯顿是拿着教会法案勇敢地出来竞选的；那是历史事件了，我希望他的土地法案也将和他的教会法案一样好。[353]

公民**荣克**：我们的目的并不是释放囚犯，而是表明我们对政府行为的意见。起初那些会议并没有提出要求，但是那位大臣却不屑于回答会议的申请。为议会改革而召开的那次海德公园会议提了要求，而格莱斯顿则并未加以反对。这个国家里的任何事情都是凭着外部压力来推动的。当罗素内阁想要通过他们小小的法案时，他们就祈求压力。格莱斯顿和布莱特也使用了激烈的语言；他们的竞选演说教导人懂得了爱尔兰的现状。我们不是去请愿，因为他们的做法恶劣。

公民**阿普尔加思**：奥哲尔明白地提出了使用强硬语言对不对的问题。假若我们在海德公园事件上屈膝下跪，我们就不会到那儿去了。我们必须考虑到那些人是在什么情况下被捕的，又为什么被拘留。他们被拘禁的时间太长了。使用柔和的语言全无用处，提出要求的时刻已经到来。

公民**莫特斯赫德**：我相信阿普尔加思所说的一切，并且我走得还要更远一些。我承认暴动的权利。而政府则不能为所欲为，只能做国民所容许的事情。我所感到遗憾的是：英国人竟对马克思博士的发言鼓掌称赞，像有人上星期所做的那样。爱尔兰是不能独立的。它处于英国和法国之间；倘若我们放松了手掌，那就只能是请法国进来。爱尔兰人的运动并不具有博士①在决议中所加于它的那种高尚精神的性质。有一件事是完全说错了：如果你看看《泰晤士报》或别的报纸，你就会发现首相是在爱尔兰人行动之前就开始办理大赦的事了。马克思博士还把这件事说成这样：似乎释放美国人是一种怯懦，是害怕美国；然后他又说这并没有使美国满意。我从未发现爱尔兰人民在任何运动中曾与英国人共同作战，他们倒是时常跟我们作对。我提醒你们想想加里波第暴动。³⁵⁴ 竟举出拿破仑来反对格莱斯顿，这真使我惊讶。马克思博士忘记了，几千名法兰西人和匈牙利人，是用在巴黎街头和卡宴的死亡赦免的啊。奥地利政府曾在一个早上吊死了 14 名匈牙利将军。罗伯特·勃鲁姆则被枪杀了。

假若格莱斯顿先生愿意的话，他本来是可以扮演完全不同的角色的。他出身于现存的最坏的贵族，利物浦的奴隶贩子。他成了牛津的宠

---

① 马克思。——编者注

儿，也许还曾是贵族社会的宠儿。他的关于那不勒斯的小册子像炸弹一样落进了保守党的阵地。[355]那不勒斯囚犯们今天身为大臣，明天就身在地狱中；博士谅必不想拿他们和从国外来到这里制造动乱的人相比较吧！当格莱斯顿进入了政府，他取消了遗产税，代［之］以继承税，即地产税；他是承认土地为公共财产的。在1859年，他是挽救了意大利的主要的后援力量之一。确实，意大利还不是一个共和国，它起初是民族主义的，后来是自由主义的。在1860年，格莱斯顿和法国订立了贸易条约，这导致建立兄弟友爱和打破民族壁垒。在美国战争中，有人断言说他为叛乱的一方欢呼喝彩。可是他在议院里并没有说过拥护南方的话，也没有说过反对北方的话。只是在1863年他在纽卡斯尔说过杰弗逊·戴维斯创造了一个国家；但他是在谁也没有料到南方会像后来表现出来的那样虚弱的时候［说这话的］，而且以后他撤回了他的话。后来就逐渐传出风声，说他在内阁投票时总是支持右派一方。在石勒苏益格-荷尔斯泰因事件[356]上，他阻止我们投入战争，从而促进了德国的统一。关于大赦问题，我希望囚犯们获释，但是决议像现在这个样子，我不能投票支持。

公民**米尔纳**说，公民莫特斯赫德详述了格莱斯顿本人的优点。他是一个优秀的人，但是在这儿我们必须把他当成英国反对爱尔兰政策的代表人物来对待他。我们必须坚持：王国的每一具体部分，都应当与其他部分获有同样的自由；我们必须一视同仁。如果爱尔兰受到正当的对待，它就会成为政府的得力助手。格莱斯顿也许不能不那样做。他听从议院中一部分人的意见而进行活动，以求保持他的职位。而正是对他在那个职位上的所作所为，我们必须表明意见。

公民**埃卡留斯**说：加里波第之于奥地利和意大利政府，正相同于芬尼亚社社员之于英国政府；而且他也是手持武器从国外来的。但是英国公众把一个看成了伟大的爱国者，而把另一个当成了罪犯。格莱斯顿只是因为那不勒斯的囚犯们曾经是上流人士,所以才为他们鸣不平;假若他们是工人,他就不会关怀他们了。

公民**奥哲尔**反对说:埃卡留斯对这一事件评论不公。我们应当把相当多的自由归功于加里波第。他并不想说反对芬尼亚社社员的话,他曾因袒护他们而受辱。他现在的观点是:这个决议对格莱斯顿的政策指责得过多了。要求释放囚犯不同于作一篇鼓动宣言。

公民**莫特斯赫德**说,爱尔兰人曾经因为英国人拥护加里波第而向英国人扔石头。

主席①说,爱尔兰人的现状是英国人造成的。倘若我们把我们享有的自由也给了他们,他们就会感到满意,就不会有出乱子的危险。公民莫特斯赫德没有看出这个决议的目的。格莱斯顿在他的竞选演说中曾经声称爱尔兰人是被不公正地统治着,所以他要切实地为芬尼亚社社员辩护。等他当选进了议会,他却什么也没有做,只是侮辱爱尔兰人。他以官僚主义进行统治。别的国家都不曾把叛逆罪当为重罪,而〔芬尼亚主义〕则遭到了刑罚,遭到了与一般刑事罪同样的处置。

公民**荣克**说,莫特斯赫德采取了一种非常狭隘的民族观点。在巴黎,几千人被枪杀;在爱尔兰,几十万人被饿死。虽然承认了事情做得不对,但是却要按照英国人的观点去纠正,而不是按照爱尔兰人的观点。加里波第想要为意大利人做的事,英国人并不想为爱尔兰人做。公民奥哲尔说我们应把相当多的自由归功于加里波第,我们应归功于芬尼亚社社员的就更多得多了。克拉肯韦尔事件[357]诚然是一桩可怕的事件,但是加里波第也造成过更多的流血事件,而且假若爆炸罗马兵营这件事没有被防止住,他造成的流血还会更多。何况在克拉肯韦尔事件中警方同样也有他们应负的责任。

---

① 约翰·黑尔斯。

公民**奥哲尔**：我的意思被误解了。我只是说，要求释放囚犯的人在采取这类行动时，有必要考虑到应该怎样做。

公民**马克思**：公民莫特斯赫德讲了格莱斯顿的历史，我可以另讲一篇他的历史，但是这对我们面前的问题不起作用。在集会上通过的请求是完全有礼貌的，而格莱斯顿却挑剔那些支持请求的发言。卡斯尔雷较之格莱斯顿也并不逊色。我今天在《政治纪事报》[358]上看到他使用格莱斯顿所使用过的同样词汇来攻击爱尔兰人；而科贝特则作了我所作过的同样回答。

当竞选旅行开始的时候，所有的爱尔兰籍候选人都滔滔不绝地谈到大赦；但是格莱斯顿在爱尔兰各自治机构行动之前，则毫无行动。

我不去谈国外被屠杀的人，是因为你不能拿匈牙利战争与芬尼亚起义相比。我们可以拿它与1798年[359]相比，而这么一比对英国人可不会是有利的。

我再说一遍：任何地方对待政治犯也没有像英国这样坏。

公民莫特斯赫德不准备告诉我们他对爱尔兰人的意见。倘若他想要知道别的国家的人对英国人有什么想法，那就让他读一读赖德律-洛兰[360]和其他大陆作家的著作吧。我一向总是为英国人辩护的，现在仍然是这样。

并不需要通过这些决议来争取释放囚犯，爱尔兰人自己已经放弃这个要求了。

这是一个同情爱尔兰人、批评政府行为的决议；它可以使英国人和爱尔兰人团结起来。如果我们大胆直言，格莱斯顿就不得不与《泰晤士报》、《星期六评论》等反对派较量；反之，我们就会支持他顶住反对派，而他本来也许不得不向反对派屈服。美国内战期间他正当政，他对政府的作为负有责任；而倘若在他发表声明时北方正处于劣势，这对他的爱国主义可就更加不利得多了。

公民奥哲尔是对的：如果我们要求释放囚犯，这不是提出这种要求的办法。但是，使爱尔兰人民满意，可比使格莱斯顿满意要重要得多。[361]

公民**奥哲尔**提出，如果对这个决议不伤原意另行措辞，从而能得到一致通过的话，他愿意决议取得一致通过。

公民**马克思**不反对删去"有意地"一词，因为人们必然认为一位首相会有意地做每一件事情的。[362]

公民**哈里斯**反对。

委员会于 11 时 15 分休会。

本·鲁克拉夫特

书记　约·格·埃卡留斯

委员会会议①

11 月 30 日[363]

出席委员：阿普尔加思、埃卡留斯、荣克、哈里斯、列斯纳、鲁克拉夫特、马克思、莫里斯、米尔纳、奥哲尔、唐森、韦斯顿。

公民**鲁克拉夫特**主持会议。

宣读并批准了上次会议的记录。

公民**荣克**宣读了巴黎马隆的一封来信，信中通知在巴黎附近的蓬图瓦兹成立了一个农业工人的分部，目前拥有 25 名会员。又说他从鲁贝收到了好消息；一些联合起来的工人在巴蒂尼奥尔成立了一个分部，他们在巴黎共有将近 500 名会员。他们将起草一份社会改革纲领。他认为当前的政治形势与 1848 年 7 月初和 1851 年 11 月的形势类似。他说，

---

① 本日记录由埃卡留斯记在记录本第 28—31 页上。

资产阶级自由派这么害怕政治自由，不久他们就会再一次哀求社会的救主①来拯救他们了。

公民**荣克**又宣读了马赛的巴斯特利卡寄来的一封信，写信人报告说，现正打算使30个工会联合起来，并将以国际的第一项considerant②作为其章程的头一条。³⁶⁴他们已寄40英镑到鲁昂给罢工工人。马赛各报为舆论所迫，已约定记者报道工人集会的情况。他之前所推荐的那位教师工作良好。他厌恶政治，并抱怨说：工人总是在罢工时要求援助，但当选举到来时，他们就投票选那些小市民头头，这些头头之为社会主义者，正像波拿巴分子之〔为〕民主主义者一样。他认为下次代表大会在巴黎开会是可能的，并认为国际协会对革命一旦爆发作些实际准备，是必要的。

公民**马克思**说，在一次政治经济学家的代表会议上讨论了劳工问题；一位叫埃默里克的推荐了比利时政府曾在瑟兰和别的地方实行过的压制工人要求的办法。

公民马克思又说，协会的一名会员——工人格罗斯兰，已被选入日内瓦州的州参议会。

公民马克思通知说，他必须提请总委员会注意《蜂房报》在报道总委员会活动时的做法。³⁶⁵

公民**阿普尔加思**和**荣克**汇报他们出席制帽工人协会委员会会议的结果：该委员会对国际协会的活动表示满意，并表明他们的团体无疑将加入国际协会。

委派公民列斯纳和米尔纳去拜访木工和细木工联合会的托特纳姆大院路分会，该分会打算加入协会，请求派去一个代表团。

---

① 指拿破仑三世。
② 条款。

然后宣读了关于不列颠政府对爱尔兰大赦事件的立场所作的决议的第一节。

公民**奥哲尔**说，他把印有这个决议的文件丢失了，因而未能研究他认为怎样改动才是适当的。

公民马克思曾同意取消"有意地"一词。一致通过了已略去这个词的这一节。

公民奥哲尔认为应改动第二节，以免对格莱斯顿加以全面的谴责。格莱斯顿并不是完全无可谴责的，但是他却比他以前的任何一个执政者都好些。应该对问题作很好的考虑，他不愿由于一个谴责性的决议而丧失了总委员会的声望。格莱斯顿的许多行动都归咎于他未能摆脱旧政党对他的影响，公民奥哲尔希望在决议中说明这点。

公民**米尔纳**说，已经对这个问题很好地考虑过了，不能以不同于对待别的政府的态度来对待格莱斯顿。

公民**韦斯顿**说，格莱斯顿的信中认为爱尔兰人不对，可是事实与此相反。格莱斯顿对曼彻斯特的死刑不说一句反对的话，假若杰弗逊·戴维斯被执行了绞刑，他就不会沉默无声了。后来他拒绝了在教会事件的赔偿问题上同等对待各个方面的议案，因为这样做会把赔偿扩大到工人。他并不比沙皇好些，国际协会也不能对他另眼看待。如果诺言出于诚意，爱尔兰人早该得到完全的大赦了。他的政策感动不了爱尔兰人民衷心拥护的这个决议，他只是激起了爱尔兰人民的愤怒。

公民**马克思**说，如果听从了奥哲尔的建议，总委员会就得把自己放在英国政党的立场上。总委员会不能这样做，总委员会必须向爱尔兰人表明它了解这个问题，并向欧洲大陆表明它决不支持不列颠政府。总委员会必须像英国人惯于对待波兰人那样，来对待爱尔兰人。

公民**鲁克拉夫特**说，格莱斯顿和布莱特只有谴责［托利党人］并接替他们的职位。假若他们［曾］依靠人民，他们就会得到支持去反对那些旧政党。假若他们处于在野的地位，囚犯们这次就会获得释放。什么改革也没有用，爱尔兰人自己必须拥有爱尔兰。

本节一致通过。

第三节宣读过后，公民**奥哲尔**作了一些评论，公民**马克思**逐一作了答复。本节获得通过。

其余各节未经讨论便获通过。[366] 委派书记把决议印刷出来，予以散发。[367]

委员会［于］11时15分休会。

　　　　　　　　　　　主席　弗里德·列斯纳

　　　　　　　　　　　书记　约翰·格·埃卡留斯

委员会会议①

12月7日

出席委员：布恩、埃卡留斯、哈里斯、荣克、鲁克拉夫特、列斯纳、韦斯顿。[368]

公民**列斯纳**主持会议。

宣读并批准了上次会议的记录。

书记宣读了一份地址名单，他已给这些地方发去了爱尔兰问题的决议。

公民**荣克**交来前比利时书记②的信件，信中保证于本周末交还捐款单。

他又说，在里昂的国际老会员与新会员之间存在着某种隔阂。

---

① 本记日录由埃卡留斯记在记录本第31页上。

② 贝尔纳。

公民**荣克**曾见到肖，他已病得不能参加会议了。

根据书记的发言，公民**鲁克拉夫特**建议，公民**荣克**附议：付给书商出售代表大会报道的佣金，每份3便士。

委员会于10时休会。

主席　约翰·黑尔斯

委员会会议①

12月14日

出席委员：埃卡留斯、约翰·黑尔斯、威廉·黑尔斯、哈里斯、荣克、② 鲁克拉夫特、马克思、斯特普尼。

公民**黑尔斯**主持会议。

宣读并批准了上次会议的记录。

宣读了制革工人协会主席的一封来信，信中对爱尔兰决议表示不满。[369]

公民**荣克**宣读了《平等报》上对总委员会活动的一些责难，其中涉及爱尔兰决议，并且挑剔说没有执行历届代表大会的决议；又说总委员会有责任向协会报告德国的李卜克内西和施韦泽两个人哪一个是正确的。[370]

公民**马克思**评论说，像这样的报纸没有权利提出这样的问题。如果日内瓦支部要询问什么情况，或提出什么申诉，该支部的书记须向总委员会提出。他又评论说，李卜克内西是国际协会的会员，而施韦泽则不

---

① 本日记录由埃卡留斯记在记录本第32—33页上。
② 记录中此处划掉了"列斯纳"这个名字。

是。李卜克内西曾提出让总委员会作仲裁人①来在他与施韦泽之间作出裁决,但是施韦泽拒绝了这个提议。[371]

公民**荣克**说,日内瓦支部并没有使用《平等报》作为与总委员会的联系媒介,所以这篇文章必须只看成是文章作者发表的意见。

公民**埃卡留斯**说,《平等报》在指责中提到的代表大会的决议,包括如下条款:总书记每周应接受2英镑报酬;每个支部都应交来一份月报,作为总报告的根据。[372]但是这两条中至今没有履行任何一条。他提议:委员会应转入一致通过的议事日程。

公民**荣克**说,贝尔纳仍未经管他的事情。

公民**马克思**提议总委员会休会到1月4日复会。他说,在假日的几个星期里讨论爱尔兰问题是不适当的,因为那时只有少数总委员会委员参加。他把爱尔兰问题的解决看做英国问题的解决,把英国问题的解决看做欧洲问题的解决。[373]

通过这一建议,并授权常务委员会在此期间处理一切必要事务。

委员会即此休会。

主席　约翰·黑尔斯
书记　约·格·埃卡留斯

---

① "作仲裁人"一语是在后来插入的。

卡尔·马克思的手稿

卡·马克思
对国际社会主义民主同盟纲领和章程的评语[374]

[公开同盟的纲领和章程]	[卡·马克思的评语]
和平和自由同盟的社会主义少数派由于伯尔尼代表大会多数派投票正式表示反对一切工人联合会的基本原则,即反对**阶级和个人在经济和社会方面的平等**,结果脱离了这个同盟,从而也就赞同在日内瓦、洛桑和布鲁塞尔召开的**各次工人代表大会**上宣布的那些原则。这个少数派中属于各个不同民族的几个成员建议我们组织一个完全溶化于伟大**国际工人协会**,但其特殊使命是根据地球上一切人普遍和真正平等的伟大原则研究政治问题和哲学问题的新的**国际社会主义民主同盟**。	阶级平等! 溶化于和成立于对立之中!
我们自己也确信这个倡议是有益的,因为它将给欧洲和美洲的真诚的社会主义民主派提供一个相互了解和确立自己思想的手段,而摆脱资产阶级民主派认为现在必须大加吹捧的假社会主义的任何压力,因此,我们认为和这些朋友们共同倡议建立这个**新**①组织是自己的责任。	这样一来,对于社会主义民主派来说,国际不是相互了解的手段。

---

① 加着重号的地方是马克思标出来的。——编者注

从这个观点出发，**我们组成了国际社会主义民生同盟中央支部**，现在把中央支部的纲领和章程公布出来。

何等谦虚！他们作为中央权力机构组织起来了，真是好样的！

国际社会主义民主同盟纲领

（1）**同盟**奉行无神论；致力于废除宗教崇拜，用科学代替信仰，用人的正义代替神的正义。

（2）同盟首先力求实现各阶级和个人（**不分男女**）在政治、经济和社会方面的平等，为此应当**从废除继承权**开始，以便将来每个人能按照他的生产劳动享受物质福利，以便根据最近在布鲁塞尔召开的工人代表大会的决议，使土地、劳动工具以及任何资本都成为整个社会的集体财产，而且仅仅由从事劳动的人使用，即由农业协作社和工业协作社使用。

好像可以下命令废除信仰！
雌雄异株的人！
完全是一个**俄国公社**！
旧的圣西门的灵丹妙药！

（3）同盟力求使一切儿童，不分男女，从出生时起，就享有同等的发展条件，即在抚养、教育以及在科学、生产和艺术的一切学习阶段上得到同等的条件，因为同盟深信，这种起初只是在经济和社会方面的平等，将日益导致人与人之间的普遍的、伟大的、自然的平等，将导致各种人为的不平等的消失，这种不平等是既虚伪又不正义的社会组织的历史产物。

空话！

（4）同盟与一切专制制度为敌，不承认除共和制以外的任何其他政体，无条件反对同反动派结成任何同盟，因此，任何政治行动若不以工人反对资本的事业的胜利为**直接和立即的**目的，同盟也一概反对。

（5）同盟认为，现存的一切政治的和权威主义的国家，正在愈来愈把自己的职能缩小为管理本国公益事业的简单行政机关的职能，这些国家必将在工农业自由协作社的普遍联合体中消失。

如果是自己**缩小**自己的职能，那么不是**必**将消失，而是自己消失。

（6）鉴于社会问题只有在世界各国工人的国际团结或者普遍团结的基础上才能得到彻底的和真正的解决，**同盟**反对以所谓的爱国主义和各民族竞争为基础的任何政策。

竞争与竞争不一样，我亲爱的俄国人！

（7）同盟力求实现一切地方协作社在自由的基础上的普遍联合。

章　程

（1）**国际社会主义民主同盟**是作为**国际工人协会的分部**成立起来的，它完全接受协会的共同章程。

国际协会不容许有"**国际分部**"。

新的总委员会！

（2）**创建同盟的盟员**临时在日内瓦组成中央局。

（3）属于一个国家的创建同盟的盟员成立本国**民族局**。

（4）民族局负有在一切地方成立**社会主义民主同盟地方组织**的任务，**各地方组织将通过本国的民族局向同盟的中央局请求加入国际工人协会**。

国际的章程不承认这些"中间人的权力"。

（5）一切地方组织遵照**国际工人协会各地方支

部通过的实际办法，成立自己的局。

（6）凡是**同盟**的盟员都有义务每月缴纳十生丁的会费，其中一半留给各民族组织用于自己的需要，另一半上交中央局会计处用于中央局的共同需要。

在那些认为这个数额太高的国家，民族局取得中央局同意后可以降低。

（7）在每年一次的工人代表大会期间，作为**国际工人协会一个分部的社会主义民主同盟的代表团**，将在单独的会场内举行自己的公开会议。

侵吞我们钱财的新的苛捐杂税！

他们想在我们的庇护下损害我们的声誉！

创建日内瓦组织的成员

约·菲力浦·贝克尔。——米·巴枯宁。——泰·雷米。——安东·林德格尔。——路易·尼德格尔。——瓦列里扬·姆罗奇科夫斯基。——扬·扎哥尔斯基。——菲·策勒。——安·阿尔丹。——沙·佩龙。——茹·盖伊。——J.弗里斯。——F.罗沙。——尼古拉·茹柯夫斯基。——米·艾尔皮金。——扎姆佩里尼。——恩·贝克尔。——路易·魏斯。——佩雷。——马劳达。——爱德华·克罗塞。——A.布朗沙尔。——A.马蒂斯。——雷蒙。——阿列克谢耶娃女士①。——巴枯宁娜女士。——叙泽特·克罗泽女士。罗莎丽亚·桑吉内德女士。——德吉烈·盖伊女士。——珍妮·吉奈女士。——安东·杜诺。——

蠢人中的蠢人！
还有巴枯宁娜女士！

---

① 巴尔田涅娃。——编者注

J. 莫莱。——盖里。——雅克·库尔图瓦。——让·波托。——安德烈·贝尔。——弗·博费蒂。——Ch. 居约。——Ch. 波斯特莱布。——Ch. 戴特拉。——J. 克罗泽。——J. 桑吉内德。——沙·雅克拉尔。——L. 库兰。——弗·盖伊。——布莱兹·罗塞蒂。——约·马里伊。——C. 布雷希特尔。——L. 莫纳雄。——弗·梅米约。——大多纳。——L. J. 谢纳瓦尔。——J. 贝多。——L. H. 福尔纳雄。——皮尼埃。——沙·格朗热。——雅克·拉普拉斯。——S. 佩拉顿。——威·劳。——瓦尔特·哥特洛布。——阿道夫·海伯林。——佩里埃。——阿道夫·卡塔兰。——马尔克·埃里迪埃。——路易·阿尔芒。——A. 佩莱格林-德鲁瓦。——路易·德·科佩。——路易·杜普拉。——吉尔莫。——约瑟夫·巴凯。——弗·皮斯特尔。——Ch. 吕谢。——玛格丽特·普莱西德。——保尔·加尔巴尼。蒂耶埃——纳·博雷。——J. J. 斯科皮尼。——弗·克罗谢。——让·若斯特。——莱奥波德·武赫尔。——G. 菲耶塔。——路易·菲利凯。——阿米·冈迪永。——维·阿列克谢耶夫①。——弗朗索瓦·舍伐利埃。

由于创建**国际社会主义民主同盟**的盟员决定创办名为"革命报"的报纸作为新组织的机关报，**临时中央局**一俟募集到三百股份（每股十法郎，从在我不知道的情况下，他们厚颜无耻地在瑞士宣布，说我将

---

① 巴尔田涅夫。——编者注

1869年1月1日起每个季度缴纳四分之一），就着手出版刊物。因此临时中央局吁请同盟**各民族局**在本地区着手募集股份。因为取得股份被看做是一种不提供报纸获得权的自愿的礼物，因此**各民族局**应同时编制订户名单。

报纸每周出版一次。

在《**革命报**》[375]上发表文章！

订　费

一年……………………………… 6 法郎
六个月………………………… 3 法郎 50 生丁

受临时中央局委托：

　　　　书记　**扬·扎哥尔斯基**

　　　　　　　蒙布里昂街 8 号

注意：请**各民族局**在 1 月 1 日以前将抵偿股票的款项和订报费交到**中央局**。

卡·马克思写于1868年12月15日

原文是法文
参看《马克思恩格斯全集》中文第1版第44卷第516—521页

国际工人协会总委员会文件

致国际工人协会各书记和会员[376]

关于劳动统计问题

公民们：由于总委员会打算发表一份有关劳动居民现状的报告，希望你们尽可能在一个月内提供你们可能得到的有关你们当地工人的情况和条件的可靠情报。请各附属工会团体的书记回答下列问题：（1）团体的名称？（2）其会员人数？（3）常规劳动时间多少？（4）常规工资额多少？（5）是长年雇佣还是随时变动？（6）最近三个月来失业人数多少？（7）在业的工人充分受雇吗？（8）近五年内有没有发生过预付工资或克扣工资的现象？（9）办过生产合作吗？有什么成就？

如果在回答这些问题之外，还能够提供其他情报，比如关于本行业或其他任何行业的专项情况，或邻近地区劳动居民的一般情况，以及是否为改善穷人的条件做了什么特殊的努力和取得了什么成就，总委员会将深表感谢。

总委员会于1868年1月28日通过
载于1868年2月15日《蜂房报》
第331号

按报纸原文刊印

致国际工人协会会员[377]

布鲁塞尔代表大会议程草案

工人弟兄们：为确切表述国际工人协会会员的伟大团体的看法，上次代表大会曾责成总委员会将下列问题提交你们研究讨论，并恳请你们将有关这些问题的讨论结果及早惠寄我们。

1. 在各工人团体中组织信贷和交换合作的制度（运用纸币）的实际可能性。

2. 采用机器对贫穷劳动者的状况有什么影响？

3. 起草对贫苦儿童进行技术教育和非宗教性综合教育的明确纲领的适宜性。

4. 土地、矿藏、运河、公路、铁路等；它们应该是个人私有财产并为其私人的利益服务，还是应该把它们转为公共财产，使之充分为社会服务？

5. 罢工政策，以及坚决要求建立仲裁法庭的适宜性。

将根据寄回来的对这些问题的答案，决定其中的哪些问题应列入今年9月第一周在布鲁塞尔召开的下一次代表大会的议程。

受国际工人协会总委员会的委托：

主　　席　　罗·肖

名誉总书记　约·格奥尔格·埃卡留斯

总委员会于 1868 年 1 月 28 日通过　　　　　按《蜂房报》刊印
载于 1868 年 2 月 15 日《蜂房报》
第 331 号，1868 年 2 月《先驱》第
2 期和 1868 年 3 月 23 日《未来呼声
报》第 12 号

日内瓦的同盟歇业

致《星报》编辑

　　阁下：鉴于伦敦各报歪曲报道了日内瓦的同盟歇业，我们恳请贵报惠予刊登如下声明。

　　国际工人协会的发起人从未打算建立一个解决工资冲突的国际中心，也从来没有人向其总委员会提出过这样的建议，何况也没有机会来鼓动或挑起罢工。根据章程第 11 条，参加协会的各团体仍保存自己原有的组织，因而各附属团体处理其本身的特殊事务理应与国际工人协会无关。罢工是由日内瓦代表大会在原则上加以谴责的，合作生产也被宣布为永远解决劳动问题的唯一手段。[378]在洛桑，提出讨论过仲裁法庭的问题，其目的就在于制止罢工。可见，本协会从不干涉工会的事务，而一旦遇到罢工和同盟歇业因而接到呼吁时，它总是运用自己的影响来防止一个国家的工人被当做工业雇佣兵来反对另一个国家的工人，并在必要时吁请金钱援助。因此，总委员会不仅没有插

手挑起日内瓦的冲突,它在3月3日《未来呼声报》上刊登大意是宣布每周举行例会的通知之前,甚至还不知道建筑工人在准备发起罢工。

根据章程第6条,日内瓦已被选为瑞士中央委员会的驻在地。几个月前,日内瓦的各附属团体合并了它们的疾病丧葬基金,并任命了由各行业代表组成的委员会作为它们的执行机关。这个委员会也负责同瑞士的各地方团体和伦敦总委员会进行通信。因此,它是国际工人协会的瑞士中央委员会。在工会事务方面,它履行的职能也像英国工联理事会那样,代表它所代表的所有工会。今年1月,建筑工人吁请他们的雇主举行会议来讨论他们的痛苦。雇主们根本没有答复他们的请求,却为了他们自己的目的而着手建立了一个协会。与此同时,各行业的工人提出了一个"指标",要求把他们的工资提高大约10%,把工作日每天由12小时缩减到10小时。在审判巴黎理事会之后,老板们打破了他们的缄默,告诉工人们,除非他们断绝同国际工人协会的联系,否则就决不雇用他们。

受总委员会的委托:

主　　席　　罗·肖

名誉总书记　　约·格奥尔格·埃卡留斯

4月4日于西区东城堡街16号

埃卡留斯起草

1868年4月4日常务委员会通过

载于1868年4月6日《晚星报》

按报纸原文刊印

致大不列颠和爱尔兰工联会员[379]

工人兄弟们!

自从少数属于不同国家的工人在圣马丁堂召开了公众集会,建立了国际工人协会以来,将近四年过去了。他们在适当的时机做了适当的事情。在这一段时期中,协会在欧洲获得了其他组织从所未有的地位。它既不是任何工人组织的对手,也没有同任何工人组织发生过冲突;相反,它的目标是利用和扩展世界各国原有组织的影响,其方法是努力造成它们之间的共同协议和促进它们之间的共同行动。

至于它的性质,尽管它致力于完全的政治自由,但是它并不是旧词义上的政治团体。它在援助一切进步运动时避免了派系斗争,因为它深知指望作为一个阶级的资本家来真正改善劳苦大众的条件是徒劳无益的。诽谤者说协会曾挑起罢工,这是根本没有的事。但是,它使工人能够抵抗同盟歇业,并且成功地结束因雇主们的侵害、背信弃义和反复无常而不可避免地引起的罢工。

协会的基本原则是:劳动的产品应该是生产者的财产,**劳动的手足之情**应该是社会的基础。世界各国的工人应该把他们貌小的嫉妒心和民族龃龉抛在一边,在同资本的斗争中协力建树共同的事业。劳动无祖国!工人到处都遇到同样的不幸。资本不过是由劳动积累起来的。为什么工人要成为他自己生产出来的东西的奴隶呢?资本家从劳苦子弟的民族隔绝中获得好处真是太久了。国外的竞争总是为降低工资提供借口。长期以来,这个王国的各工联满足于维持工资现状。自由贸易才引起了变化。现在大陆上的工人比英国工人工作时间长,拿的钱少。如果说英国还是比别的国家生产出更廉价的产品,那是由于它的机器有更高度的发展。不列颠和大陆上的厂商在世界市场价格方面竞赛的差距正在迅速缩小;不列颠是领先了,但也仅仅是领先而已。

这些事实应该使不列颠工人认识到国际协会的重要性。它在大陆上到处都促进了工联的形成,并充当了它们共同联合行动的发动机。在法国,它在巴黎青铜匠遭遇同盟歇业时的行动说明了这一点。1500人失业,还有4000多人要是不抛弃他们新成立的工会——一个最初仿照英国工联的样子成立的工会,就有被解雇的危险。由于国际协会的援助,雇主们的联合被打败了。从那时起,工联就移植到法国,而慑于国际协会发展的政府则一再对它实行镇压,对巴黎执行委员会处以罚金和监禁。在瑞士,日内瓦建筑业的罢工缩短了工作日,并提高了旧工资,但老板们是在确实知道了能从国外得到人员供应的程度之后才屈服的。建筑业老板们的行动没有压垮协会,而是增进了协会的影响。

在比利时,国际协会起到了同样显著的作用。由于金属业的总危机,矿上的董事们决定一周只开工四天。为了保证股东们的红利,他们蛮横地宣布工资降低10%。矿工们拒绝在这样的条件下继续工作,过于焦急不安的政府向他们试验了火药和铅的无可怀疑的影响,许多人被杀,更多的人受伤和被捕。在这种情况下,布鲁塞尔委员会介入了。他们对负伤者进行了医药救助,对死难者的遗属进行了金钱支援,为被捕者提供了法律辩护。从那时以来,他们在沙勒罗瓦煤田建立起了一个矿工联合会。朴实的矿工们就这样被带进了劳工的兄弟同盟,这是防备他们的压迫者将来蹂躏他们的一种保护措施。

在德国,俾斯麦伯爵提出改革关税的时候,巴门和埃尔伯费尔德(普鲁士的曼彻斯特)的商会以普鲁士厂商不降低工资就竞争不过英国厂商为理由,表示反对这个面对国际协会迅速扩展的影响和机敏的行动而不可能不担风险的办法。

在现代工业的发展尚未导致公开战争的国家里,协会的会员只好秘密宣传更先进国家的工人兄弟已经掌握了的原则。伦敦总委员会也同美国的伟大劳动改革运动的负责人通信。

协会给了英国各工联巨大的帮助,提供所需要的国外专门情报,向整个大陆正确报道它们的冲突情况,这样来阻止雇主们获得外国工人来顶替自己的工人。在对巴黎委员会的起诉中,帝国检察官要求对委员会委员判罪所提出的主要理由之一是,他们不仅对法国所有的罢工施加了过多的影响,而且有效地支持在外国的那些人。他举例说,在英国镀锌工人、裁缝和铁路雇员罢工期间,巴黎委员会曾阻止法国工人去英国。

英国资本家老是叫嚷工资一定要降低,因为大陆上的工人比英国工人工作时间长,拿的钱少;只有竭力使全欧的工作日和工资率接近,才能有效地对付英国资本家的这种叫嚷。这是国际工人协会的一个使命,而它的年度代表大会是完成这个使命的最有效的手段之一。在这些集会上,各国工人阶级的代言人彼此面对面。正式会议以外私下交谈所进行的意见交换,其影响即使远非更大也不亚于正式讨论。私下交谈大家都说心里话,都调查了解别的地方人们所考虑的类似问题。在1865年伦敦代表会议[380]上,法国代表和瑞士代表曾经表示,他们确信工联主义不会在大陆上扎根。在1867年代表大会①上,有40多位代表是代表大陆上以英国为榜样成立的工联出席的。在伦敦撒下的种子已经结果了。

下一次代表大会将于今年9月头一个星期一在布鲁塞尔(离伦敦只有几个小时的路程)召开。在上次代表大会上选择布鲁塞尔,是为了使英国工人能够派出的代表比他们能够派往瑞士的人数更多一些。为了使英国代表团成为真正体面的代表团,总委员会竭诚建议各附属团体尽可

---

① 在洛桑举行的国际工人协会代表大会。

能多地派遣代表。

8月底以前加入的团体将有权派遣他们自己的代表。认为不宜于派遣代表的附属团体，以及愿意提供帮助的工会团体，请它们为支付总委员会委派代表的费用提供捐款。

在提交讨论的问题中有：（1）缩短工作日；（2）资本家采用机器的影响；（3）土地所有权；（4）工人阶级的教育；（5）建立信贷机构以促进和加速工人阶级的社会解放；（6）建立合作生产的最好办法。

受国际工人协会总委员会的委托：

主　　席　　海·荣克

财务委员　　罗·肖

总 书 记　　约·格奥尔格·埃卡留斯

伦敦西中央区海·霍尔本街256号

可兑取的汇票请寄西中央区查林十字街邮局交书记。

黑尔斯、拉法格和柯普兰起草，并经1868年7月7日总委员会会议通过，1868年7月在伦敦以传单发表

按传单原文刊印

国际工人协会总委员会第四年度报告[381]

1867—1868年对国际工人协会来说具有划时代的意义。在平稳发展时期之后，它的影响大大增强，以致激起了统治阶级的恶毒诽谤和各

国政府的迫害①。协会进入了斗争阶段。

法国政府在反对工人阶级的活动中自然是一马当先。我们在去年就不得不揭露它的某些敌对手法——扣留信件、没收我们的章程、在法国边境截取日内瓦代表大会的文件。我们在巴黎为要求归还这些文件交涉了很久，但毫无结果，最后只是由于英国外交大臣斯坦利勋爵从官方施加压力，这些文件才交还给我们。

可是今年，帝国完全抛弃了假面具。它公然企图借助它的警察②和法庭来消灭国际工人协会。十二月二日王朝的诞生应当归功于阶级斗争，这种阶级斗争的最伟大的表现就是1848年的六月起义；因此这个王朝就不得不轮流扮演资产阶级的救星和无产阶级的家长式的保护人。当国际工人协会日益增长的威力在亚眠、鲁贝、巴黎、日内瓦等地的罢工中刚刚清楚地显示出来，自封的工人保护人就只好要么把我们的协会抓在自己手里，要么就把它消灭。最初的要求并不高。巴黎代表向日内瓦代表大会（1866年）宣读的并于次年在布鲁塞尔出版的宣言[382]在法国边境被没收了，为了回答我们的巴黎执行委员会对采取这种暴力措施的原因提出的质问，鲁埃大臣邀请了委员会的一位委员进行私人谈话。在随后举行的会谈中，他先是要求缓和并修改宣言中的某些地方。遭到拒绝以后，他就提出：

"如果你们能加进哪怕是几个感恩皇上的字眼，那就还有可能达成协议。要知道，皇上曾经为工人阶级做了许多事情。"③

皇上的亲信鲁埃的这种微妙的暗示并没有得到预期的理解。从此以

---

① 在马克思的英文稿中此处不是"迫害"，而是"敌对措施"。
② 在马克思的英文稿中此处不是"它的警察"，而是"警察袭击"。
③ 见1868年5月1日《法兰西信使报》第112号。

后,十二月二日政府就只有等待某种借口,以便用暴力来除掉协会。我们的法国会员们在普奥战争以后进行的反沙文主义鼓动,使它更为恼怒。不久,芬尼社社员在英国引起的慌乱达到了顶点,这时国际工人协会总委员会向英国政府递交请愿书,指出对三位曼彻斯特蒙难者即将执行的处决是利用法律进行的一种谋杀。① 同时,我们在伦敦举行了维护爱尔兰权利的群众大会。一向谨小慎微地百般巴结英国的法国政府这是时认为从拉芒什海峡两岸夹攻国际工人协会的时机已经成熟了。于是它的警察在深夜闯进了我们巴黎委员会委员的住宅,搜查他们的私人信件,并在英国报刊上大肆叫嚣,说什么芬尼社密谋的中心终于被破获了,其主要机关之一就是国际工人协会。许多叫嚣都是无中生有!法院尽心尽力地进行了调查,但是根本找不到一点犯罪构成的影子。② 在把国际协会诬陷为密谋家的秘密团体的企图遭到了这样可耻的失败之后,又找到另一个绝妙的借口。巴黎委员会被当做一个超过20人的未经批准的团体[383]而遭到迫害。受过帝国纪律训练的法国法官当然不加考虑就宣布解散协会,并对委员会委员处以罚金和监禁。③ 不过法院在判决书的陈诉理由部分有两个地方谈得坦率:一方面谈到国际工人协会的力量日益增长,另一方面则宣称十二月二日帝国同真诚地把真理、正义和道德作为自己指导原则的工人团体的存在是不相容的。这些事件的结果很快就在省里明显表现出来了,自从巴黎判决之后省长们就开始经常为一些小事情进行无端指摘。但是国际工人协会并没有在政府的刁难中灭

---

① 在马克思的英文稿中,这句话的后一部分是这样的:"要求减轻对三位曼彻斯特蒙难者的判决,并指出对他们判处绞刑是一种政治报复行为。"
② 在马克思的英文稿中这句话是这样的:"他们费尽周折进行的一切调查都毫无结果,连检察官本人也非常反感地放弃了起诉。"
③ 在马克思的英文稿中这句话是这样的:"受过帝国纪律训练的法国法官当然赶紧宣布解散协会……""和作出逮捕巴黎委员会委员的判决。"

亡，而是从中吸取了新的生命力。① 协会终于迫使十二月二日政府公开同工人阶级决裂，唯独这以情况加强了协会在法国的影响。

在比利时，我们的协会为所取得的巨大进展而自豪。沙勒罗瓦矿区的矿主经常迫害矿工，引起他们暴动，接着又用武力去对付手无寸铁的群众。在这样造成的慌乱情况下，国际工人协会的比利时支部把矿工的事情承担起来了，通过报刊和群众大会揭露他们经济上的贫困处境，帮助伤亡者家属，并为被捕者提供法律援助。陪审团终于宣告所有被捕者无罪。[384] 在沙勒罗瓦事件后，我们在比利时的成就就得到了保证。当时，司法大臣茹尔·巴拉在比利时下院谴责国际工人协会，以它的存在作为修订外侨法的主要借口。他甚至威胁要禁止布鲁塞尔代表大会的召开。比利时政府终究应当认识到，小国在欧洲存在的基础只有一个，那就是它成为自由的避难所。

在意大利，协会自门塔纳大屠杀[385]以后被反动势力削弱了。其直接后果之一就是警察当局限制了结社和集会的权利。但是我们广泛的通信表明，意大利工人阶级正在日益摆脱一切旧政党的影响而取得完全的独立。

在普鲁士，由于法律禁止普鲁士的工人团体同外国团体有任何接触，[386]国际工人协会不能合法存在。而且，普鲁士政府还可怜地重复波拿巴的政策，例如对**全德工人联合会**进行无端的指摘。各个穷兵黩武的政府尽管总是准备着彼此厮杀一场，但在对自己的共同敌人——工人阶级进行十字军征讨时，却总是一致的。

不过，尽管有种种法律上的障碍，在我们的日内瓦委员会的周围早已团结了一批规模不大的、遍布德国各地的支部。[387]

---

① 在马克思的英文稿中，本段"生命力"后的一句话是"迫使帝国放弃其工人阶级保护人的姿态"。

主要分布在德国北部的全德工人联合会，最近在汉堡举行的代表大会上决定同国际工人协会采取一致行动[388]，不过根据法律它还不能正式加入国际工人协会。即将召开的纽伦堡代表大会（这次代表大会将主要是德国中部和南部的约100个工人联合会的代表参加）把关于直接加入国际工人协会的问题列入了议程。根据它的指导委员会的愿望，我们已派出一名代表①前往纽伦堡。

在奥地利，工人运动日益具有明确的性质。② 已经决定9月初在维也纳举行代表大会，目的是使帝国境内各民族的工人兄弟般地联合起来。同时还发表了给英国人和法国人的邀请书，在邀请书中宣布了国际工人协会的原则。你们的总委员会已经指定了一位代表③前往维也纳；但是屈从于封建反动势力的奥地利本届**自由派**内阁如此有远见，居然禁止召开工人代表大会，从而使工人也成为它的敌人。

日内瓦建筑工人的斗争在一定程度上关系到国际工人协会在瑞士的生存。建筑业主把工人退出国际工人协会作为达成任何协议的先决条件。但是工人坚决拒绝这种狂妄要求。他们由于在瑞士本土以及通过国际工人协会从法国、英国、德国等国得到了支援，终于争取到了缩短工作日④和提高工资⑤。在这以后，早已在瑞士深深地扎下根的国际工人协会，开始迅速而广泛地发展起来。比如，有50个德意志工人教育协会（可能是欧洲最早的协会）去年秋天在诺因堡举行的代表大会上就一致决定加入国际工人协会。

---

① 埃卡留斯。
② 在马克思的英文稿中，"明确的性质"为"革命的性质"。
③ 福克斯。
④ 在马克思的英文稿中，在"工作日"后面添上"1小时"。
⑤ 在马克思英文稿中，在"工资"后面添上"10%"。

在英国，政治形势的动荡、旧政党的瓦解和即将到来的竞选的准备工作占用了我们许多优秀力量，因而延缓了我们的宣传工作。尽管如此，我们还是同各地工联建立了经常不断的通信联系。这些工联中有一部分已经宣布加入国际工人协会。在伦敦新加入国际工人协会的工联组织中，会员人数占第一位的是皮匠和西蒂区鞋匠工联。

你们的总委员会同**美国全国劳工同盟**保持着经常的联系。美国同盟在1867年8月举行的最近一次代表大会上决定今年派一名代表出席今年的布鲁塞尔代表大会，但由于时间关系，没有来得及采取必要措施来实现这一决定。

北美工人阶级的潜在威力从下述情况中可以看出：法律已规定在联邦政府的公营工场中实行八小时工作日，在联邦的八九个州内已颁布关于八小时工作日的通用法律。但是目前美国工人阶级，例如在纽约，正在同顽抗的资本作殊死的斗争，因为资本正利用他所有的一切强有力的手段来极力阻挠八小时工作日法令的实行。这一事实表明，即使在最有利的政治形式下，工人阶级要取得任何重大的胜利，都有赖于培养和集中工人阶级力量的组织的成熟程度。

一国范围内的工人阶级的组织甚至也容易由于其他国家工人阶级缺乏组织而遭到失败，因为所有的国家都在世界市场上进行竞争，从而彼此互相影响。只有工人阶级的国际联盟才能保证工人阶级获得最终胜利。正是由于这种需要，才产生了国际工人协会。国际工人协会并不是某一个宗派或某种理论的温室中的产物。它是无产阶级运动自然发展的结果，而无产阶级运动又是由现代社会自然的和不可抗拒的趋势所产生的。国际工人协会深知自己所负使命的伟大意义，它既不容许别人恫吓自己，也不容许别人把自己引入歧途。今后，它的命运将同孕育着人类新生的那个阶级的历史发展不可分割地联系在一起。

受总委员会的委托：
主　席　**罗伯特·肖**
总书记　**约·格奥尔格·埃卡留斯**

1868年9月1日于伦敦

卡·马克思写于1868年9月1日
载于1868年9月8日《比利时人民报》附刊

原文是德文
参看《马克思恩格斯全集》中文第2版第21卷第461—467页。

关于国际工人协会和英国工人组织的关系[389]

英国的报刊、尤其是伦敦的报刊以异常严肃认真的态度谈论**国际工人协会**和它的**布鲁塞尔代表大会**（单是《泰晤士报》就为此刊登了四篇社论），这种态度在德国资产阶级报刊中引起了真正的疯狂叫嚣。德国报刊教训英国报刊，说后者的错误在于相信国际工人协会在英国的重要作用！它们发现英国工联同国际工人协会**完全无关**！尽管英国工联曾经通过这个国际工人协会以大量金钱对进行反对资本斗争的巴黎工人、日内瓦工人和比利时工人进行了大量经济援助。

有人从伦敦给我们写信说："所有这一切，据称都是出于某个麦·希尔施①的论断，他是舒尔采-德里奇专门派到英国去的，目的是要掀起这场叫嚣。要知道这是**麦·希尔施**说的，而**麦·希尔施**是个值得尊敬的人！可尊敬的希尔施在伦敦的工联主义者（各工联的成员）看来却是形迹可疑的人，因为他**没有**国际工人协会开的**任何**介绍信！人们干脆把他愚弄了一番。因此希尔施做了傻事是不足为奇的！如果人们认真地对待他的话，那是用不着抱有什么特殊愿望就可以坦诚告诉他全伦敦都知道的事，这就是设在伦敦的工联全国理事会由 6 人或 7 人组成，其中 3 人同时又是国际工人协会总委员会的委员；这 3 人是**奥哲尔**（全国理事会书记兼鞋匠代表）、**罗·阿普尔加恩**（联合起来的粗细木工的代表）、**豪威耳**（泥水匠代表兼改革同盟书记）。其次，他会知道，在国际工人协会总委员会里还有 5 **位委员**代表其余的加入协会的工联（不算外地的工联，单在伦敦一个地方就大约有 50 个），这 5 位委员是**罗·肖、巴克利、科恩、黑尔斯和莫里斯**，此外，每个工联有权而且是照例在特殊情况下派代表参加总委员会。再次，在国际工人协会总委员会里代表英国人的还有：

各合作团体，以**威廉·韦斯顿**②和**威廉斯**为代表，它们派了 3 个代表参加布鲁塞尔代表大会；

改革同盟，以**德尔、考威尔·斯特普尼和鲁克拉夫特**为代表，3 人都是改革同盟执行委员会委员；

全国改革联合会，以自己的主席**阿·阿·华尔顿**和**米尔纳**代表，它是已故的鼓动家布朗特尔·奥勃莱思创建的；

---

① 马克思在这里加了一个脚注："指**麦克斯·希尔施**博士，敦克尔的《人民报》的'著名'国民经济学家。在他未到他不熟悉的英国地区去考察以前，伦敦对这位现代的社会救主的存在似乎毫无所闻。"——编者注

② 看来是指约翰·韦斯顿。

最后，**无神论**的民间鼓动，由著名的演说家**哈丽雅特·罗女士**和**柯普兰**先生代表。

由此可见，没有一个稍具规模的不列颠无产阶级的组织不是直接由它们自己的领袖作为代表参加国际工人协会总委员会的。**乔治·波特尔**主持的英国工联的正式机关报《蜂房报》，终究也是国际工人协会总委员会的正式机关报，它每周都报道总委员会会议的情况。

可尊敬的希尔施的发现以及随之而来的德国资产阶级报刊的欢呼，又给《威悉尔报》和以△为代号的《奥格斯堡女人》①的伦敦记者提供了所希求的食料。这个人——因为两家报纸都是一个人在搞鬼——出于他自己最清楚不过的原因，住在距伦敦有好几个钟头路程的偏僻角落。在那里，他从《泰晤士报》、《晨星报》和《星期六评论》中摘出一些叫人害臊的东西，再根据自己读者的口味加点美学鱼汁。有时，比如说这一次吧，这个人又拾起德国报纸上的谣言，以假造一个日期登在《威悉报》和《奥格斯堡女人》上。这里所说的《威悉报》和《奥格斯堡女人》的记者不是别人，正是臭名远扬的摇笔杆的流氓无产者**埃拉尔德·比斯康普**。这个倒霉的人早就被一切像样的团体拒之门外，试图借酒来抚慰普鲁士吞并他的祖国黑森选帝侯国和他的朋友**埃德加·鲍威尔**带给他的心灵上的创伤。"

卡·马克思写于1868年10月4日
载于1868年10月17日《民主周报》第42期

原文是德文
参看《马克思恩格斯全集》中文第2版第21卷第476—478页

---

① 指奥格斯堡的《总汇报》。

国际工人协会第一次和第三次代表大会决议[390]

I
1866年9月于日内瓦召开的第一次代表大会决议

由于在第一次代表大会上通过的一些决议可视为国际工人协会的原则纲领的一部分,而那次代表大会的报告则流传不广,总委员会认为:在发行上次代表大会通过的决议的同时,把第一次代表大会的报告重新印行,这样做是可取的。

在第一次代表大会——日内瓦代表大会上考虑过的各个问题中,下列一些问题是最为重要的:

1. 在协会帮助下实现劳资斗争中的国际联合行动

(a) 一般说来,这一问题包括国际协会的全部活动,因为协会的目的就在于把至今仍然分散的各国工人阶级争取自身解放的斗争联合起来,把它纳入共同的轨道。

(b) 我们协会至今成功地执行着的一个特殊职能,就是反对资本家在工人罢工和同盟歇业时随时准备利用外国工人作为工具来对付本国工人的阴谋。协会的伟大目的之一就是要尽力使各国工人在争取解放的大军中不仅有兄弟和同志那样的感情,而且有像兄弟和同志那样的行动。

(c)由工人阶级自己所进行的对各文明国家的工人阶级状况的统计调查将是一项伟大的"国际联合行动"。为了行动起来有把握,应该熟悉所要涉及的资料。工人一旦开始这项巨大的劳动,就会证明:他们能够把自己的命运掌握在自己手中。

因此,代表大会建议:在设有本协会分部的每个地区,应立即开始工作,按下述调查大纲所示各点收集实际资料。代表大会号召欧洲和美国的全体工人参加收集关于工人阶级情况的统计材料的工作;报告和实际资料应寄给中央委员会。中央委员会将根据这些材料编写总报告,把实际资料作为报告的附录。这项报告将同附录一起提交下一年度的代表大会,经大会批准后,由协会出资刊印。

调查大纲(当然每个地区均可有所改动):1. 生产部门的名称。2. 该生产部门从业工人的年龄和性别。3. 该生产部门从业工人的人数。4. 工资:(a)学徒工资。(b)计日工资或计件工资;中间人所付的工资额。平均周工资、平均年工资。5.(a)工厂中工作日的长短。(b)如有小企业和家庭生产,则调查其中的工作日长短。(c)夜工和日工。6. 吃饭的时间和对工人的态度。7. 对工场和劳动条件的评定:房屋拥挤,通风不良,光线不足,采用瓦斯照明,清洁条件,等等。8. 工种。9. 劳动对身体的影响。10. 道德状况。教育。11. 生产情况:是季节性的生产还是全年内开工比较均衡,是否经常发生很大的波动,是否遭到国外的竞争——它主要是为国内市场服务还是为国外市场服务,等等。

2. 工作日的限制

以法律限制工作日是一个先决条件,没有这个条件,一切进一步谋求改善工人状况和工人解放的尝试,都将遭到失败。它不仅对于恢复构成每个民族骨干的工人阶级的健康和体力是必需的,而且对于保证工人有机会来发展智力，进行社交活动以及社会活动和政治活动，也是必需的。

代表大会建议八小时工作作为法定工作日。这种限制是美国工人的共同要求；代表大会的决定将使它成为全世界工人阶级的共同行动纲领。夜工只能在法律上明文规定的生产行业或生产部门中当做一种例外许可。必须力争完全废除夜工。这一节只涉及成年男女的情况；可是必须绝对禁止妇女从事任何夜工，也禁止她们从事对女性体质有害的，以及可能使她们受到有毒物质及其他有害物质影响的各种劳动。所谓成年是指年满18岁的人。

3. 男女少年和儿童的劳动

代表大会认为，现代工业吸引男女儿童和少年来参加伟大的社会生产事业，是一种进步的、健康的和合乎规律的趋势，虽然在资本主义制度下它是令人憎恶的。在合理的社会制度下，每个儿童从9岁起都应当成为生产工作者，正如每个有劳动能力的成人都不能不服从这一普遍的自然规律，即为了吃饭，他必须劳动，不仅用脑劳动，而且用双手劳动。不过现在我们只来谈论工人阶级的儿童和少年。应该把男女儿童和少年分为三类，分别对待；第一类包括9岁—12岁的儿童，第二类包括13岁—15岁，第三类包括16岁—17岁。我们建议法律把他们在任何工场或家庭里的每日劳动时间限制如下：第一类2小时，第二类4小时，第三类6小时。第三类至少应有1小时吃饭或休息的间歇时间。也许，小学教育最好不到9岁就开始；不过我们这里所谈的只是一种最必要的抗毒素，它被用来抵制下述社会制度的各种趋势，这种制度把工人降低为积累资本的简单工具，把那些因贫困所迫的父母变成出卖亲生儿女的奴隶主。儿童和少年的权利应当得到保护。他们自己没有能力保护自己。因此,社会有责任保护他们。如果资产阶级和贵族忽视他们对自己后代应尽的责任,那是他们自己的过错。享有这些阶级特权的孩子们却不免要由于他们的偏见而遭殃。对工人阶级来说,情况就完全不同了。工人的行动不自由。他们在很多场合甚至十分无知,不能理解自己孩子的真正利益或人类发展的正常条件。但不管怎样,最先进的工人完全了解,他们阶级的未来,从而也是人类的未来,完全取决于正在成长的工人一代的教育。他们知道,首先应当使工作的儿童和少年不受现代制度破坏作用的危害。这只有通过变社会意识为社会力量的途径才能办到,而在目前条件下,只有通过国家政权施行的普遍法律才能办到。工人阶级要求施行这种法律,决不是巩固政府的权力。相反,工人阶级正在把目前被用来反对他们的政权变为自己的武器。工人阶级通过普遍的立法能够得到靠许多分散的个人努力所无法得到的东西。从这一点出发,我们说,如果不把儿童和少年的劳动和教育结合起来,那无论如何也不能允许父母和企业主使用这种劳动。我们把教育理解为以下三件事:第一,智育。第二,体育,如现今学校中所教授的体育,以及军事训练。第三,技术教育,这种教育要使儿童和少年了解生产各个过程的基本原理,同时使他们获得运用各种生产的最简单的工具技能。对儿童和少年工人应当按不同的年龄循序渐进地授以智育、体育和技术教育课程。技术学校的部分开支应当靠出售这些学校的产品来补偿。把有报酬的生产劳动、智育、体育和综合技术教育结合起来,就会把工人阶级提高到比贵族和资产阶级高得多的水平。不言而喻,法律应当严格禁止9岁—17岁(包括17岁在内)的人在夜间和在一切有害健康的生产部门劳动。

4. 合作劳动

　　国际工人协会的目的在于把工人阶级的自发运动联合起来，把它纳入共同的轨道，但是决不指使或强迫它接受任何空论主义的制度。因此代表大会不应该宣布任何特殊的合作制度，而只应该阐明若干总的原则。

　　（a）我们认为，合作运动是改造以阶级对抗为基础的现代社会的各种力量之一。这个运动的重大功绩在于：它用事实证明了那种专制的、产生赤贫现象的、使劳动附属于资本的现代制度将被共和的、带来繁荣的、自由平等的生产者联合的制度所代替的可能性。

　　（b）但是，合作制度限于单个的雇佣劳动奴隶通过自己的努力所能创造的这种狭小形式，决不能改造资本主义社会。为了把社会生产变为一种广泛的、和谐的自由合作劳动的制度，必须进行全面的社会变革，即社会制度基础的变革，而这种变革只有把社会的有组织的力量即国家政权从资本家和大地主手中转移到生产者本人的手中才能实现。

　　（c）我们建议工人们与其从事合作贸易，不如从事合作生产。前者只触及现代经济制度的表面，而后者却动摇它的基础。

　　（d）建议一切合作社把自己总收入的一部分作为从行动和言论两方面来宣传自己的原则的基金，也就是说，除了讲说道理，还要促使建立新的生产合作社。

　　（e）为了避免使合作社蜕化为通常的资产阶级的股份公司（sociétés par actions），每个从业的工人，不管他们是不是股东，都应当从收入中得到同样的份额。我们同意让股东得到少量的利息这种纯粹临时性的措施。

5. 工联。它们的过去、现在和未来

(a) 它们的过去

资本是一种集中的社会力量，而工人只拥有自己的劳动力。因此，劳资之间永远不可能在公平的条件下缔结协定，即使在物质生活资料和劳动资料的所有权同活的生产力相对抗的社会看来是公平的条件下，也不可能。工人的社会力量仅在于他们的数量。然而，数量上的优势被他们的分散状态所破坏。工人的分散状态之产生并继续存在，是由于他们之间的不可避免的竞争。

工会的产生，最初是由于工人们自发地企图消除或至少削弱这种竞争，以便在协定中争取到哪怕是能使他们摆脱纯粹奴隶状态的一些条件。因此，工会的直接任务仅仅是适应日常的需要，力图阻止资本的不断进攻。一句话，仅仅是解决工资和劳动时间的问题。工会的这种活动不仅是合法的，而且是必要的。只要还存在着现代生产方式，就不能没有这种活动。不仅如此，这种活动还应当通过各国工会的建立和联合而普遍地开展起来。另一方面，工会已经不知不觉地变成了工人阶级的组织中心，正如同中世纪的市政局和公社是资产阶级的组织中心一样。如果说工会对于进行劳资之间的游击式的斗争是必需的，那么它们作为消灭雇佣劳动制度本身的有组织的力量就更为重要了。

(b) 它们的现在

工会太局限于与资本进行地方的直接的斗争，它们还没有充分意识到它们是反对雇佣奴隶制度本身的一种多么大的力量。因此，它们几乎完全不过问一般的社会运动和政治运动。最近，看来它们多少意识到了它们的伟大历史使命。下面的例子可以证明这一点：它们参加了英国目前的政治运动[391]；更多地理解了它们在美国的作用[392]；以及不久以前在

设菲尔德举行的盛大的工联代表会议上通过了如下的决议:

> "这次代表会议充分地估计了国际协会在把各国工人联合为统一的兄弟般的联盟方面的活动,并郑重地建议出席这次会议的各个团体参加这个协会,认为必须由它来促进全体劳动者的进步与繁荣。"[393]

(c) 它们的未来

不管工会的最初目的如何,现在它们必须学会作为工人阶级的组织中心而自觉地进行活动,把工人阶级的彻底解放作为自己的伟大任务。工会应当支持这方面的任何社会运动和政治运动。它们承认自己是并且以实际行动表现出自己是整个工人阶级的战士和代表,因而不能不把没有组织起来的工人吸引到自己的队伍中来。它们应该特别关怀那些报酬最少的行业的工人的利益,例如农业工人,他们由于特殊的条件而处于无能为力的境地。工会应该向全世界证明,它们绝不是为了狭隘的利己主义的利益,而是为了千百万被压迫者的解放进行斗争。

II
1868年9月在布鲁塞尔召开的第三次代表大会的决议
工会与罢工

决定——1. 罢工并不是彻底解放工人阶级的方法,但乃是劳动与资本的实际斗争中所经常需要的。

2. 必须使罢工遵守一定的组织规则、时机与合法性。

3. 在尚无工会和互济团体的行业中必须把这些组织创立起来。各个行业的和各个国家的工会必须联合起来。在每一个工会地方联合会中,应建立用于支持罢工的基金。总而言之,国际工人协会所从事的工作必须继续下去,从而使全体工人加入协会。

4. 有必要在每个地区成立一个由各工会的代表组成的委员会，这个委员会应作为仲裁人，最后决定罢工是否适宜与合法。另外，各个支部在成立这些委员会时，其方式当然要遵从它们各个地方的特殊的方式、习惯和法律。

资产阶级掌握机器的后果

鉴于一方面机器成了资本家阶级用来实行专制和进行勒索的最有力的工具，另一方面机器生产的发展为用真正的社会生产制度代替雇佣劳动制度创造着必要的物质条件；

鉴于机器只有到它被一种更公正的社会组织置于工人自己的掌握之中时，才能真正为工人服务，代表大会宣告：

1. 只有利用合作社和组织互助信用借贷，生产者才能占有机器。
2. 即使在当前情况下，在工会中组织起来的工人也可能在一旦突然遭到机器的排挤时，争取到某些保障和补偿。

工人阶级的信用借贷机构

鉴于：1. 资本所产生的一切利息和利润，不管它采取何种形式，总归是为了已被昨天的工人养肥了的人的利益，而强加于今天的工人头上的勒索。可是，即使被养肥了的人有权利积累财富，他也没有权利在损害别人的情况下这么干；

2. 因此，资本的利息乃是不义与不公的永久泉源，而继续起这种作用的合作社，也不过是把利己主义的原则——它是现实社会的啮齿虫——从个人转为集体；

3. 实行大规模团结这条原则，乃是工人阶级可以用来向食利者斗争的唯一实际可行的办法；

代表大会相信：成立以成本价格为基础的交换银行，可以用来提供民主和平等的信用贷款，简化生产者与消费者之间的关系，使劳动摆脱资本的统治，并使资本恢复其自然而正当的作用，即为劳动服务的作用。

然而，鉴于还不可能马上宣告交换银行的即时实行，代表大会在主张理论上肯定互助信用借贷的同时，建议把布鲁塞尔支部提出的章程方案送交所有的分部，以供它们认真讨论，并由下次代表大会作出决定。

英国、德国及一些瑞士代表放弃投票权。

教育问题

由于认识到现时建立合理的教育制度是不可能的，代表大会要求各支部开办科学和经济科目上的公众讲习课程，以此来尽可能多地弥补工人当前所受教育的缺陷。不言而喻，劳动工时的缩短，乃是任何真正的教育制度的不可缺少的前提条件。

土地、矿山、铁路等的所有制

1. 关于矿山、煤矿、铁路等——鉴于这些巨大的生产力是固定在或占据着土地的一大部分，而土地则是大自然赋予的公物；

鉴于它们只能用机器和集体劳动力来从事生产；

鉴于机器和集体劳动力今天只是为资本家的利益服务，而在将来则应当为全体人民谋福利；

代表大会决定：

（a）采石场、煤矿和其他矿山以及铁路，在正常的社会状态中应当属于以国家为代表的集体,这个国家本身则服从于公正的法律。

(b) 采石场、煤矿和其他矿山以及铁路,应由国家出租,不是像今天这样出租给资本家的公司,而是出租给工人的公司,它们依照契约,要向社会保证铁路等进行合理的、科学的工作,并取得尽可能接近工作开支的代价。同一契约应给国家保留核实公司账目的权利,从而防止任何重现垄断的可能性。还要再订契约,来保证公司的每一成员与其同事之间的相互权利。

2. **关于农业所有制**——鉴于生产的各种需要和对已知农艺学法则的应用要求广博的文化,并需要采用机器和组织农业劳动力;而且一般现代经济的发展又促进农业的大规模生产;

鉴于农业劳动和可耕地的所有权,因此应与矿山处于同等的地位;

鉴于土地的产物是一切产物的主要原料,是一切生产资料的主要来源,也是一切不费劳力的有用物资的主要来源;

代表大会认为:现代社会的经济发展,将产生把可耕地转变为社会公共财产的社会必要性,将产生在类似对矿山和铁路所说过的那些条件之下,由国家把土地出租给农业公司的社会必要性。

3. **关于运河、公路和电报事业**——鉴于公路和其他交通手段需要共同的社会管理,代表大会认为它们应当成为社会的公共财产。

4. **关于森林**——鉴于把森林移交私人会破坏保持水源所需的树木,而且,势必也会造成对良好土质的破坏,同时,还会造成对居民的健康和生命的破坏,代表大会认为:森林应成为社会的财产。

减少工时

1866年日内瓦代表大会一致通过了一项决议,决议指明以法律限制工作日是工人阶级今后一切社会改革的先决条件。因此，总委员会认为，现在已经是使该项决议产生实效的时候，成立了国际工人协会的各个国家的所有分部务必切合实际地热烈讨论这个问题。

战争和常备军

鉴于我们的社会制度与政治权力的集中乃是战争的根本因素，它们只有通过彻底的社会改革才能清除；鉴于人民就在现在也能反对那些宣扬和制造战争的人，从而减少战争的次数；鉴于这首先关系到各劳动阶级，因为几乎只有他们才不得不抛洒鲜血；鉴于要做到这一点，现在有一个能够立即采取的实际而合法的手段；鉴于若没有劳动，政治实体就一刻也不能继续活动，因而工人罢工就足以使战争不可能进行；国际工人代表大会建议所有的支部，建议各个工人团体的成员和全体劳动阶级：当他们的国家一旦宣布战争时，便停止工作。代表大会期待着能够激发所有国家的工人的团结精神，并怀有一个希望，即临到那种紧急时刻，为了支持人民反对他们的政府，并非束手无策。[394]

对和平同盟的邀请的答复[395]

1. 委派前往参加伯尔尼和平代表大会的国际工人代表大会的代表带去日内瓦、洛桑和布鲁塞尔各次代表大会通过的决议，并把它们提交给和平代表大会；但是由此而产生的任何讨论、决议或行动，都将由他们个人负责。

2. 国际工人代表大会的代表宣告：由于国际工人协会的工作卓有成效，和平和自由同盟就失去了存在的理由；代表们邀请该同盟的成员加入他们各自国家中的国际工人协会的各个支部。

德国代表通过的决议

"我们,布鲁塞尔国际工人代表大会的德国代表,向一切国家的工人推荐去年出版的卡尔·马克思的著作:《资本论》;并敦促他们努力使这一重要著作翻译成它尚无译文的那些语言。马克思作为第一个科学地分析了资本并把资本分解为它的各个成分的政治经济学家,具有无可估量的功绩。"

对工人阶级状况的统计调查
伦敦总委员会向欧洲和美国工人的呼吁书

由于总委员会控制不了的多种原因,完成统计调查的工作一直受到了阻碍,但这一工作并非已被放弃。相反,它的必要性和重要性日益明显。总委员会期待着工人阶级领导者们的兄弟合作,以期早日使这一计划获得成果。

刊印于小册子《国际工人协会(1866年日内瓦代表大会和1868年布鲁塞尔代表大会的决议)》1869年伦敦版

按这一小册子刊印

国际工人协会和国际社会主义民主同盟[396]

就在大约一个月以前,一批公民在日内瓦成立了一个名为**国际社会主义民主同盟**的新的国际性团体的**中央发起委员会**,宣布他们的"特殊使命是根据平等的伟大原则研究政治问题和哲学问题",云云。

国际工人协会总委员会只是在它12月15日的会议上才见到由该发起委员会印发的纲领和章程①。根据此文件,上述的"**国际同盟完全融合于国际工人协会之中**",而与此同时它却完全是在本协会之外**成立的**。

根据发起委员会的章程,除了经过日内瓦代表大会、洛桑代表大会和布鲁塞尔代表大会选举的**国际工人协会总委员会**之外,在日内瓦还将存在另外一个自我任命的**中央委员会**。除了**国际协会**的地方组织之外,还将有**国际同盟**的地方组织存在,国际同盟的这些地方组织"将通过本国的全国委员会"——国际同盟在各国的全国委员会是在**国际协会**在各国的全国委员会之外运作的——"请求**同盟的中央委员会**接纳它们加入**国际工人协会**。"这样一来,同盟中央委员会就自己给自己授予了接纳申请者加入国际协会的权力。最后,**国际协会的全协会代表大会**也将有一个**国际同盟的全同盟代表大会**与之并行,因为如发起委员会的章程所载,

"在每年一次的工人代表大会期间,作为国际工人协会一个支部的社会主义民主同盟的代表团,将在另外的地点举行自己的公开会议。"

---

① 《国际社会主义民主同盟纲领和章程》[1868年] 日内瓦版。马克思在本文中的引文均引自这个文件。——编者注

鉴于：

既在**国际工人协会**之内，又在该协会之外进行活动的第二个国际性组织的存在，必将使协会陷于瓦解；

任何地方的任何别的一伙人，都可以仿效日内瓦发起委员会的做法，以或多或少冠冕堂皇的借口，把负有别的"**特殊使命**"的其他国际性协会引到**国际工人协会**里来；

这样，**国际工人协会**很快就会变成任何**任何种族和民族**的阴谋家①手中的玩物；

此外，根据国际工人协会章程，许可加入国际的只能是地方性的和全国性的支部（见**章程第一条和第六条**）；

国际协会的**各个支部**不得自行规定同国际协会的共同章程和组织条例**相抵触**的章程和组织条例（见**组织条例**[397]**第十二条**）；

国际协会的章程和组织条例，只能由**全协会的代表大会**在出席代表的三分之二投票赞成的情况下进行修改（见**组织条例第十三条**）；②

国际工人协会总委员会在1868年12月22日的会议上一致同意：

---

① 在马克思和恩格斯1872年写的《所谓国际内部的分裂》中是"任何民族或党派的任何捣乱者"。——编者注

② 1868年12月22日的总委员会讨论此文件时，经杜邦提议，后面又坐了一些补充，会议记录本上未作完整记录。文件的最后定本是包含这些补充在内的（见马克思和恩格斯1872年写的《所谓国际内部的分裂》一文的第二部分），显然经马克思在文字上审订过的补充内容如下：

"关于这个问题的决定已经包含在布鲁塞尔全协会代表大会一致通过的反对**和平同盟**的决议之中；

在这项决议中宣布，**和平同盟**没有理由存在，因为根据它不久以前发表的声明，其宗旨和原则与国际工人协会的宗旨和原则完全相同；

同盟发起委员会的一些成员作为布鲁塞尔代表大会的代表曾投票赞成这项决议。"

（1）**国际社会主义民主同盟章程**中规定它同**国际工人协会**关系的所有条文一律宣布无效；

（2）不接纳**国际社会主义民主同盟**作为一个支部加入**国际工人协会**；

（3）本决议在有**国际工人协会**组织存在的所有国家里公布。①

受国际工人协会总委员会委托
1868年12月22日于伦敦

卡·马克思写于1868年12月22日 并在总委员会会议通过 载于1872年在日内瓦出版的小册子 《所谓国际内部的分裂》	原文是法文 参看《马克思恩格斯全集》中文第2版第21卷第492—494页

关于萨克森煤矿矿工协会的报告[398]

随便拿一份这里的**工资条例**，例如下维施尼茨公司的工资条例，它都可以向我们表明厄尔士山脉煤矿工人的一般状况。成年矿工的每周工资，从2塔勒到3塔勒12银格罗申6分尼；少年矿工则从1塔勒10银格罗申到1塔勒20银格罗申。矿工平均每周工资约为2塔勒20银格罗

---

① 第3点没有写入决议的最后文本。

申。遇有必要，工人必须从事计件劳动。而在制定**工资条例**时已注意到使计件工资不能显著地超过通常的日工资。每一个工人要放弃契约所规定的工作，必须在前一个月，并且要在每月 1 日预先报告。因此，他如果拒绝按照规定的条件从事计件劳动，他仍要**被迫**继续工作至少 4 星期至 8 星期。在这种情形下，空谈什么根据双方协议调整计件工资，空谈什么工人与资本家之间的自由契约，那实在令人可笑！

工资分两次支付：每月 22 日预支一部分；下月 8 日支付上月工资的余额。这样，资本家就把**应该付给**自己工人的工资平均拖欠了整整三个星期——这是雇主得到的一笔强迫借款。由于借钱可以不付利息，这对雇主就更加惬意。

工人换班通常是每 12 小时一次。上面所说的周工资是按六个十二小时工作日计算的。在十二小时的工作日中，包括两小时（两个半小时和一个整小时）的吃饭时间，或者叫做**休息时间**。遇有紧急工作，每 8 小时换班一次（就是说，每个工人在 48 小时内上班 3 次），中间有**半小时的吃饭时间**。有时甚至每 6 小时换班一次。在后一场合，"没有规定任何休息时间"。

上面所说的，已经显示出这些矿工状况的一幅阴暗图景。但是要清楚地了解他们所处的真正农奴般的地位，还需要仔细考察一下**矿工协会的章程**。我们拿下列几家煤矿所实行的章程作例子：Ⅰ．著名的实力雄厚的**申堡公爵**的煤矿；Ⅱ．**下维施尼茨公司**的煤矿；Ⅲ．**下维施尼茨—基尔希堡公司**的煤矿；Ⅳ．**鲁高联合**公司的煤矿。

矿工协会的收入包括下列两项：（1）工人缴纳的入会费和会费、罚金和无人领取的工资等等；（2）资本家缴纳的款项。工人缴纳的为其工资的 3% 或 4%，雇主缴纳的，各矿不同：在Ⅰ矿，每月为每一个缴纳会费的矿工缴7银格罗申6分尼;在Ⅱ矿,每卖煤1塞费尔①,缴1分尼;在Ⅲ矿,在矿工协会储金会成立时缴500塔勒作为第一次缴款,以后缴款与工人一样;在Ⅳ矿,与Ⅱ矿相同,不过每一家参加联合公司的公司需缴100塔勒的创办费。

难道这里资本和劳动之间极其友爱和谐的景象不使我们大吃一惊吗?谁还敢胡说什么劳资利益对立呢?然而,正如德国伟大思想家汉泽曼所说的:

"在金钱问题上是没有温情可言的!"³⁹⁹

因而,这里就产生一个问题:工人究竟是用怎样的代价来换得这些"高贵矿主"的宽宏大量呢?让我们来看一看吧!

资本家先生们只有在一种场合(Ⅲ矿)缴款与工人相同,而在其余各种场合都比工人少得多。可是他们却由此要求**对协会的储金**享有下列**所有权**:

在Ⅰ矿,协会储金的**所有权不属于矿工协会会员**,因此,他们除了按照章程规定可以在一定场合下领取补助外,不得对储金会有更多要求,尤其**不能要求解散储金会和分配其现款**,即使在某一企业停工时亦不许可。

"如果申堡公爵在厄尔斯尼茨的煤矿全部停工",在清偿了现有的债务以后,"**余款的支配权归公爵——矿主。**"

在Ⅱ矿,"如果下维施尼茨煤矿公司停办,矿工协会的储金会应同时宣告结束……所余现金的**支配权归经理部。**"

矿工协会会员对协会的储金没有任何所有权。

---

① 1塞费尔=1/8吨。——编者注

在Ⅲ矿，与Ⅱ矿相同。

在Ⅳ矿，"协会的储金被认为是现有的和将来继续加入的全体会员的一种**不可让渡的财产**……只有在参加联合公司的所有煤矿完全停办，因而矿工协会亦将随之解散的意外情况下"——在这种意外情况下，也许可以期望工人们将能分到一些剩余的现金了吧。完全不是那么回事！在这种情况下，"最后停办的联合公司的经理们将向**王国地方行政官署**提出自己的建议。只有后者可以决定这些款项的命运。"

换句话说，工人向协会储金会缴纳了大部分储金，而资本家则**把这种储金的所有权攫为己有**。看来，似乎是资本家赠送礼品给他们的工人。实际上是工人被迫将礼品奉送给他们的资本家。跟所有权一起，对储金的管理权自然也落到资本家手中了。

储金会理事会的**主席**是煤矿经理。他是储金会的主管人，他有权处理一切疑难问题，规定罚金数目等等。在他下面，有一个**矿工协会秘书**，这个秘书同时兼任出纳员。这个人或者是由资本家任命，或者是由工人选举产生，如是选举产生便需由资本家批准。再下面是**理事会**的**普通理事**。这些理事通常是由工人选举产生的，但在Ⅲ矿，资本家可指定三个这样的理事。"理事会"究竟是做什么的，这可以从章程的条文看出来："**它每年至少要开会一次**"。实际上是主席支配一切，理事们只不过是给他当助手。

这位主席先生，也就是煤矿经理，在所有其他方面也是一位强有力的主人。他可以缩短工人的试用期限，发给特别补助金，甚至可以开除他认为不顺眼的工人（在Ⅲ矿），而且他随时可以向资本家先生申诉，后者对**矿工协会一切事务**所做的决定都是最后的决定。所以，申堡公爵和股份公司的经理们，可以修改矿工协会的章程，增加工人的会费，减少病人津贴和抚恤金的数额，设立各种新的障碍和手续来阻挠向储金会申请补助——简单地说，他们**可以随心所欲地处置工人的金钱**，只是有一个保留条件，那就是要得到政府当局的批准，而这个政府当局，到目前为止，从来没有表示过哪怕是去了解工人的处境和需要的**意愿**。在Ⅲ矿，经理们甚至有权将任何一个被**他们向法院告发、而法院宣判无罪**的工人驱逐出矿工协会！

矿工们到底为了些什么福利，竟然让他们自己的事情这样盲目地听凭他人蛮横地支配呢？我们看一看吧！

（1）工人在患病时可以得到医疗，每周还可领到补助金：在Ⅰ矿为其工资的1/3；在Ⅲ矿为其工资的1/2；在Ⅱ矿和Ⅳ矿亦为工资的1/2，如果疾病是由工作中的不幸事故引起的，则相应为工资的2/3和3/4。（2）残废者可以得到抚恤金，数目多少依工龄而定，也就是说，按照他们向协会储金会缴纳会费的多少而有所不同，从最后所得工资的1/20到1/2。（3）在会员死亡时，死者的妻子可以得到丈夫应得的抚恤金的1/5到1/3作为补助金，他的幼儿幼女每周可以得到少许周济。（4）家属死亡时可以得到丧葬补助金。

制定了这些章程的圣明的公爵和开明的资本家们，以及那个批准章程的慈父般的政府，应当答复这样一个问题：如果矿工每周平均得到2 2/3 塔勒的全部工资，尚不免过半饥半饱的生活，那么，他们依靠相当于这一工资的1/20的抚恤金，譬如说，每周4银格罗申，又怎么能够活下去呢？

章程对于资本的利益照顾得无微不至，这在处理矿井的不幸事故上表现得十分明显。除开Ⅱ矿与Ⅳ矿，在其他各矿，即使疾病或死亡是由于"执行任务"时发生不幸事故引起的，也不发给任何特别的补助金。如果由于矿井中发生不幸事故而成为**残废，无论哪一个章程也都没有规定要增加抚恤金**。原因很简单。这一项会大大增加储金会的支出，并且会很快让那些最近视的人也能看得出资本家先生的**礼品**的实质。

萨克森资本家钦定的章程跟路易·波拿巴钦定的宪法不同之点在于，后者还有待于最后加冕，而前者已经十分完备，所有章程都有这样一项共同的条文：

"每一个离职的工人不论是自愿离职还是被迫离职，那他同时也就脱离了矿工协会，并且**失去了他对协会储金会以及他向储金会交纳的现金的一切权利**。"

因此，一个人，即使他在某一煤矿工作了三十年，并向协会储金会按期缴纳了会费，只要资本家**任意把他解雇**，那他就失去了用如此昂贵的代价所换得的领取抚恤金的一切权利！这一条文将雇佣工人变成了农奴，把他束缚在一个地方，使他备受虐待。如果他不喜欢受人家拳打脚踢，如果他反对把他的工资降低到饥饿的水平，如果他拒绝缴纳任意决定的罚款，如果他敢于要求公家检验尺码和磅秤，那他都会照例得到同样的回答：滚你的蛋吧，不过你向储金会缴纳的会费和在储金会所享有的权利可不会跟你走！

对于处于如此卑贱的地位的人，如果还期待他们表现出堂堂大丈夫的独立气概和自尊心，那似乎是一件怪事。可是，这些矿工却光荣地站在德意志工人阶级先进战士的行列里。因此，他们的雇主开始感到有些不安了，尽管目前的矿工协会这个组织是他们的巨大支柱。矿工协会章程当中一个最新的，也是最卑鄙的章程（1862年Ⅲ矿制定的章程），对于罢工和结社规定了如下骇人听闻的附带条件：

"每一个矿工协会的会员，**对于依据工资条例给他规定的工资，应当永远满意**，任何时候都不得参加集体行动，要求提高工资，更不用说煽动自己的同伴这样做。"

为什么下维施尼茨—基尔希堡煤矿股份公司的莱喀古士立法者们**B. 克吕格尔、F. W. 施瓦姆克鲁格和 F. W. 李希特尔**诸先生不索性规定，从现在起，每一个**煤炭购买者"应当永远满意于"**他们钦定的煤

炭价格呢？这的确是冯·罗霍夫先生的"有限的臣民智慧"所难以理解的了。[400]

由于在矿工中间进行鼓动的结果，不久以前公布了一个旨在把所有萨克森煤矿矿工协会联合起来的**临时章程草案**（1869年茨维考版）。它是在 J. G. **丁特尔**先生主持下的一个工人委员会拟定的。草案的主要内容如下：（1）把所有协会联合成一个总联合会；（2）会员只要在德国居住并缴纳会费，就保有自己的权利；（3）全体成年会员大会为最高权力机关，它选举执行委员会，等等；（4）雇主向协会储金会缴纳的款项应为工人缴纳的半数。

这个草案并不代表最觉悟的萨克森矿工的观点。它倒不如说是想在资本家的许可下进行改良的那一部分人的主张。草案还含有不切实际的地方。的确，以为一向对矿工协会拥有无限权力的资本家会把自己的权力让给民主的工人全体大会，而同时还要缴纳款项，这是多么天真的想法呵！

最糟糕的正是在于资本家**一般都缴纳款项**。只要这种情形继续下去，就无法从他们那里夺回对储金会和矿工协会的支配权。矿工协会要成为真正的工人团体，它就应当依靠纯粹是由工人缴纳的会费。只有这样，它才能够成为保护各个工人不受各个雇主的任意摆布的工会。资本家缴纳的款项只能提供微不足道的而且是大可怀疑的好处，工人却因而被资本家抛入农奴般的境地，这是不是合算呢？萨克森矿工要永远记住：资本家向协会储金会缴纳多少钱，**他们就会在工资上省下同样多的以至更多的钱**。这样一种联合会具有一种独特的作用，那就是，它们**能够使供求规律完全为了资本家的利益而停止发生作用**。换句话说：它们能够使资本对单个的工人具有**异乎寻常**的权力，从而就能把工资降低到通常的平均水平以下。

但是，工人是不是要把现有的储金——当然是在既得权利得到满足之后——奉送给资本家呢？这个问题只有**通过法律手续**才能解决。虽然这些章程得到了**王国官厅的批准**,但是章程中的一些条文却严重违反了民事契约法的一般通用的原则。然而,在任何情况下,把工人的金钱与资本家的金钱分开,却是矿工协会进行任何改革所必不可少的先决条件。

萨克森煤矿矿主向协会储金会缴纳款项,这说明他们无意之中承认:资本对于雇佣工人在工作时遭到造成残废或死亡的一切事故负有一定的责任。但是工人们不应当像现在所发生的情形那样,让这种责任成为扩大资本的专横权力的一种借口,而应当争取**把这种责任在法律上明文规定下来**。

弗·恩格斯写于1869年2月17日和21日之间;在总委员会1869年2月23日的会议上宣读,总委员会决定作为1869年3月20日《民主周报》第12号的附刊发表	原文是德文 参看《马克思恩格斯全集》中文第1版第16卷第385—392页

国际工人协会总委员会致国际社会主义民主同盟[401]

1869年3月9日于伦敦

公民们!

根据我们的章程第一条,国际工人协会接受

"追求共同目标即追求**工人阶级**的保护、发展和**彻底解放**的一切工人团体"。

由于每个国家工人阶级的各种队伍和不同国家的工人阶级所处的发展条件极不相同，它们目前所达到的发展阶段也不一样，因此它们反映实际运动的理论观点也必然各不相同。

但是，国际工人协会所确定的行动一致，由各个全国性支部的机关报刊所促进的思想交流，以及在全协会代表大会上进行的直接的讨论，应当逐步导致一个共同的理论纲领的形成。

因此，批判地审查同盟的纲领并不属于总委员会的职权范围。研究这个纲领是不是如实地反映了无产阶级运动并不是我们的任务。对于我们来说，重要的只是要了解，它同我们协会的**总的方向即工人阶级彻底解放**有没有什么相抵触的地方。

在你们的纲领中，有一句话是不符合这个要求的。你们纲领的第二条写道：

"它（同盟）首先力求实现各阶级在政治、经济和社会方面的平等。"[402]

各阶级的平等，照字面上理解，就是资产阶级社会主义者所拼命鼓吹的**"资本和劳动的协调"。不是"各阶级的平等"**——这是谬论，实际上是做不到的——相反地是消灭阶级，这才是无产阶级运动的真正秘密，也是国际工人协会的伟大目标。

但是，如果看一下**"各阶级的平等"**这句话的上下文，那么这个地方似乎纯粹是一个被忽略的笔误，总委员会相信，你们不会拒绝从你们的纲领中删去这个可能引起如此危险误解的词句的。

我们协会根据**自己**的原则允许每个支部在不违背协会的总方向的情况下自由制定它的理论纲领。因此，没有任何障碍会阻挡同盟各支部变成国际工人协会的支部。

如果解散同盟以及同盟各支部加入国际工人协会的问题最后决定了，那么，根据我们的条例，必须把每一个新支部的所在地及其人数通知总委员会。

受国际工人协会总委员会的委托

卡尔·马克思写；总委员会1869年3月9日会议通过

第一次载于小册子《所谓国际内部的分裂》1872年日内瓦版

原文按英文手稿刊印

参看《马克思恩格斯全集》中文第1版第16卷第393—394页

比利时的屠杀[403]

致欧洲和美国工人

在英国，难得有一个星期没有罢工，而且是规模很大的罢工。如果政府在这种场合唆使它的士兵去屠杀工人阶级，这个罢工之国就会变成屠杀之国；但是不会很长久。因为这个政府在经过几次这样的采用暴力之后，就不会再继续存在了。在美国，最近几年罢工的次数也越来越多，罢工的规模也越来越大，有时甚至伴随着骚乱。但是并没有流血。在欧洲大陆的几个武力强盛的国家里，罢工的纪元可以说是在美国内战结束时开始的。可是在这里也没有流血。在文明世界里只有一个国家，在那里每一次罢工都马上被人迫不及待地、兴致勃勃地变成公开屠杀工人阶级的借口。这一片乐土就是比利时——这个大陆上的典范的立宪国家，这个与世严密隔绝的地主、资本家和神甫的舒适小天堂。**比利时政**

府每年都要制造屠杀工人的惨案，其准确性并不比地球每年都要环绕太阳公转一次的准确性逊色。今年的屠杀不同于去年[404]的地方只在于：受害者的人数更加骇人听闻，在其他方面令人发笑的军队的残忍更加令人发指，教权派和资本家的报刊更加拍手叫好，官方屠夫们提出的借口更加荒谬无耻。

现在，连资本家的报刊无意中透露的证据也证明了：瑟兰考克利尔铁工厂的搅铁工人所举行的完全合法的罢工之所以转为骚动，只是因为大队的骑兵和宪兵突然被派到出事地点，激怒了人民。从4月9日到12日，这批勇气十足的军人不仅勇猛地用马刀和刺刀攻击手无寸铁的工人，而且不分青红皂白地打死打伤和平的行人，强行闯入私人住宅，甚至一再对旅客构筑了防栅的瑟兰车站大楼发起疯狂的突袭，以此来互相取乐。当这些恐怖的日子过去以后，传开一种流言，说瑟兰市长**康普**先生是考克利尔股份公司的代理人，说比利时内务大臣、一个叫做**皮尔梅**先生的，同时又是邻近一家矿场的大股东，而那个矿场也发生了罢工，还说弗兰德亲王殿下在考克利尔的企业里投资了150万法郎。[405]由此人们就做出了一个欠考虑的、十分奇怪的结论，仿佛瑟兰屠杀是股份公司的某种 coup d'état ［政变］，而考克利尔公司和比利时内务大臣秘密安排的这一政变仅仅是为了吓唬一下它的心怀不满的臣民。但是，这种谣传很快就被接着在博里纳日煤矿区发生的事件轻而易举地驳倒了，比利时的内务大臣，即上面提到的**皮尔梅**先生，看来并不是这里的一个大资本家。当这一矿区所有的矿工几乎都卷入了罢工的时候，那里集中了人数很多的军队，他们在弗腊默里以火枪射击开始了军事行动，结果9名矿工被打死，20名矿工受重伤；**在**这段短短的开场白**之后**就宣布了骚乱治罪法，——法文十分独特地叫做"les sommations préalables"[406]——然后又开始了屠杀。

有一些政治家用高尚的爱国主义的动机来解释这些不可思议的功

勋。他们说,正当同自己的邻邦法国就若干微妙的问题进行谈判[407]的时候,比利时政府应当显示它的军队的英雄气概。于是完全按照科学的规则配置了武装力量:起初是在瑟兰显示比利时骑兵的迅雷不及掩耳的神速行动,后来又在弗腊默里显示比利时步兵的不可摧毁的威力。为了使外国人害怕起见,还能找到比这种无需担心吃败仗的轻而易举的战斗更可靠的办法吗?还能找到比本国的战场更妥当的地方吗?在那里,成百个被打死、打伤和被捕的工人使那些绝无一人受到伤害的无敌军人得到了多少辉煌的荣誉呵!

另一些政治家正相反,他们怀疑,比利时的内阁大臣全被土伊勒里宫收买了,说他们周期地演出这种可怕的内战丑剧为的是使路易·波拿巴得到一个借口,好使他成为比利时的社会救主,正如他是法国的社会救主一样。但是,难道有谁在什么时候谴责过在牙买加岛屠杀黑人的前任总督埃尔,说他图谋使这个岛脱离英国而把它转到美国手里去吗?无可争辩,比利时的内阁大臣们是同埃尔一样的杰出的爱国者。正如埃尔是西印度种植场主的恬不知耻的工具一样,他们是比利时资本家的恬不知耻的工具。

比利时的资本家由于对他所谓的**劳动自由**(La liberté du travail)的偏爱而名扬全球。他是那样热爱赋予他的工人(不论其性别和年龄)的为他工作一辈子的自由,因而总是愤懑地把一切破坏这种自由的工厂法都当做破坏这种自由的东西给顶了回去。当他想到一个普通工人是如此缺乏道德,竟然要追求比使自己主人、天然的支配者发财致富的天职更崇高的天职时,他是不寒而栗的。他不仅要他的工人仍然是一个为了微不足道的工资而过度工作的可怜的奴隶,他也同所有的奴隶主一样,要进一步把他的工人变成阿谀奉承、奴颜婢膝、服服帖帖、老老实实、恭恭敬敬俯首听命的奴隶。他对罢工的疯狂仇恨就是从这里来的。在他看来,罢工是渎神的行为,是奴隶的暴动,是社会浩劫的预兆。如果像在比利时那样，把政权交给那些由于胆小如鼠而凶残狠毒的人们去掌握，完全听任他们独断独行而毫不加以监督，那你们就不要奇怪：在这样的国家里，马刀、刺刀和火枪都会用来作为降低工资、提高利润的合法的、正常的工具。说实在的，比利时的军队还能为什么别的目的服务呢？当按照正统欧洲的命令宣布比利时为**中立国**[408]的时候，不言而喻，应该禁止它拥有像军队那样造成沉重负担的奢侈品，也许为了补充宫廷警卫和为国王举行娱乐式的阅兵典礼，可以保留少数的士兵。但是，领土只有536平方里约①的比利时却拥有一支比联合王国或合众国的军队人数更多的军队。于是这支中立化的军队的战绩就注定要以它对工人阶级所发动的**强盗式的袭击**的次数来衡量了。

国际工人协会在比利时不是受欢迎的客人，这是容易理解的。它受神甫们咒骂，被可敬的报刊恣意诽谤，很快就同政府展开了斗争。政府想尽办法要赶走协会，把1867—1868年沙勒罗瓦煤矿工人罢工的责任加到协会的头上，而这次罢工按照比利时的一成不变的惯例，又是以公开的屠杀告终，接着就是对受害者进行法律上的迫害。这个阴谋不仅没有得逞，而且由于协会采取了一些积极步骤，使得沙勒罗瓦的矿工被宣告**无罪**，被宣告**有罪**的倒是政府本身。被这次失败惹得老羞成怒的比利时内阁大臣们，在下院讲坛上暴跳如雷地非难**国际工人协会**以解其心中之恨，他们神气十足地宣称，任何时候都不允许协会在布鲁塞尔召开**代表大会**。尽管他们这样恫吓，代表大会还是在布鲁塞尔举行了。可是现在，**国际**最后还是注定要败于这个有536平方里约的万能的比利时。它在最近发生的事件中的同谋罪行被认为证据确凿。比利时布鲁塞尔中央委员会的特使和某些地方委员会的委员被揭发参与多起严重犯罪事件。

---

① 1里约等于4公里半。——编者注

首先，他们极力使激动的罢工工人冷静下来，并警告他们不要中了政府的圈套。在若干地区，他们确实防止了流血。最后的（当然不是按重要性来说）一次流血，这些图谋不轨的特使竟到出事地点进行调查，通过目击者的供述核实了、仔细记录了，并且公开揭露了秩序的维护者们的血腥暴行。于是，靠监禁这个简单的办法，他们马上由原告被变成了被告。接着，布鲁塞尔委员会委员们的住宅遭到粗暴的袭击，他们的文件全部被没收，有些委员被逮捕，罪名是：他们属于"**目的在于侵犯私人的生命和财产**"的协会。换句话说，他们被控属于某个名叫**国际工人协会的萨格[409]帮会**。为教权派报刊的荒谬谰言和资本家报刊的疯狂号叫所怂恿，这个厚颜无耻的侏儒政府刚从血海中沐浴出来，就又不顾一切地钻进嘲笑的泥潭中了。

布鲁塞尔的比利时中央委员会已经声明打算对瑟兰屠杀和博里纳日屠杀进行彻底的调查，然后把调查结果公布出来。我们也打算把这些揭发传播到全世界，好让大家睁开眼睛看看比利时资本家的骄傲自大，他们惯用的格言是：La liberté, pour faire le tour du monde, n'a pas besoin de passer par ici（la Belgique）——如果自由想走遍全世界，它用不着经过比利时。

也许比利时政府以为，假如它现在卖力地扮演资本反对劳动的宪兵这一角色，它就能再次逃脱迫在眉睫的危险，正如它曾由于充当欧洲大陆一切反动政府的警探而使自己在1848—1849年革命之后获得一个喘息时期一样。但是，这一次却大错特错了。比利时政府不但不能把灾难推迟，反而只能加速它的到来。它既然已经把比利时的名字变成一个普通名词和全世界人民群众的笑柄，那它就会消除掉那阻碍着暴君们一心想从欧洲地图上抹去这个国家的名称的最后一道障碍。

因此，为了减轻比利时受难者的妻儿的痛苦，为了补偿在法庭上为被捕工人进行辩护以及布鲁塞尔委员会着手进行的调查方面的开支，**国**

际工人协会总委员会号召欧洲和美国的工人发起募捐。

受国际工人协会总委员会的委托：

执 行 主 席　罗·阿普尔加思

美 国 书 记　罗·肖

比 利 时 书 记　贝尔纳

法 国 书 记　欧仁·杜邦

德 国 书 记　卡尔·马克思

意 大 利 书 记　茹尔·若昂纳尔

波 兰 书 记　安·扎比茨基

瑞 士 书 记　海·荣克

财 务 委 员　考威尔·斯特普尼

总 委 员 会 书 记　约·格·埃卡留斯

1869年5月4日于伦敦

捐给比利时历次屠杀的受难者的所有捐款应寄总委员会，地址如下：伦敦西中央区海-霍尔本街256号。

卡·马克思写；总委员会1869年5月4日的会议通过
1869年5月印成传单《比利时的屠杀。致欧洲和美国工人》，并载于1869年5月15日《国际报》第18号和1869年5月22日《民主周报》第21号

原文是英文
参看《马克思恩格斯全集》中文第1版第16卷第395—400页

致合众国全国劳工同盟的公开信

(正文见本卷1869年5月11日会议第126—129页，此处略)

总委员会关于继承权的报告[410]

1. 继承权之所以具有社会意义，只是由于它给继承人以死者**生前**所拥有的权力，即借助自己的财产**攫取他人劳动果实的权力**。例如，土地使还在世的所有者有权以地租形式无偿地攫取他人的劳动果实。资本使所有者有权以利润和利息的形式达到同样的目的。国家证券所有权使所有者有权不去劳动而靠他人的劳动过活等等。

继承并不**产生**这种把一个人的劳动果实转移到别人口袋里的权力——它只涉及行使这种权力的人的更换问题。同其他所有的民法一样，继承法不是**现存社会经济组织的原因**，而是这种经济组织的**结果**，是这种经济组织的**法律结果**，这种经济组织是以生产资料即土地、原料、机器等的私有制为基础的。正如继承奴隶的权利并不是奴隶制度的原因，恰恰相反，奴隶制度才是继承奴隶的原因。

2. 我们应当同原因而不是同结果作斗争，同经济基础而不是同它的法律的上层建筑作斗争。假定生产资料从私有转变为社会所有，那么继承权（就它有某种社会意义来说）就会自行消亡，因为一个人死后留下的只能是他生前所有的东西。因此我们的伟大目标应当是消灭那些使某些人**生前**具有攫取许多人的劳动果实的经济权力的制度。在社会处于相当高的发展水平而工人阶级又拥有足够力量来废除这种制度的地方，工人阶级就应当**直接**这么做。例如，废除国债，自然就能同时消灭国家证券的继承。另一方面，如果工人阶级没有力量来废除国债，试图废除对国家证券的继承权就是愚蠢的。

继承权的消亡将是废除生产资料私有制的社会改造的自然结果；但是**废除继承权**决不是这种社会改造的**起点**。

3. 大约40年前圣西门的信徒们所犯的重大错误之一，就在于他们不把**继承权**看做现今社会组织的**法律结果**，而把它看做这种组织的经济原因。这丝毫没有妨碍他们在自己的社会制度中把土地和其他生产资料的私有制永久保存下来。他们认为，当然可以有挑选出来的终身所有者，就好像曾经有过挑选出来的国王一样。

宣称废除**继承权**是社会革命的**起点**，只会导致工人阶级偏离对现今社会的真正攻击点。这同既要废除买主和卖主之间的契约法，同时又要保存现今的商品交换制度一样荒谬。

这在理论上是错误的，在实践上是反动的。

4. 我们在考察继承法时，必须假定生产资料的**私有制**继续存在。如果私有财产在人们生前已经不存在，那么它就不会由他们并在他们死后从他们那里传给别人。因此，有关继承权的一切措施，只能**适用于社会的过渡**状态，在那种状态下，一方面，现今社会的经济基础尚未得到改造，另一方面，工人群众已经积蓄了足够的力量来推行旨在最终实现社会的彻底改造的**过渡性措施**。

从这点来看，继承法的修改只是可达到同一目的的**其他许多过渡性措施**中的一种。

在继承方面这样的过渡性措施只可能是:

(1) 更广泛地征收在许多国家中业已存在的遗产税,把由此得来的资金用于社会解放的目的;

(2) 限制遗嘱继承权,这种继承权不同于**没有遗嘱的继承权**或**家属继承权**,它甚至是私有制原则本身的恣意的和迷信的夸张。

卡·马克思写于 1869 年 8 月 2—3 日,总委员会 1869 年 8 月 3 日会议通过 载于 1869 年在伦敦出版的小册子《在瑞士巴塞尔举行的国际工人协会第四次年度代表大会的报告》	原文是英文 参看《马克思恩格斯文集》第 3 卷第 88—90 页

致合众国全国劳工同盟[411]

男女工人朋友们:

死亡如此突然而过早地使你们失去了你们可敬和能干的主席威廉·H. 西尔维斯(他是这一正义事业中的一名忠诚、不屈不挠、坚持不懈的工作者);这一不幸的消息使我们心中充满了难以形容的悲伤和哀痛。伟大的劳苦兄弟姐妹的同胞情谊,简直承受不了失去他这样一个年富力强的受过考验的战士。他的逝世使我们同声哀悼。尽管能干的指导者和经受过考验的领导人是不可多得的,但我们感到安慰的是,我们知道在你们的队伍中有着愿意而且能够接替他为你们服务的人,有着具有同样热心和忠诚的人。我们相信你们当前的会议[412]将选举出称职的适当人选,并且作出安排来使你们能不间断地继续进行伟大的斗争,并保障斗争取得成功。

埃卡留斯写　　　　　　　　　　　　　　　　　　　　　按《蜂房报》刊印
载于1869年8月21日《蜂房报》
和9月18日《工人辩护士报》

总委员会向国际工人协会第四次年度代表大会的报告[413]

各个支部的代表将向你们详细报告我们协会在他们国家取得的成就。你们的总委员会的报告主要是谈一谈资本和劳动之间的游击战——我们指的是过去一年中震荡欧洲大陆的罢工。关于这些罢工,有人说不是工人的贫困引起的,也不是资本家的横暴引起的,而是我们协会的阴谋诡计引起的。

在我们上一次代表大会闭幕后,过了几个星期就在巴塞尔爆发了织带工人和染丝工人的值得纪念的罢工。巴塞尔直到今天,一直保持着中世纪城市的许多特点,如它的地方传统,狭隘的偏见,因富有而傲慢的豪绅,雇主对雇工的宗法统治。几年之前,有一个巴塞尔的厂主还曾向英国大使馆的秘书吹嘘说:

"在我们这里业主和工人之间的相互关系比在英国好得多","在瑞士,一个工人如果为了更高的工资而离开他的好业主,他的同事就会看不起他","我们优越的地方主要在于工作时间长和工资低"。

由此可见,那些由于现代影响而改变了自己形式的宗法制度就表现在:业主好而工资却很糟,工人有中世纪附庸的情感,同时却作为现代雇佣奴隶遭受剥削。

这种宗法制度,也可以根据瑞士当局对工厂童工劳动和初等国民学校状况的调查材料来判断。

材料上写道:"巴塞尔的学校里的空气比任何地方都污浊,如果说在露天空气中只有万分之四的碳酸气,在室内碳酸气一般也不超过万分之十,那么在巴塞尔的普通学校里,碳酸气的数量在上午是万分之二十到八十一,在下午是万分之五十三到九十四。"

关于这一点,巴塞尔大会议的议员图尔恩埃森先生无动于衷地说:

"没有什么可怕的!长辈们也在像现在这样坏的校舍里读过书,可是他们也平安无恙地过来了。"

现在就会理解到,巴塞尔工人的经济斗争的爆发分明是标志着瑞士社会历史的一个时代。再没有什么东西能比这个运动的起点更具有代表性了!按照旧的风俗,巴塞尔的织带工人在米迦勒节比平日提前几个小时下工。可是在1868年11月9日,当德巴里父子织带工厂中的工人要求这一习惯上的小小的优待时,有一个厂主就用粗暴的声调和命令的手势向他们宣布:

"谁要是离开工厂,就立刻并且永远解雇他。"

经过几次无效的抗议之后，172个织工中有104人离开了工厂，可是他们并不相信自己当真会被解雇，因为根据双方的书面协定，离开工作或者解雇，都应当在两星期前通知对方。第二天早晨他们来上工时，发现工厂已经被宪兵包围，不许昨天的闹事者走近它。现在他们的所有同伴也都和他们一致行动。

这样出其不意地被解雇的织工和他们的家属一起，立刻从他们向自己厂主租住的房屋里被赶了出去。不仅如此，厂主们还写信通知店主们，请求他们不赊给这些无家可归的人任何食品。这样展开的斗争从1868年11月9日延续到1869年春天。我们的报告的篇幅不允许我们更详尽地叙述这件事。这里只再指出一点：由于资本主义专横制度的凶恶行动——残酷的同盟歇业——而发生的这场斗争，演成了一系列的罢工，这些罢工由于有时取得妥协和厂主们一再破坏这种妥协而时断时续；当巴塞尔的"崇高可敬的政务院"枉然企图用军事措施和类似戒严的手段来恫吓工人的时候，斗争达到了最高潮。

在这场斗争进行的时候，**国际工人协会**支援了工人。但还不仅如此。按照企业主的说法，这个团体第一次把现代的反抗精神送到了善良而古老的帝国城市巴塞尔。因此，他们最关心的事情就是把这位有害的不速之客重新从巴塞尔赶出去。他们企图迫使自己的下属退出协会，以此作为媾和条件，但是白费力气。由于在反对**国际**的战争中遭到接二连三的失败，他们便企图采取荒唐的手段来发泄自己的愤恨。这些共和主义者同时又是巴登勒拉赫的一些大工厂的所有者，他们驱使当地的大公国的官员①解散了那里的国际支部；可是这个措施很快就被巴登政府废除了。当一份行销全世界的报纸奥格斯堡的《总汇报》大胆地刊登了关于巴塞尔事件的公正报道时[414]，这些发了怒的可敬的先生们就在愚蠢

---

① 德文版中不是"大公国的官员"，而是"地方长官"。——译者注

可笑的信中以停止订阅该报相威胁。他们特地派了一个代理人到伦敦,这个人的奇妙的使命是查明国际的主要存款的数额。如果这些正统的基督徒生活在基督教萌芽的时代,那他们首先会去看看使徒保罗在罗马的活期存款了。

由于他们这些野蛮而愚蠢的行为,日内瓦的资本家的喉舌曾好好讥笑了他们一顿,教训他们应当如何为人处世。但是过了几个月,粗野的巴塞尔老憨就加倍地报答了日内瓦雅士们的恭维。

3月里在日内瓦爆发了两次罢工——建筑工人的罢工和排字工人的罢工;这两个工人团体都建立了**国际**的支部。建筑工人的罢工是由于业主们破坏了一年前同工人们郑重签订的合同而引起的。排字工人的罢工只不过是已经延续了十年的冲突的结尾,工人曾试图在先后成立的五个委员会中使这种冲突得到和解,但总是徒劳无益。如同在巴塞尔一样,业主们立即把同自己工人的局部冲突变为国家权力对**国际工人协会**的十字军征讨。

日内瓦的政务院派警察到火车站去迎接业主们设法从国外诱骗来的外国工人,使他们不能同罢工者有任何接触。它纵容日内瓦的带着左轮手枪的"花花公子"、"青年瑞士"的有前途的二流子①,在大街上和其他公共场所袭击工人和女工。它利用各种时机唆使它的警察局的雇佣刽子手去迫害工人,突出地如在5月24日,它就在日内瓦以较小规模重演了在巴黎演过的被拉斯拜尔痛斥为"Les orgies infernales des casse-têtes"[415]的场面。

当日内瓦的工人在公开的集会上通过致政务院的呼吁书,要它对这

---

① "青年瑞士"(La Jeune Suisse)——指沙文主义的青年组织"青年日内瓦"(La Jeune Geneve)。德文版中"'青年瑞士'的有前途的二流子"删去了。——译者注

些"残暴的警察逞凶"进行调查时,政务院粗暴地拒绝了他们的请求。政务院在它的资本家上司的命令下,显然是想使日内瓦工人因激怒而暴动,然后再用武力来镇压这次暴动,把**国际**从瑞士土地上清除掉,使无产者屈服于和十二月二日制度相似的制度。由于我们的日内瓦联合会委员会的坚决行动和遏止作用,计划遭到了破坏。业主们终于被迫让步。

现在请仔细听一听日内瓦的资本家及其报界的狐群狗党对**国际**的一些责难吧!他们在公开的集会上通过了致政务院的呼吁书,其中有这样一句话:

"**日内瓦国际委员会听从伦敦和巴黎的命令**,正在破坏日内瓦州,他们想要消灭这里的一切工业和一切劳功。"

一家资本家的报纸断言:

"国际的领袖们是拿破仑皇帝的密探,他们在适当的时机就会作为社会起诉人来反对我们小小的瑞士"。

说这种话的正是那些热衷于把十二月二日制度即刻移植到瑞士国土上的先生们,正是那些在日内瓦和其他瑞士城市掌握大权的金融巨头们,全欧洲都知道,他们早已从瑞士共和国的公民变成法国("Crédit Mobilier"[416])和其他**国际性欺诈组织**的仆从了!

比利时政府在4月间为了对付瑟兰的搅铁工人和博里纳日的采煤工人的罢工而制造的几次惨案,已在总委员会致欧洲和美国工人的呼吁书中得到了详细的揭露。我们认为发出这样的呼吁书是非常必要的,这特别因为在比利时这个典范的立宪国家里,这样大批地屠杀工人并不是偶然事件,而是成为一种常规了。在演了恐怖的战争悲剧之后,紧跟着就是法院的滑稽剧。在对我们设在布鲁塞尔的比利时总委员会进行搜查的时候(委员会的房舍被警察毁坏得很厉害,有一部分委员被秘密逮捕），训导法官发现了一个工人的一封信，信中请求送来500"国际"；他立即断定，向出事的地方一定派去了500名工人战斗队。其实这500"国际"只不过是500份布鲁塞尔委员会的机关刊物《国际报》。后来他搜查出一封一名国际会员打给巴黎的电报，电报要求一些火药。经过长时间的侦查，在布鲁塞尔终于发现了这种危险物。原来它是用来消灭昆虫的药粉。最后，并非最不重要的，在一次搜查住所时，比利时警察当局十分得意地自认为发现了那个闹得大陆上的资本家伟大心灵不得安宁的莫须有的宝库，即国际的金库，这个宝库的大部分钱财据说是要藏在伦敦，协会在大陆上的一切活动中心都依靠这个宝库供给经费。比利时的侦查员认为，这个宝库被藏在一个保险箱里，而这个保险箱被藏在一个隐蔽的地方。他查明箱子所在地，强行打开它，发现里面是几块煤炭。也许，国际的纯金经过警察的手一摸，就马上变成了煤炭。

　　1868年12月在法国各棉纺织区爆发的罢工中，最有名的是索特维尔-莱鲁昂的罢工。在这以前不久，索姆省的厂主们在亚眠聚会，目的是要解决这样一个问题：他们怎样才能在英国市场上更廉价地出售自己的商品，从而打败他们的英国竞争者。全体同意，除了保护关税政策以外，正是较低的工资水平使法国至今不受英国棉织品的侵犯；由此他们自然地得出结论说，如果在法国把工资降得更低一些，就会使法国的棉织品充斥英国。他们丝毫也不怀疑，法国的棉纺织工人会自豪地承担起他们的业主以极大的爱国主义精神决定在海峡对岸进行的这场征服战争的费用。此后不久就传出消息说，**鲁昂**及其近郊的厂主们在秘密会议上已经商量好要实行同样的政策。紧接着在索特维尔-莱鲁昂突然宣布要大大地降低工资，于是诺曼底的纺织工人第一次起来反抗资本的进攻了。他们是在时局的影响下行动起来的。在这以前，他们既没有工会，也没有任何的反抗手段。贫困迫使他们向国际的鲁昂委员会请求援助，委员会立即使他们得到了鲁昂及其近郊的工人和巴黎工人的一些支援。

大约在1868年12月底，鲁昂委员会向总委员会发出呼吁，这正是英国各棉纺织区极端困难的时期，伦敦空前贫困，一切工业部门都处于普遍停滞状态。这种情况在英国一直延续到现在。尽管情况极度不利，总委员会认为，鲁昂冲突的特殊性定会促使英国工人行动起来。这是一个非常适当的时机来向资本家表明，他们通过降低工资的办法时而在这个国家时而在那个国家进行的国际工业战争，最终将因工人阶级的国际团结而无法继续进行。英国工人响应我们的号召，立即为鲁昂募集了第一批捐款，伦敦工联理事会决定在首都同总委员会一起召开一次大规模的群众集会来声援诺曼底的工人弟兄。这些措施后来由于得到索特维尔的罢工突然停止的消息而中断。

　　这场经济斗争虽然失败了，可是它的精神影响却使这种失败得到了广泛的补偿。这场斗争把诺曼底的棉纺织工人吸引到了革命的劳动大军的队伍中来；它使鲁昂、埃耳伯夫、达尔讷塔勒及其附近地区成立了工会，并且重新巩固了英国工人阶级和法国工人阶级之间的兄弟联盟。1868年冬季和1869年春季，我们在法国的宣传工作陷入了瘫痪状态，这是因为1868年我们的巴黎委员会被迫解散、警察在各省无端寻衅以及法国的议会大选成了注意的中心。

　　选举刚一结束，就在卢瓦尔的采矿工业区、在里昂和其他许多地方爆发了许多起罢工。人所共见，在资本家和工人之间的这场斗争中暴露出来的经济事实面前，那些把第二帝国庇护下的工人阶级描绘成一片繁荣景象的鲜艳诱人图景已经烟消云散。工人提出的赔偿要求是那样微薄和那样的无可争辩，以至于在受到一些有时是蛮横无理的抗拒之后，不得不全被接受下来。这些罢工的唯一的奇怪特点是在表面的平静之后突然爆发，而且是那样迅速地一个紧跟着一个。可是这一切现象的原因是简单而明显的。在选举时工人在反对全体人民的暴君的斗争中成功地试用了自己的力量；当然，他们就决心在选举后试用自己的力量去反对他们自己的暴君。总之，选举激励了他们的精神力量。靠歪曲报道不愉快的事件来领取报酬的政府报纸很自然地把一切事件都说成是受了伦敦总委员会的秘密指令，它们说总委员会派了自己的密使到处奔波，为了向早先完全满意自己命运的法国工人揭示一个秘密：工作过度，报酬低微，受到粗暴对待——全是些不愉快的事情。在伦敦出版的一家法国警察报纸《国际报》，就曾经在8月3日那一号上大发慈悲地向世界揭示我们的有害活动的秘密动机。

上面写道：“最奇怪的是硬要在贫困还远远没有被人感觉到的那样一些国家中发动罢工。这些突然的爆发对于法国的一些首先应该担心战争的邻国来说是再适时不过的了，这些爆发迫使许多人寻思：这些罢工是不是按照某个善于博得这个万能协会的好感的外国的马基雅弗利的要求进行的呢？”

正当这家法国警察报纸指责我们，说我们为了使俾斯麦伯爵摆脱外部战争而利用罢工来给法国政府制造内部困难的时候，一家普鲁士报纸却指责我们说，我们用罢工来给北德意志联邦造成困难，目的是要使德国的工业瘫痪，以利于外国的工厂主。

国际和法国罢工的关系可以用两个典型的事件来说明。关于第一个事件，即在**圣艾蒂安**发生的罢工以及随后在里卡马里发生的大屠杀，甚至法国政府自己也已经不敢说国际和这些罢工有任何关系了。至于说里昂事件，那并不是国际把工人推向罢工，相反，却是罢工把工人推向国际的队伍。

圣艾蒂安、里沃-德日耶和菲尔米尼的矿工镇静而坚决地要求矿业公司的经理缩短长达12小时的井下繁重劳动的工作日，并修改工资条例。由于和平解决纠纷的意图没有收到成效，他们才在6月11日举行了罢工。当然，对于他们来说，最迫切的问题就是保证自己得到那些还没有和他们联合行动的矿工的合作。为了阻止这一点，各矿业公司的经理向卢瓦尔省省长要求派遣军队，并且得到了满足。6月12日罢工者发现矿井上加强了武装戒备。矿业公司为了保证政府派来的士兵对它们尽心竭力，每天付给每个士兵1法郎的报酬。士兵为了表达他们对公司的感谢，于6月16日拘捕了将近60个企图到矿井上的同伴那儿去会谈的矿工。被拘捕的矿工在当天下午就被第四基干团的一个支队（150名士兵）押送去圣艾蒂安。在这些勇士出发之前，多利安公司的一个工程师分发给他们60瓶白兰地酒，同时告诉他们一路上要机警地监视被捕者，因为这些矿工都是些未开化的野人和假释的囚犯。有了这些白兰地酒，又有了这样一番训导，一场流血冲突就准备好了。在士兵队伍后面紧跟着一群矿工和他们的妻儿，他们在里卡马里附近的蒙塞勒高地的一条峡谷把队伍包围起来，要求释放被捕者。士兵拒绝他们的要求，于是石块向士兵投来，这时士兵预先没有警告就突然向人群的最稠密处乱放起枪来，打死了15人，其中有两个妇女和一个吃奶的婴儿，许多人受了重伤。受伤者遭受了极大的痛苦；他们之中有一个12岁的贫苦的女孩燕妮·佩蒂；她的名字将永远留在工人阶级蒙难者的历史上。她是被从后面来的两颗子弹打伤的：一颗子弹打在腿上，另一颗穿过了背部，打断了胳膊，从右肩穿出来。"Les chasse-pots avaient encore fait merveille."[417]

可是，这一次政府很快就意识到，它不仅犯下了罪行，而且大大失策了。资产阶级并不欢迎它这样的社会救主。**圣艾蒂安**的整个市议会提出辞职，它在自己的声明中指出大兵们的惨无人道，并且坚决要求军队撤出这个城市。法国报刊掀起了吃惊的叫喊！甚至那些保守的报纸，如《总汇通报》，也为蒙难者征集捐款。政府不得不把这个可恨的团从**圣艾蒂安**调走。

在这样的困难情势下，突然想出了一条妙计：用**国际工人协会**这个总是可以随手拿来的替罪羔羊来祭奠公愤。在审讯的时候，起诉书把这些所谓的造反者分成十类,而且非常精细地勾画出罪行的不同程度。第一类涂着最浓的色彩,他们是被特别怀疑为听从了外来的、即**国际**的秘密指令的工人。罪证当然是多得很,关于这一点可以用一家法国司法报上的一小段话来说明:

"对见证人的讯问没有能够'**确凿地**'证明国际协会参与此事。见证人仅仅证实有几个身穿白短衫头戴便帽的陌生人站在暴徒的最前列。但是**这些陌生人一个也没有被捉住,而且也没有一个坐在被告席上**。有一个见证人被问道:你相信国际协会干预此事吗?他回答说:'**我相信,但是我没有任何证据。**'"

在里卡马里大屠杀以后,里昂的缫丝工人(其中大部分是妇女)很快就开始了一系列的经济战斗。贫困迫使他们向国际请求援助,国际主要是通过自己在法国和瑞士的会员帮助他们取得了胜利。想以警察手段恫吓他们的一切尝试都没有用,他们公开宣布要加入我们的协会,并且向总委员会按章缴纳会费后正式地加入了协会。在里昂,也像以前在鲁昂一样,**女工**在运动中起了崇高的卓越的作用。

里昂的其他工业部门都纷纷仿效缫丝工人的榜样。因此,在数星期之内,我们的协会就在这些英雄的居民中找到了1万多个新的会员,早在30多年前,这些英雄的居民就在自己的旗帜上写上了现代无产阶级的口号:"Vivre en travaillant on mourir en combattant!"("不能劳动而生,毋宁战斗而死!")[418]

可是法国政府继续吹毛求疵地迫害国际。在马赛,它禁止我们的会员集会选举出席巴塞尔代表大会的代表。在其他城市也重演了这种卑鄙的勾当,但是欧洲以及其他地方的工人终于开始懂得,夺取自己的天赋权利的最可靠的办法是:不待他人的许可,每个人奋不顾身地来行使这种权利。

奥地利的工人，特别是维也纳的工人，虽然是在1866年事件①以后才参加到运动中来，但是他们立即占据了有利的地位。他们很快就团结在社会主义和**国际**的旗帜下，现在他们通过自己派往不久前召开的爱森纳赫代表大会的代表集体参加了国际。在奥地利，自由资产阶级比在任何地方都更明显地表现了它的利己的本能、智慧的贫乏和对工人阶级的切齿痛恨。它的内阁眼看着种族纠纷和民族纠纷使帝国陷于分裂并使帝国的存在受到威胁，却仍然对唯一宣布一切种族和民族团结起来的工人进行迫害。资产阶级并不是以自己的英勇而只是由于奥军的失败才取得了新的地位，它自己也明明知道，它未必能够保住既得的东西，使之不受王朝、贵族和教会的侵犯；但是，这个资产阶级却不惜耗费自己的精力，卑鄙地企图剥夺工人阶级的结社、集会、出版自由和思想自由的权利。

　　在奥地利，也像在欧洲大陆的所有其他国家一样，**国际**代替了升天了的"**赤色幽灵**"。当7月13日在莫拉维亚的棉纺织业中心布伦对工人进行小规模的屠杀时，这一事件被归咎于国际的暗中唆使，但是不料这个国际的代理人却竟然赋有一种使人看不见自己的才能。当维也纳人民的某些领导人到法庭受审时，检察官辱骂他们是外国人的工具。可惜的是，这位检察官究竟怎样认真地研究了这一事件，可以用他犯的一个小小差错来说明：他连**资产阶级**的和平和自由同盟和无产阶级的**国际**都分不清。

　　如果说工人运动在息斯莱塔尼亚的奥地利②遭到的是这样一种迫害，那么它在**匈牙利**遭到的却是公开的而且是蛮横无理的压制。关于这件事，总委员会收到了来自佩斯和普雷斯堡的最可靠的消息。举一个例子就足以说明当局对匈牙利工人的态度。

---

① 指奥地利在1866年普奥战争中的失败。——译者注
② 息斯莱塔尼亚的奥地利，是奥匈帝国的一部分。——译者注

匈牙利王国内务大臣冯·文克海姆先生凑巧因公到了维也纳。普雷斯堡的工人终于派了一个代表团到维也纳去向大名鼎鼎的冯·文克海姆先生诉苦，因为他们在很长时期内被禁止举行集会，甚至为了募款成立患病职工补助会而举行游艺会也遭到禁止。

这位大人物盛气凌人地接待了他们，一边大口喷着雪茄烟一边问道：

"你们是工人吗？你们是在努力工作吗？不要多管闲事。不要搞什么群众会社；如果你们硬要过问政治，我们知道要用什么手段对付你们。我不能为你们做任何事情。让工人尽量发牢骚去吧！"

那么，是不是仍旧让警察当局为所欲为呢？这位自由主义的大臣在回答工人的这个问题时说：

"是的，我负责这样做。"

经过了长时间的但是毫无结果的辩论，工人离开了大臣，并在临走时向他声明说：

"因为国家大事影响到工人的状况，工人当然要过问政治，而且一定要过问政治。"

在**普鲁士**和德国的其他地方，去年一年突出的是在全国组织了工会。在不久前召开的爱森纳赫代表大会上，代表着德国本部、奥地利和瑞士的15万多名德国工人的代表们成立了新的社会民主党，它的纲领逐字逐句地采纳了我们的章程的基本原则。因为法律禁止他们成立合法的国际协会支部，他们决定请求总委员会发给个人会员卡，这样来正式加入协会。全德工人联合会在自己的巴门代表大会上也确认它同意我们协会的原则，同时宣称，普鲁士法律禁止它加入我们的协会。

在那不勒斯、西班牙和荷兰成立了协会的新支部。在巴塞罗纳和阿姆斯特丹出版了我们协会的西班牙文和荷兰文的机关周刊。①

比利时政府在瑟兰和弗腊默里的光荣战场上捡来的桂冠，看来确实激起了列强的强烈的妒忌心。因此毫不奇怪，在这一年连英国也能夸耀它对工人的屠杀了。登比郡的莫尔德附近的利斯伍德大矿井的威尔士矿工，突然接到了矿井主管人关于降低工资的通知，这个主管人，矿工们早就有理由认为他是个死不改悔的小暴君。于是矿工们从附近矿井召集了人手殴打了他，又袭击了他的家，并且把他的家具都运到附近的火车站去。这些不幸的人像孩子一样天真地以为，这样就能够永远不再受他的压迫了。自然，法院就对这些暴动者开始进行侦讯，但是他们之中有一个被成千人的人群解救出来，并被带出了这个城市。5月28日有两个主犯将在国王陛下的第四步兵团的一个支队的警戒下由警察押送到莫尔德的法庭。一群矿工企图在中途把被捕者解救出来，但是遇到了警察和士兵的抵抗，于是就纷纷向他们投掷石块；士兵不预先警告就用他们的后装枪（斯奈德式明火枪）射出雨点般的枪弹来回击雨点般的石块。5人被打死，其中有两个妇女和一个小孩，很多人受伤。到这时为止，莫尔德的大屠杀和里卡马里的大屠杀有许多共同之处，但是往后这种相似之处就消失了。在法国，士兵只对自己的指挥官负责。在英国，他们必须在陪审员面前受调查死因的法医的诘问；但是这个法医是一个耳聋又糊涂的笨虫，他必须通过助听筒来听取见证人的供词，而支持他的威尔士的陪审团则是一个冷酷无情的、充满偏见的阶级陪审团。他们认为这次大屠杀是"在可以原谅的情况下进行的杀人行为"。在法国，暴动者被判处3个月到18个月的徒刑，而且在判决后很快就被赦免。在英国，他们却被判处了10年的苦役。

---

① 《联盟》和《工人报》。

在法国,一切报刊都一致愤怒地谴责士兵。在英国,报刊却热烈地赞许士兵,而对受害者表示不满!然而英国工人的收获很大,他们摆脱了一个重大的而且是危险的幻想。在这以前他们以为,由于有了骚扰取缔令的手续,以及由于军队受民政当局的管辖,他们的生命或多或少会得到保护。现在他们长了见识。内务大臣自由党人**普鲁斯**先生在下院宣布:第一,任何官员,哪怕是一个猎狐爱好者或神甫,都有权不预先宣读骚扰取缔令就命令军队向人群开枪,只要他认为这是一群暴动者;第二,士兵有权借口自卫而首先开枪射击。自由党人大臣忘记补充一句:在这种情况下,为了保卫自己不受士兵的袭击,每个人都应该由国家出钱用后装枪武装起来。

8月30日在伯明翰举行的工联代表大会上通过了如下的决议:

"鉴于地方工人组织几乎到处都让位给全国范围的组织,因此我们相信,由于自由贸易原则的推广在各国之间引起了如此激烈的竞争,在这样的竞争下,工人的利益完全被忽视,并且被当做资本家之间的疯狂国际竞争的牺牲品,这就要求工人组织应当日益扩大并成为国际性的组织;而且鉴于**国际工人协会**的宗旨在于保卫和扩充工人群众到处**都相同的**共同利益,本届大会热烈地建议联合王国的工人,特别是所有工人组织,支持这个协会,并且恳切地希望它们加入协会。大会还相信,国际的原则的实现将导致各国人民之间的持久和平。"

今年5月,美国和英国之间看来要不可避免地爆发战争。因此,我们的总委员会曾寄给美国全国劳工同盟主席西尔维斯先生一封公开信,呼吁美国工人在他们的所谓的主人们叫嚣战争的时候要维护和平。

由于为我们的共同事业而斗争的英勇战士西尔维斯先生突然逝世,我们认为,为了表示对他的尊敬和怀念,最好在结束我们的报告时把他的复信引在这里:

"昨天收到了你们5月12日的公开信。对我来说,收到大洋对岸我们的工人同志的祝贺是极大的幸福。我们的事业是共同的事业。贫富之间正在进行着战争。劳动到处都同样地受到压迫，而资本在世界的任何角落都同样是暴君。正因为这样，我说我们的事业是共同的事业。我以美国工人阶级的名义向你们，并通过你们向你们所代表的一切人，向欧洲的全体被侮辱和被剥削的男女劳动者伸出同志的手。把你们所从事的有益的事业向前推进，直到你们的努力获得最辉煌的胜利。这就是我们的心愿。由于上一次的战争，在我们这里形成了世界上最卑鄙的金融贵族。这种金融权势在迅速吞食人民的财产。我们已向它宣战，并且打算战胜它。如果有可能，我们想通过投票箱获得胜利；如果不可能，就采取更强硬的手段。在万不得已的时候，往往必须流一点血。"

受总委员会的委托：
主　　席　罗伯特·阿普尔加思
财务委员　考威尔·斯特普尼
总 书 记　约·格奥尔格·埃卡留斯

卡尔·马克思写
1869年9月用德文以单行本的形式在巴塞尔出版，并载于小册子《在瑞士巴塞尔举行的国际工人协会第四次年度代表大会的报告》1869年伦敦英文版

参看《马克思恩格斯全集》中文第1版第16卷第417—432页

致国际工人协会各支部[419]

总委员会收到下列信件：

纽约，1869年9月14日

致国际工人协会总委员会

亲爱的先生们：

请允许我们通知你们：纽约州染纸工人联合会第一分会目前正在罢工，要求计件工资每一卷水彩颜料染纸增加半美分，每一卷油料颜料染纸增加1美分；计时工资每周对各种颜料染纸各增加3美元。

因为我们的雇主已经用要从欧洲招工来威胁我们，我们特此恳请你们给英格兰、苏格兰、爱尔兰、法兰西……的各个地方寄去通知，使人们知道纽约招雇染纸工人是为了什么。

受第一分会的委托：

主席　P. H. 布劳顿

书记　詹姆斯·富勒顿

要求所有支部尽一切可能防止因此输出染纸工人。

总委员会

代理主席　罗伯特·阿普尔加思

总 书 记　约·格·埃卡留斯

1869年9月28日于伦敦

FOURTH ANNUAL CONGRESS
OF THE
International Workingmen's Association.

The Fourth Annual Congress of the International Workingmen's Association will assemble on Monday September 6, 1869, at Bale, in Switzerland. The subjects for the deliberation of the Congress are as follows:—

1. The question of landed property.
2. The right to inheritance.
3. To what extent can credit be immediately utilised by the working class?
4. The question of general education.
5. The influence of trades' unions upon the emancipation of the working class.

Order of proceeding:—1. Verification of Credentials. 2. Election of Congress Officers. 3. Report of the General Council, and Reports of the Sections and Branches. 4. Discussion of the subjects on the Programme. 5. Appointment of the Seat of the General Council for the ensuing year. 6. Election of the Members of the General Council. 7. Appointment of the time and place of meeting of the next Congress.

N.B.—The statistical inquiry into the condition of the working classes is still proceeding, contributions are solicited.

By order of the General Council,

EUGENE DUPONT, *Chairman*.
COWELL STEPNEY, *Treasurer*.
J. GEORGE ECCARIUS, *General Secretary*.

Office—256, High Holborn, London, W.C.
June 22, 1869.

总委员会关于巴塞尔代表大会的传单

埃卡留斯起草　　　　　　　　　　　　　　　　按报纸原文刊印
载于1869年10月3日《国际报》
第38期

土地和劳动同盟告大不列颠和爱尔兰男女工人书[420]

工人同志们！

　　30年前使英国千百万受苦的劳动者产生的那些毫无根据的希望没有实现。曾经有人对他们说，取消关税限制将会使贫苦工人的命运得到改善，即使不能使他们幸福和满足，至少也会使他们永远摆脱饥饿。

　　于是掀起了一个争取"大圆面包"的强有力的运动①；大地主们愤怒欲狂，财阀们惊慌失措，工厂主们则欢天喜地——他们的愿望实现了：保护关税政策遭到了 Coup de grace［致命的打击］。接着而来的是一个空前的繁荣时期。托利党人起初威胁说要改变这个政策。可是他们在1852年登上了大臣席位后，却并没有把自己的威胁兑现，反而加入了赞美无限制竞争的大合唱。他们本来已经准备在金钱上遭受损失，可是他们十分惊奇地发现，他们每年的租金收入增加了200多万英镑。废除谷物法以后由如此少的人在如此短的时期内生产出如此多的财富（即满足人的需要的资料），这在人类历史上还从来没有过。在20年的时间

---

　　① 指反谷物法同盟拥护者所开展的运动。——译者注

内，不列颠和爱尔兰的农产品和工业品（你们自己的劳动果实）每年报关的出口价值从6000万英镑增长到18890万英镑。在20年内，不列颠的地主和地主太太们每年的应纳税的收入，据他们自己承认，从9800万英镑增长到14000万英镑，而大工厂主和大工业家每年的收入则从6000万英镑增长到11000万英镑。人的力量还能有比这更大的作为吗？

可惜的是，在这个不列颠家庭中还有遭后娘虐待的子女。关于这1.4亿英镑在大地主之间如何进行分配的秘密，还没有一个财政大臣曾经透露过，不过关于工业家们的情况，我们还是了解的。工业家中最幸运的人的数目从1846年的16人增加到1866年的133人。其中每个人的平均年收入从74300英镑增长到100600英镑。他们攫取了20年来收入全部增长额的1/4。比他们稍差一点的从319人增加到959人，其中每个人的平均年收入从17700英镑增长到19300英镑；他们攫取了第二个1/4。剩下的半数在346048个可尊敬的资产者之间进行分配，他们每年的收入从100至10000英镑不等。而生产这些财富的千百万劳动者——不列颠的灰姑娘们，却半个便士也没有得到，他们得到的只是拳打脚踢。

在1864年，税收表中D项[421]的应纳税的收入增长了920万英镑。在这个增长额中有4266000英镑即将近半数，被占人口总数不到1/8的首都所吞没。在这个总额中有3123000英镑、即整个大不列颠收入增长额1/3以上，被伦敦西蒂区、即占不列颠人口1/179的上等人物所吞没，而拥有多三倍的工人居民的迈尔-恩得和伦敦塔却只得到175000英镑。西蒂区的房主被金子憋得要死，哈姆雷特塔的房主则被济贫税压得喘不过气来。西蒂区自然是反对济贫税的集中化的，他们所依据的仅仅是地方自治的原则。

到包括1861年在内的十年内，棉纺织工业的工人人数增加了12%；

他们的产品增加了103%。铁矿矿工的人数增加了6%，矿产品增加了37%。2万名矿工为10个矿主工作。在这十年内，英格兰和威尔士的农业工人人数缩减了88147人，然而在这同一时期，却有数十万英亩的公有地被圈为私有财产，用来扩大贵族的领地。这一过程现在也还在继续。

在12年内，在英格兰和威尔士按济贫法被课税的租金，从8670万英镑增加到11830万英镑；有劳动能力的成年贫民从144500人增加到185600人。

这不是无可救药的狂妄者的热情幻想所描绘的虚构图景。这是大地主和银行家的、由他们自己的蓝皮书所证实了的自白。不久以前他们的一位专家在上院说过，生活奢侈的有产阶级每年可以从你们的劳动产品中为自己积攒15000万英镑，过了几个星期，皇家外科医学院院长在调查8个人早死原因的陪审法庭上，叙述了他在圣潘克拉斯教区的肮脏的习艺所里所见到的景象。

在爱尔兰，享有特权的人数也增加了，他们的收入增多了。而同时却有1/6的爱尔兰劳动儿女死于饥饿和由饥饿引起的疾病，1/3幸存的人则被依法从租种的土地上赶走和抛向街头，他们为了逃避罪恶的篡夺者的迫害而不得不流亡他乡。

这个史无前例的工业繁荣时期把我们成千上万的劳动伙伴——正直的、单纯的、辛勤工作的男人和妇女——送进了习艺所；他们所幻想的牛排变成了稀汤。成千上万的男人、妇女和儿童在本乡到处流浪，无家可归；他们饱受欺凌，横遭排斥；他们充满城市，挤满大道，到处寻求能提供栖身之所和糊口之资的工作而不可得。另外有成千上万比较精明而不太正直的人则由于小小的偷窃行为而坐牢，他们宁尝铁窗风味，也不愿受习艺所的待遇；与此同时，大骗子手们却依然逍遥法外，罪恶的大地主们操纵着法庭，他们在治安法官会议开庭期间主宰着一切。成千上万年轻力壮的人流亡海外,像逃避鼠疫那样逃离自己的故乡;年老体弱的人因饥寒交迫而倒毙道旁。大大小小的医院挤满了寒热病患者和饿得奄奄一息的人,饿死已成为天天发生的常见现象。

总而言之,贫苦工人的苦难从来没有像今天这样深重,赤贫现象从来没有像今天这样普遍,而同时,用来满足人的需要的资料却从来没有像今天这样丰富。这首先证明,一切国家权力的道义原则,即"**整个社会的福利就是最高法律,它应当成为所有民法的目的和意向**"这一原则已经完全被忽视了。那些决定国家命运的人,有的轻率地忽视了自己首要的义务,而为富人的特殊利益服务,以便使富者更富;有的则由于他们的社会地位、他们的教养和他们的阶级偏见而不能履行自己对整个社会的义务,不能施行应有的措施;不论是在哪种情况下,他们都是背叛了自己的委托者。

只有在被压迫者的最低需要得到保证的情况下,阶级的统治才能存在。统治阶级没有能使工业工人在它年富力强的时代免于贫困和饿死。统治阶级的措施显然是无能为力的,它们的诺言并没有兑现。它们答应节约,可是并没有节约,反而骇人听闻地增加了国家的开支。它们答应从你们肩上卸下赋税负担,可是富人支付的只是增加了的开支的很小一部分,其余部分则从应归你们使用的生活必需品中征收,甚至还从你们的当票上征收税款,用来供养也是从你们的人中间招募而成的常备军,以便在你们一旦表现出不满的征兆时就来枪杀你们。它们答应把赤贫现象压缩到最低限度,而实际上却只是把贫穷和困苦变成你们通常的命运,——"大圆面包"已化为乌有。它们所实行的每一个措施只是增加了灾难,而且他们也提不出更多的东西了——它们的政权是注定要灭亡的。照这样下去,就意味着把一切人都引向毁灭。办法只有一个。要自己帮助自己!要下定决心:不能再忍受这种恶劣的局面,要按照自己的决定行动起来。这种局面一定要结束。

几个星期以前,有20来个伦敦工人讨论了这个问题。他们得出结论:目前的社会经济基础造成了现有的一切灾难,除了改革现有的社会政治制度外,其他任何办法都不会有用,而实现这种改革只有劳动群众自己才能做到。他们已把自己的结论表达在一系列决议中,并且把它们提交给他们所召集的工人代表会议来讨论。这些决议在三次会议上进行了讨论,并被一致通过。为了贯彻这些决议,建立了一个新的工人组织,名叫**土地和劳动同盟**。它的由40多个著名工人代表组成的执行委员会,受委托在代表会议通过的那些最初的决议的基础上制定一个原则纲领作为行动纲领,借助于这个纲领就可以实现根本的改革。

委员会在全面讨论之后通过了以下的纲领:

1. 实行土地国有化。
2. 在国内建立农业移民区。
3. 实行非教会的普遍免费义务教育。
4. 取消私人发行银行。把发行纸币的特殊权利交给国家。
5. 用一种直接的累进税代替所有赋税。
6. 取消国债。
7. 取消常备军。
8. 缩短工作日。
9. 实行普遍的、平等的选举权,并且付给代表薪金。

我们的努力是否能取得胜利将取决于对当权者所施加的压力,为此必须在数量上取得优势,必须联合、组织和在行动上一致。因此,我们号召你们联合起来,组织起来,把你们的行动一致起来,并且在爱尔兰、苏格兰、威尔士和英格兰到处宣布:"**土地归人民**",即归自然界礼物的合法继承人。任何一个合理地组织起来的社会都不会让一小撮私有者去支配作为生活源泉的土地,把它当做任意蹂躏的对象。由全民选举并受到全民信任的政府是能够管理土地以造福整个社会的唯一力量。

你们要力争使国家调用空闲的土地以移居失业者，从而为土地国有化奠定基础。你们再也不要让一英亩的公有地为了非生产者的私人利益而被圈起来。你们要迫使国家利用军队（直到军队彻底解散时为止）从事除草、排水和垦荒等农活，而不要让它来修造以毁灭生命为目的的兵营。如果绿色的原野和菜园同狩猎这种高尚的运动不能相容，那就让狩猎爱好者们移居到国外去吧。

你们要使同盟的九条成为工人的纲领，成为考验议会候选人的试金石；如果你们发觉他们不称职，那就像抛弃伪钱币那样抛弃他们，因为谁不拥护这同盟的九条，他就是反对你们。

你们的劳动果实正被根据土地法、财政法和其他各式各样的法律从你们手中骗走。你们不得不从留给你们的微不足道的钱财中偿付为了压制你们的前辈而借的债款的利息；你们不得不供养对你们这一代抱着同样目的的常备军；当你们有工可做时，你们经常被过度的劳动弄得精疲力竭，而且你们不论在任何时候都吃得很坏。除了在我们的纲领中所指出的那一系列根本性改革外，永远也不会有任何东西能使你们摆脱你们目前所处的绝境。目标一致和行动一致能克服各种困难。我们人数很多，而我们的敌人为数很少。总之，各种信仰和职业的男女工人们，为了争取你们自身的解放，你们要万众一心地要求自己的权利，团结起来，把你们的力量联合在土地和劳动同盟的旗帜下面！

    财务委员 约翰·韦斯顿
    书　　记 马丁·詹·布恩
          约·格奥尔格·埃卡留斯

格·埃卡留斯起草于1869年11月14日左右
1869年以小册子《土地和劳动同盟告大不列颠和爱尔兰男女工人书》在伦敦出版

原文是英文
参看《马克思恩格斯全集》中文第1版第16卷第657—663页译文刊印

国际工人协会总委员会致纽约新民主会[422]

工人朋友们：

我们收到了你们10月11日的来信，欣然得悉我们寄给全国劳工同盟主席已故的西尔维斯先生的邀请信，已经在美国广为传播。它已产生了所期望的成效，美洲的劳工代表已恰当地估价了把同盟的纽带比以前拉得更紧的重要性。费城的劳工代表大会派了一名代表到我们的巴塞尔代表大会来这一事实，就证明着这一点。你们说，从我们信件的大意看来，"也许欧洲的工人们会相信，派代表出席那次会议的各同盟是由美国最先进而干练的劳工权利辩护者们所组成的"，你们进而声称这样相信是没有根据的。也许是这样，也许不是这样。作为国际工人协会的总委员会，我们的责任在于努力使全世界各个工人组织取得联系并且联合起来，而不管某个地方对工人权利的主张中可能流行着什么特殊的观点、学说甚至缺陷。我们的目标是工人的政治、社会、经济的全面解放；我们确信这必须是数百万工人自身的工作。所以我们必须主要致力于把分散和孤立的各个地区和国家的运动联合起来，在敌人面前形成一条不可击溃的战线。我们向全国劳工同盟的主席提出了呼吁，吁请美国的劳动人民与欧洲的数百万工人合作。美国人愿意采取什么具体的前进步骤，这不是我们所要干预的事情。实践总是理论的根据，广大群众的行动只能是缓慢的、一步一步的。只要它朝着正确的方向，目的就会达到。

如果巴塞尔会议的成就在理论上超过了费城会议，那么你们必须记住：出席巴塞尔大会的有些代表，他们的选举人还未能获得集会自由来讨论他们对苦难的不满。在法国和德国，会议只能在警方的特别许可下当着警官的面举行，这些警官有权随时停止会议的进程，并且时常在一有切实的议案提出时就这么干。

思想家的职责就是教育群众担当起所需要的任务，同他们团结一致联合起来，并帮助他们完成一切切实可行的工作。无论群众多么缺乏理论认识，在实践中他们的自然本能总会引导他们走上正确的道路。

我们欢迎新民主会的成立，把它看做有助于美国工人运动的组织机构，并将高兴地和你们进行定期的通讯联系。

美洲新世界同旧世界的联系越密切，我们的要求就越有分量，我们就能越发坚定地索取我们应得的各种权利。

埃卡留斯起草，总委员会1869年11月23日会议上通过

载于1869年11月27日《蜂房报》

按《蜂房报》刊印

注　释

1 从埃卡留斯1868年1月12日给马克思的信中可以看出，总委员会未能于1月8日在克利夫兰大厅开会，因为他们无力如约支付租金。决定暂时利用城堡街莫里斯的办公处，总委员会在1867年夏天曾在这里开过会。——3

2 在各附属团体讨论了这些问题之后，这些问题被列入了预定于1868年在布鲁塞尔举行的下一次国际代表大会的议程中。土地、矿藏和交通手段的公有制问题，引起了国际各支部对于纲领的社会主义原则的广泛讨论。——4

3 法国1848年二月革命周年纪念大会，是伦敦的法国人分部召集的，于1868年2月24日在克利夫兰大厅举行，荣克担任主席。有500多人参加，主要是法国和其他国家的工人阶级和小资产阶级革命流亡者的代表。宣布了维克多·雨果和马志尼的祝词，接着费利克斯·皮阿讲了话。这次大会的报道刊载于1868年2月29日《蜂房报》第333号上。

《蜂房报》(The Bee-Hive) 是1861—1876年间在伦敦出版的英国工联周报，曾用过下列各名称：《蜂房》、《蜂房报》和《便士蜂房》。总委员会在1864年11月22日的会议上宣布该报为国际的机关报；它的编辑人深受资产阶级激进派和改良派的影响。——5

4 连同1866年日内瓦代表大会通过的国际章程一起发表的英国支部的附则，是罗伯特·肖作为主席和约翰·格奥尔格·埃卡留斯作为名誉总书记签署的。1864年和1866年伦敦出的几版成立宣言和章程，都列出总委员会委员的全部名单。——6

5 这次会议上通过的为总委员会报告收集统计资料的传单和为筹备布鲁塞尔代表大会致国际会员的呼吁书，刊载于1868年2月15日《蜂房报》第331号，3月29日《人民论坛报》第3号，3月22日《未来呼声报》第12号，3月份《先

驱》第3期,2月29日《民主周报》第8号上。——6

6　荣克宣读了杜普莱克斯1868年2月4日给他的信。——9
7　指出版附有洛桑代表大会会议记录的、向代表大会提交的各种报告的小册子:《1867年9月2—8日在洛桑举行的工人代表大会报告》,1867年拉绍德封版,《未来呼声报》印行,132页(定价:80生丁)。从1868年7月19日《未来呼声报》第29号上的广告可以看出,这本小册子按1法郎50生丁出售。——9
8　记录本记载不确切。在1868年2月15日《蜂房报》第331号发表的关于这次会议的报道中,对巴黎来的这个消息报道如下:

"调查巴黎理事会理事们的行为一事仍在进行。预审推事戈内特先生不知道该怎么结案。他内心里的确相信这些被告不是现政权的朋友,一般说也不很拥护现存制度。但在圣诞节至元旦这个期间的一个早晨6点钟进行的住宅访查,并没有找到芬尼亚社社员的密谋计划,获得的只是一个宣言的几份法文副本,这个宣言用不同语种在文明世界免费散发已经三年多了,还有伦敦来的几封对各种问题的看法的措辞强烈的信件。戈内特先生得出结论,在幕后一定还有什么帝国的警探抓不到手的东西。他坚持认为,法国的国际工人协会只不过是为蒙骗当局而设置的机关,伦敦委员会中英国人的名字都是虚有其人,实际上只是些在伦敦的法国革命者;巴黎的同情者与他们通讯。从他们那里得到秘密指示,警察却一直没有把这些东西抓到手。由于找不到犯罪的文件和起诉的罪证,被告们就等待着凭他们的信念、凭帝国当局能够认定他们一有机会就会行动的某种倾向而受惩罚。"——9

9　见注5。——9
10　在1868年2月15日《蜂房报》第331号上发表的这次会议的报道中,以上两段换成了下述一段:"书记报告,发出传单的信都已全部寄出,伦敦雪茄烟工人协会书记已经回答了问题。"——10
11　1868年2月15日《蜂房报》第331号上刊载的劳伦斯的报告如下:"他说,富有者阶级有银行来经营他们自己的实业,这使实业家们能够利用那些自己不经营实业者的钱。为了使生产合作顺利发展,工人阶级必须有自己的银行。按最低的估计,工人阶级在银行有1500万英镑存款,这笔钱现在被富人名义上用

来为工人谋福利,而实际上用来反对工人阶级。"——10

12 罗奇代尔公平先锋社是在罗伯特·欧文直接影响下于1844年初建立的英国最老的合作社之一。——10

13 1868年2月25日在菲茨罗伊街克利夫兰大厅举行的裁缝保障协会的季度大会,通过了执行委员会起草的新章程;按照这个章程,该协会要按机械工人联合会、木工和细木工联合会以及类似的大工联的样子进行改组。——11

14 指劳动调查统计问题。——11

15 美国和加拿大裁缝联合会书记塔克尔的信,是劳伦斯在1868年2月25日举行的裁缝保障协会全体大会上宣读的。——12

16 1868年2月7日《蜂房报》第334号关于这次会议的报道中说,国际工人协会林恩分部在阿尔比昂饭店举行了大会,会上通过了如下决议:"第一,'建立在合作原则基础上的,使用纸币推行的信贷制度,对于工人阶级是有利的'。第二,'在现存制度下,机器是极其损害劳动阶级的'。第三,'我们的大会认为,起草对工人阶级子女进行技术和综合非宗教性教育的纲领,是极适宜的'。第四,'我们的大会认为,原先本不可能有像土地私有制这样的事情,土地重新转变为公有财产越快,一般说对民族就越好'。第五,'鉴于工人阶级中一部分有文化的人认为罢工虽说在某种情况下是必要的,但毕竟是有害的,我们的大会将最乐于利用一切可能的办法以防止罢工'。"——13

17 1868年3月1日《未来呼声报》第9号刊登了帕亚尔的文章《日内瓦建筑工人的状况》,引用了关于建筑工人生活条件的数字。——13

18 所有关于国际在比利时的活动的这些事实,在德巴普于2月6日从布鲁塞尔的来信中都有反映,这封信刊载于1868年3月1日《未来呼声报》第9号。——13

19 比利时工人就芬尼亚社社员问题致英国工人的公开信,是比利时各支部在1868年3月15日通过的,并发表于1868年6月14日《人民论坛报》第6号上。公开信表示了他们对爱尔兰民族解放运动的热烈同情。公开信里渗透着深受蒲鲁东无政府主义和联邦主义思想影响的观点。它写道:"作为社会主义者,我们意识到爱尔兰的事业就是我们的事业。统治阶级的寄生主义岂不是建立在已经使爱尔兰沦入现在这样悲惨——而我们甚至认为是屈辱——地步的剥削劳动基础上的吗？英国的统治者、银行家和土地所有主，已经很明白这一点了。如果爱尔兰仅仅是要求独立，他们用不着担忧：力量在他们一边。但是，为什么这么巧妙地夸大恐慌，这么强调军备，这么征募特别巡警呢？这是因为，他们不仅害怕爱尔兰人，也是为了反对你们——英国工人，反对一切被支配的人们。想一想你们的敌人在哪里：是在爱尔兰人民中间，还是在英国贵族统治集团中间呢？回想一下后者在你们争取选举改革斗争中的立场吧！回想一下当你们在海德公园集会的时候武装的士兵准备向你们开火的事吧！……英国贵族统治集团只有一件事是专心致志的，使你们仇恨爱尔兰人民，以便转移你们对你们所曾全神贯注的伟大的经济和社会改革的注意力，并从你们手中夺走你们已经获得的一点东西。"根据这段文字前面的编者按来判断，这封公开信在英国报纸上刊载过。——13

20 1868年3月，日内瓦支部书记佩拉东向所有商业和政府的雇员，包括警察和法官在内，发出了一个呼吁书，劝他们组织工联，并加入国际。这个呼吁书发表于1868年3月15日《未来呼声报》第11号，并转载于3月29日《人民论坛报》第3号。——15

21 显然指拉绍德封的德意志民主派联合会。1868年3月《先驱》第3期刊登了一个关于联合会打算宣布自己为国际支部的通告。——15

22 1868年3月21日《蜂房报》第336号关于这次会议的报道，有记录本中没有记载的如下一段："宣读了佩斯（匈牙利）的一封来信。信里宣布建立了一个工人协会，已经有800名会员。这封信还附有一份铅印的宣言，其内容是一个原则纲领，类似工业最发达国家中工人协会偶尔发表的同类文件。"——15

23 记录显然有错。1868年3月7日《蜂房报》第334号对这次会议的报道说的是伯明翰。对照1867年10月8日总委员会的记录，那上面说几份成立宣言和临时章程已被送往伯明翰工联理事会。——17

24 1868年3月22日《未来呼声报》第12号发表了日内瓦建筑工人中央委员会于1月19日提交全体大会的报告。——17

25 鲁昂支部是在1866年夏建立的，它的组织者石印工人埃米尔·奥布里是出席

日内瓦代表大会和洛桑代表大会的代表。该支部是作为研究经济问题的小组存在的。——18

26 摘要摘自1868年3月28日《未来呼声报》第13号,特别是宣读了细木工库尔图瓦来的一封信,他的承包人鲍姆加特纳曾说过,如果他想保留他的职业,他就必须脱离国际。——18

27 由埃卡留斯起草并由常务委员会于4月4日认可的总委员会关于日内瓦建筑工人歇业的声明,刊载于1868年4月6日《晚星报》。关于罢工的起因、它的发展和日内瓦形势的详细报道,埃卡留斯也写进了刊载于1868年4月4日《蜂房报》第338号上的总委员会例会的报道中。——18

28 刊载于1868年4月4日《蜂房报》第338号上的关于这次会议的报道,有记录本上没有的如下一段内容:"在维也纳……已经出版了一张倡导社会民主主义的工人双周刊——《维也纳工人报》,它出版的第一天就发售了3万份。"——18

29 日内瓦支部委员会委员格拉利亚被派往巴黎和伦敦,为日内瓦建筑工人谋求财政援助。他于4月5日到达巴黎,4月6日来到伦敦。当天晚上,他出席了法国人分部的会议,第二天还出席了总委员会会议。其后,又由荣克陪同访问了几个工人团体,4月9日以后返回日内瓦。——19

30 鉴于有在日内瓦工人和警察之间挑起冲突的图谋,1868年4月12日《未来呼声报》第15号上刊登了下述通告:"近几天来,协会会员成了旨在引起冲突的挑衅和侮慢的对象。我们希望,挑衅者不会如愿以偿,你们要庄严而坚决地坚持你们的正义要求。让公众舆论去判断吧。以所有支部的中央委员会的名义,执行委员会。"——20

31 由瓦尔兰起草和签署的巴黎支部为日内瓦建筑工人募捐的呼吁书,发表在1868年4月5日的资产阶级进步报纸《国民舆论报》上。呼吁书阐明了罢工的起因和工人的要求。——20

32 纽约及其郊区的社会党(左尔格是它的领袖之一),是于1868年1月由共产主义者俱乐部和纽约德意志工人总联合会合并而成的。由一群德国流亡者即拉萨尔的信徒于1865年成立的联合会开始渐渐离开拉萨尔的教条,为此遭到在德国正统的拉萨尔分子的批评。社会党的成立，是把美国的德意志工人在科学共产主义基础上联合起来的重要步骤，并大大提高了国际在美国的威信。——20

33 显然有误：《未来呼声报》没有发表过这篇短评。——21

34 德意志男性同盟（Bund Deutscher Männer）是伦敦的德国流亡者组织之一，据悉在1859年就已存在。——21

35 全国星期日同盟（National Sunday League）是慈善教育组织，争取各博物馆、音乐厅以及诸如此类的机构在星期日向工人开放，因为工人在平日不能到这些机构里去。R. M. 莫雷尔是它的名誉书记，资产阶级激进派巴克斯特·兰利是同盟理事会理事。同盟遭到了英国教会和奉行严格安息日仪式的伪装神圣的宗教组织的强烈反对。

总委员会作为伙租者，从1868年6月到1872年2月曾使用同盟在伦敦海·霍尔本街256号的办公处。——21

36 从上次会议的记录中可以看出，各报散布了日内瓦建筑工人罢工胜利的谣言。1868年4月25白《蜂房报》第341号对这次会议的报道里，有荣克对这些谣言的批驳，他对雇主们又发动攻击的声明，以及下述通告："在这种情况下，委员会继续向伦敦工人要求援助。"——22

37 《致巴黎各行业工人的呼吁书》全文转载于1868年4月19日《未来呼声报》第16号上。

1868年4月19日《法兰西信使》发表了由马隆、瓦尔兰和朗德兰签名的巴黎委员会的另一个呼吁书，号召为日内瓦建筑工人筹款。——22

38 1868年3月26日，比利时沙勒罗瓦煤田发生了抗议降低工资和缩减生产的罢工工人和宪兵队之间的流血冲突；22名工人（其中有5名妇女）被捕，并受到法庭审讯，指控他们图谋杀人和毁坏矿主的财产。4月5日，布鲁塞尔支部成立了一个专门委员会延聘律师为被捕者辩护。律师们发动舆论来支持被告。8月15日，陪审团宣告他们无罪，理由是工人的行动是因为无理克扣工资会使他们的家庭饿死逼出来的，他们原先的五个月监禁本身就是一种严厉的惩罚。

致沙勒罗瓦煤田工人、比利时工人和各国工人的公开信，由布鲁塞尔支部发表在1868年4月19日《人民论坛报》第4号上。公开信说："兹告知你们

被监禁的同志们,我们将采取必要的措施,为他们组织一个法律辩护委员会。"——22

39 荣克引用的事实,刊载于1868年4月19日《人民论坛报》第4号关于布鲁塞尔支部3月30日和4月5日两次会议的报道中,以及该支部致沙勒罗瓦煤田工人、比利时工人和各国工人的公开信与同期《论坛》关于政治事件和劳工运动的评论中。——23

40 指贝克尔编辑出版的小册子《国际工人协会和1868年3—4月的日内瓦罢工》,于1868年4月在日内瓦出版。法译本也于1868年5月在日内瓦出版,书名为《国际工人协会和1868年3—4月的日内瓦罢工》,约·菲·贝克尔编,弗雷德·科恩译。出售小册子为日内瓦罢工工人募捐。——24

41 指1867年春罢工期间贷给巴黎青铜匠的贷款。

　　刊载于1868年5月2日《蜂房报》第342号上的关于这次会议的报道说,巴黎来的这个情报是刚从那里回来的一位总委员会委员提供的。——24

42 荣克在装订工人大会上所作的解释与伦敦法国人分部的活动有关。在对巴黎国际会员的审讯中,检察官力图把伦敦法国人分部描绘成似乎是由国际工人协会操纵的秘密活动中心。为了证明这一点,他提到了在住宅查访中搜到的1867年4月17日和5月12日的两封信,在这两封信里,杜邦在谈到改革同盟组织的海德公园示威时,表示希望欧洲革命到来。文件证据也包括由法国人分部组织在克利夫兰大厅举行大会以纪念1848年二月革命周年的通告。这个通告是由杜邦、贝松、勒吕贝等人签署的。——25

43 国际工人协会会员证的格式最初是由常务委员会在1864年11月通过的。会员证发给以个人身份加入国际的个人和以法人身份加入的各工人团体的会员,由总委员会根据其缴纳年度会费的情况发给。不过,在1865—1868年以大团体加入国际的英国各工联,通常没有为每个会员领取会员证。大陆上的各国际支部当其组织形成时就开始发行了自己的会员证。总委员会的会员证只使用于国际的组织还不能合法地进行活动的国家,以及个人会员从事活动即当地只有同总委员会直接联系的个人会员的国家。这个制度在德国、奥地利,部分地(不同时期)在法国,意大利以及其他国家广泛推行过。

在原先的会员证上，有总委员会主席、财务委员、总书记和各通讯书记的亲笔签名。这样，马克思以德国通讯书记身份在国际成立的最初几个月里就签署了1500多张会员证（见马克思1865年3月13日致恩格斯的信）。后来，根据马克思的倡议，只由总书记在会员证上签名，而总委员会其他负责人的签名则制成铅版印在上面。这就是为什么总委员会要经常修改铅版，以使签名符合总委员会变化情况的原因。最初，会员证用手写编号。1865年12月26日决定，从印刷所取回新的会员证便用专门打号机打号，会员证底版从第6000号起就保存起来了。但是会员证编号遭到了反对，主要是因为保密，而于1868年停止了编号。会员证的名称"会员年度会费证"也代之以更短的名称"会员证"。——25

44　1868年5月12日，仍代理贝松担任比利时通讯书记的杜邦，请求德巴普将关于沙勒罗瓦事件的详细情况告诉他。——26

45　见注35。——27

46　1868年5月21日的信是万丹胡亭来的。塞扎尔·德巴普当时在准备考医学院。他当排字工人时边工作边学习，并且把学习同作为比利时工人运动和国际比利时支部的领导人的广泛的政论活动和组织活动结合起来。——28

47　拿破仑第三的政府出于蛊惑人心的目的，起初对国际在法国的活动还是相当宽容的，尽管它并未准许在法国成立国际的支部。但是，随着时间的消逝和第一个工人阶级国际组织的革命无产阶级性质越来越明显，法国各支部的态度日益发生变化。警察开始注意他们了，政府的首次敌对行动就是在法国边境没收日内瓦代表大会的文件。

1867年末，巴黎理事会理事们的家遭到了搜查，指望找到证明国际是秘密团体的证据。可是，这样的证据并未找到，而巴黎理事会理事们乃被指控为未经当局许可擅自结社。案件在1868年3月6日和20日由巴黎刑事法庭审理。在审讯期间，理事会15位理事（舍马莱、托伦、埃里贡、卡梅利纳、缪拉、佩拉雄、富尔努瓦斯、戈蒂埃、多蒂埃、贝拉米、热拉丹、巴斯蒂安、吉雅尔、德拉埃、德洛梅）宣布原来的理事会解散，并任命了新的人选。1868年3月8日，第二届巴黎理事会由博尔顿、瓦尔兰、马隆、孔博、莫兰、朗德林、安贝尔、格朗容和沙博诺组成。于是导致了1868年5月22日的新案件即所谓"第二届理事会"案件的审讯。在这两次审讯中和两案在上诉法庭侦讯期间,被告们几乎全体拒绝用辩护律师而自行发言为理事会作辩护,并在发言中精辟地阐明了国际的思想。瓦尔兰阐述国际从1864年到1868年的历史的发言,给人特别深刻的印象。法庭宣布解散巴黎支部,并判处第一届理事会理事罚金。对第二届理事会理事的判决还要糟得多:被告都被判处三个月监禁和罚金。——29

48 揭露法国政府和比利时政府的材料被马克思用来起草总委员会给布鲁塞尔代表大会的报告。——29

49 1868年5月29日,马克思去曼彻斯特的恩格斯家里作客,他的决议草案是由荣克在下一次总委员会会议上提出的。——29

50 1868年6月16日,比利时司法大臣茹尔·巴拉在议会讲话,说服议员们延长1835年的外侨法。根据这个法律,任何外国人都可以作为政治上不可靠的人被驱逐出境。巴拉说,他要竭尽全力来阻止国际代表大会在布鲁塞尔召开。

由比利时各支部联合会委员会和执行委员会给巴拉大臣的公开信,发表在1868年5月24日《人民论坛报》第5号上。公开信抗议比利时政府侵犯公民的基本权利,并驳斥了对国际的造谣诽谤。——30

51 沙勒罗瓦的公众集会是在1868年5月31日举行的,它是由比利时委员会在几个星期日,即5月24日、31日和6月7日,在各城市为宣传国际的思想而组织的群众大会之一。——30

52 韦尔维耶(比利时)的"自由工作者"(Francs Ouvriers)于1868年5月4日正式加入国际。——30

53 马克思起草的决议案发表于1868年6月6日《蜂房报》第347号。——30

54 指《联邦主义者》(*Le Fédéraliste*)月刊。它的计划纲要是由右派蒲鲁东主义者弗里布尔和舍马莱起草的,于1868年7月在巴黎发表,它宣布了解放无产阶级"永不求助于权威"的要求,并提出了政治、经济、农业和工业联盟的互助主义原则。这个计划纲要也用做托伦和弗里布尔的竞选纲领。他们想,用杜邦的话说:"从只有工人能够代表工人这一原则出发,企图在1869年当立法团

的工人候选人。"（见马克思1866年9月26日致恩格斯的信）。出版《联邦主义者》一事没有实现。——31

55 指布鲁塞尔支部致沙勒罗瓦煤田工人、比利时工人和各国工人的公开信。——31

56 指比利时的下述的工人刊物，《人民论坛报》（*La Tribune du Peuple*）——1861年开始在布鲁塞尔出版的报纸，1866年成为布鲁塞尔支部的机关报；《义务报》（*Le Devoir*）——1865年在列日开始出版的周刊，1868年成为当地国际支部的机关报；《米拉波报》（*Le Mirabeau*）——月刊，1867年12月创刊，韦尔维耶自由工人协会的机关报，该协会于1868年春加入国际，《工人报》（*De Werker*）——周刊，1868年在安特卫普创刊，佛兰芒支部的机关报。此外，布鲁塞尔民主派报刊《蟋蟀报》（*La Cigale*），《自由报》（*La Liberté*）和《比利时人民报》（*Le Peuple Beige*）也定期发表国际的文件和关于国际各支部活动的报道。——31

57 关于尼翁分部成立的通告，刊登于1868年6月7日《未来呼声报》第23号上。在这个通告的下面，该报还刊登了当时在日内瓦活动的23个国际支部的总名单。——32

58 荣克按照马克思的指示于6月2日提出下次代表大会不在布鲁塞尔而在伦敦举行，这一提案在总委员会里引起争论，6月9日和16日的会议上继续进行讨论的提议，都遭到了总委员会中以奥哲尔为首的英国委员和伦敦法国人分部某些会员的强烈反对。这两部分人采取这种立场的原因，显然是害怕马克思出席代表大会会大大增强聚集在马克思周围的无产阶级革命分子的影响。

在6月9日总委员会会议之前，杜邦和荣克进行了广泛的工作，杜邦在伦敦法国人分部于6月6日举行的每月例会上，荣克在总委员会英国委员中，都做了工作。6月11日，荣克写信给在曼彻斯特的马克思说："奥哲尔又露面了，看来是想阻止我们的代表大会在伦敦举行；所以，在我们的决议案还没有通过之前，在上个星期二和这个星期二仍然要进行相当艰巨的斗争。我认为，到目前为止，我很成功，因为我争取到了差不多所有的英国委员支持我们：黑尔斯、鲁克拉夫特、米尔纳、巴克利。起初，他们都反对在伦敦举行代表大会，就是说，他们赞成奥哲尔的意见。您一定要出席下个星期二的会议，但是我想在开会前见到您（如果您方便的话），我要向您报告'事情的原委'。"——32

59 1868年6月20日《蜂房报》第349号刊载的这次会议的报道中，巴黎通信之后，紧跟着的是瓦尔兰于5月22日在法庭上所作的为被告辩护的演说词。——35

60 工人团体"被解放者"（Les Affranchis）是1868年5月24日在瑞梅（沙勒罗瓦煤田）作为国际支部成立的。——35

61 在伯尔尼出版的和平和自由同盟所属资产阶级和平主义机关报《欧洲联邦》的巴黎通讯员的这篇文章，转载于1868年6月14日《来来呼声报》第24号上。文章的作者把国际描绘成一个争取劳动立法的改良主义组织。他写道："这个问题太大了，尤其是太复杂了，以致越出欧洲范围也是解决不了的。任何工业问题在今天都是国际性问题。"——35

62 马克思于6月15日前后从曼彻斯特回来，得以熟悉他不在时从比利时寄来的文件。这些文件中，首先是司法大臣巴拉讲话的全文和比利时支部致他的公开信；其次是德巴普和万丹胡亭寄来的私人信件，他们肯定支部不会对政府让步而迁移代表大会的开会地点。这就促使马克思撤销了他在5月26日提出的决议案。马克思在1868年6月20日写给恩格斯的信中，谈及6月16日总委员会会议的情况时说："至于目前在这里的韦济尼埃和皮阿等人的卑鄙阴谋，我就不用说了。他们当然散布了谣言，说我们似乎是在按波拿巴的指令行事。

"他们以为最近这次会议会大吵大闹，因而给我们派来了旁听者。当我宣读了文件等等，并根据这些文件撤回了我的决议时，他们大失所望。我是这样把事情扭转过来的：外侨法并不是直接针对国际的。它具有**普遍**的性质。因此，如果国际在这样的立法下选择布鲁塞尔作为自己的会议地点，就是对比利时政府**让步**。现在情况相反。现在是比利时政府直接威胁我们并向我们挑衅，如果这时我们把代表大会从布鲁塞尔迁走等等，我们就是对它让步。同时，我对那些攻击我的决议的人（奥哲尔等）在他们不了解情况变化时所使用的英雄腔，讲了几句很轻蔑的玩笑话。我们可能遇到的唯一危险，就是廉价殉道和成为笑柄。在我发言的时候,罗夫人几次叫嚷'听呀,听呀!'并敲桌子表示赞成。无论如何我做到了使奥哲尔等成为受人嘲笑的对象,使撤销决议不能被说成是他们的胜利。"(《马克思恩格斯全集》中文第1版第32卷第95页。)——36

63 莱涅克1868年6月19日在柏林签署的致他的选民的宣言,在1868年6月27日《蜂房报》第350号上关于总委员会这次会议的报道中加以转载。——38

64 由石印工人尤利乌斯·萨斯签署的莱比锡排字工人1868年4月28日的信和巴黎石印工人5月26日由工人代表们签署的复信,转载于1868年6月21日《未来呼声报》第25号上。——38

65 日内瓦鞋匠合作工场是根据1866年日内瓦代表大会批准的马克思作的《临时中央委员会给代表的指示》中所提出的原则建立的。支持蒲鲁东、拉萨尔和欧文的资产阶级合作运动者把不定什么样的合作制度都看成是救治社会弊病的万应灵丹。与他们不同,马克思和恩格斯的追随者坚持认为,如果工人不把国家政权掌握在自己手中,合作制度绝不能改造资本主义社会。他们还强调,参加合作运动对工人有重大的教育意义,因为合作运动打破了资本主义制度永世长存的神话,增强了他们的无产阶级信念,并使他们养成有益的组织和经营管理的习惯。马克思在他的《指示》中提出了创建工人合作社的几条原则,这些原则体现在1866年12月至1867年1月《先驱》上发表的贝克尔的合作社模范章程中。按照这个章程,日内瓦鞋匠合作社以其1/6的利润交给国际的中央金库,1/6投入用于投资的固定基金,1/6作为互助基金,1/6作为储备基金,最后剩下的2/6在合作社社员中(除了每周所得工资外)进行平均分配。合作社不能搞雇佣劳动,但是有义务不受限制地接纳新会员,并赋予他们以充分的权利。——38

66 纪念1848年巴黎工人六月起义周年的公众大会是1868年6月29日在伦敦克利夫兰大厅举行的。这样的大会每年都由伦敦德意志工人教育协会同其他流亡者组织联合召开。

出席这次大会的费利克斯·皮阿宣读了一个他说是从叫做"巴黎革命公社"的秘密团体那里收到的宣言,并提出了一个挑衅性的决议,宣称暗杀拿破

仑第三是每个法国人的神圣义务。这个决议全文转载于1868年7月4日《蜂房报》第351号上。——38

67　这是指邀请由奥斯本·华德于1865年建立的组织——美国劳工改革协会派遣一名代表参加1868年的国际代表大会。美国工人组织没有派代表参加布鲁塞尔代表大会。——38

68　1868年6月21日布鲁塞尔报纸《蟋蟀报》第25号发表了皮埃尔·韦济尼埃的署名"国际会员P.V."的发自伦敦的通讯。这篇文章歪曲地描述了6月9日总委员会会议关于改变代表大会开会地点问题的讨论，并对杜邦和荣克进行了诽谤性攻击。6月22日，布鲁塞尔中央支部一致通过决议，对韦济尼埃的文章完全不负责任，并对在报刊上泄露国际内部事务的做法表示抗议。在总委员会这次会议上宣读的信，是由德巴普、麦丁斯、德累萨勒和罗沙尔于1868年6月23日签署的。

　　比利时支部对于韦济尼埃文章中诽谤杜邦和荣克所提的抗议，在1868年6月28日《蟋蟀报》第26号上发表过。——39

69　刊载于1868年7月11日《蜂房报》第352号上的关于7月7日总委员会会议的报道，有下述一段："总委员会没有收到关于日内瓦罢工的任何通知。"——39

70　1868年7月5日布鲁塞尔报纸《淘气》第25号发表了有关8月29日克利夫兰大厅公众集会的报道，其中把这次会议描述成国际会员的一次会议，而皮阿是这次会议的组织者之一。——40

71　由马克思起草的针对费利克斯·皮阿的决议，发表在1868年7月12日《自由报》第55号上，后又转载于7月19日《蟋蟀报》第29号和7月26日《人民论坛报》第7号上。

　　从埃卡留斯1868年8月7日给德巴普的信中可以看出，负责组织克利夫兰大厅会议的伦敦德意志工人教育协会，在它的正式决议中，无保留地赞同总委员会的决议。皮阿的挑衅性攻击，在法国本身处于对一切革命者乃至一切反对派加强报复的情况下尤其不合时宜，引起了住在布鲁塞尔的布朗基的亲密同志和信徒的愤慨。布朗基主义者古·特里东在1868年7月19日《蟋蟀报》第29号上痛斥了皮阿。他直接谴责了皮阿的挑衅行为，并怀疑有什么与皮阿有

联系的秘密团体存在。——40

72　1868年5月6日《法兰西信使报》刊载了一个为出版国际会员受审材料募捐的通告。通告说:"光明必定向群众指明道路。"《国际工人协会审讯案。巴黎理事会》巴黎舍瓦利尔1868年夏末版。——41

73　由国际布鲁塞尔支部和比利时联合会委员会发表的关于召开布鲁塞尔代表大会的传单,1868年夏天在布鲁塞尔用法文和佛兰芒文出版,标题都是"国际工人协会告各工会和各国工人"。

　　传单的法译文转载于1868年9月6日《未来呼声报》第36号上。——41

74　这是指布鲁塞尔代表大会致大不列颠和爱尔兰工联会员的公开信。1868年7月初用传单形式在伦敦发表,题为"致大不列颠和爱尔兰工联会员",并转载于1867年7月25日《蜂房报》第353号上。公开信的德译文部分刊载于1868年8月《先驱》第8期上和日内瓦德语区支部中央委员会于1868年8月散发的关于代表大会的传单中。

　　由于筹备布鲁塞尔代表大会,伦敦的德文报纸《海尔曼》在其1868年8月15日印行的一期上,发表了由列斯纳起草并由马克思校阅过的如下的《告伦敦德国工人书》:

　　工人们! 今年9月7日将在布鲁塞尔召开第三次国际工人代表大会。

　　这次代表大会将讨论扩大、加强和组织工人国际联合的共同活动的最好方法,以及同工人阶级利益密切关联和迫切需要解决的问题。最后,必须在宣传手段方面相互达成协议。

　　总委员会向代表大会提出下列问题:

　　1. 缩短和调整工作日;

　　2. 资本家采用机器的影响;

　　3. 土地所有制的性质;

　　4. 工人阶级的教育;

　　5. 建立信贷机构以促进工人阶级的社会解放;

　　6. 建立生产合作社的最好方法。

　　为了力争实现这个由于时间和形势的要求而提出的倡议,我们号召你们不论是作为整个组织或作为个人都要在力所能及的范围内进行工作。必须以志愿捐款的办法筹集足够的经费,以便伦敦的德国工人能够派出一名或数名代表。如果在目前这种暴风骤雨的时刻,在数以千计的伦敦德国工人中间没有足够的由于理解本阶级利益而感到鼓舞的人来保证自己有代表出席布鲁塞尔代表大会,那是可耻的。

因此,行动起来吧!各国工人早就应当联合起来,并且应当懂得,为了有效地进行斗争,反对以暴力为基础的资本家的统治,必须有一个工人阶级各种队伍的强大联盟。

不应当忘记,在北美合众国八小时工作日已经被宣布为所有国营企业应当遵守的法律。

我们还想起了卡尔·马克思于1867年在他的著作《资本论。政治经济学批判》的序言中所写的具有深刻历史意义的话:"正像18世纪美国独立战争给欧洲资产阶级敲起了警钟一样,19世纪美国南北战争又给欧洲工人阶级敲起了警钟。"

捐款可于每星期一、三、六晚9时起交到德意志工人教育协会秘书和出纳员处。

代表德意志工人教育协会、国际工人协会德国人分部。

理事会

——41

75 根据法庭决定查封全德工人联合会柏林分会的通告,刊载于1868年7月11日《民主周报》第28号上。——41

76 题为"国际工人协会致它的工人兄弟"的公开信,刊载于1868年7月《先驱》第7期,由贝克尔和明希代表德语区支部中央委员会签署,同时用法文刊载于1868年7月12日《未来呼声报》第28号上,由培列和格拉利亚代表瑞士罗曼语区支部中央委员会签署。——42

77 1867—1868年,沙皇政府在波兰采取了一系列的行政措施,废除波兰建制和强行俄罗斯化。马克思提出的总委员会的声明,发表在1868年7月18日《蜂房报》第352号有关这次会议的报道中。——42

78 1868年6月25日,美国国会通过了所有国营企业和联邦机构中实行八小时工作日的法律。——42

79 1868年7月11日,常务委员会会议讨论了布鲁塞尔代表大会的议程草案。——42

80 指《致大不列颠和爱尔兰工联会员》的公开信。——43

81 指奥古斯特·倍倍尔为首的德国工人协会联合会。威廉·李卜克内西在他1868年7月17日的信中向马克思报告了有关联合会全体代表大会筹备情况的一些细节,以及他同倍倍尔要在代表大会上提出加入国际问题的打算。——44

82 《觉醒报》(Le Réveil)是法文周报,自1869年5月起为日报,左派共和党人的报纸,1868年7月到1871年1月期间由查理·德勒克吕兹编辑,在巴黎出版。——44

83 指总委员会1868年1月28日发出的函件中所提出的关于搜集劳动调查统计资料的问题。——44

84 倍倍尔1868年7月23日的信是寄给总委员会的;李卜克内西7月22日的信是寄给马克思本人的。李卜克内西在他的信中主张,马克思应该作为总委员会的代表去纽伦堡参加德国工人协会联合会全体代表大会。马克思拒绝了,而埃卡留斯作为总委员会的代表被派往纽伦堡。

纽伦堡代表大会是在1868年9月5—7日举行的。代表大会以多数票(69票对46票)通过了加入国际工人协会的决议,并选出了一个由16名委员组成的委员会负责落实这一决议。这16个人于1868年9月22日经总委员会批准组成国际工人协会在德国的执行委员会。——46

85 彼得·福克斯当时在维也纳。——46

86 由左尔格和维德勒于1868年6月3日签署的纽约社会民主联合会致日内瓦工人的公开信,刊载于1868年7月《先驱》第7期、7月26日《未来呼声报》第30号和8月1日《蜂房报》第354号上。——46

87 指伦敦法国人分部的一些成员对总委员会1868年7月7日的决议的抗议。马克思在他1868年8月4日的信中,把总委员会例会的情况告诉了恩格斯:"下流的法国人支部跟我们大闹了一场。皮阿的拥护者在《蟋蟀报》上发表了对总委员会的谴责书。他们的大炮是臭名远扬的韦济尼埃。我们没有理睬这个不信任票而干脆转入议事日程。"（参看《马克思恩格斯全集》中文第1版第32卷第123页。）

法国人支部发生冲突的结果是：1868年8月初，总委员会委员杜邦、荣克、拉法格和若昂纳尔，以及该支部的成员普兰塔德和赛拉叶退出了分部。后来，所谓的伦敦法国人支部同国际失去了联系，尽管它继续非法袭用这个名称。1870年5月10日，总委员会不得不正式同这一伙人断绝联系，并通过了马克思提出的决议的条文。——46

88 马克思在他的发言中提出了他曾在《资本论》第1卷第13章《机器和大工业》中加以发挥了的基本思想（参看《马克思恩格斯文集》第5卷第427—580页）。——47

89 指被判处监禁的第二届巴黎委员会委员（孔博、瓦尔兰、朗德兰、恩贝尔、马隆、沙博诺、莫兰、布尔东和格朗容），他们被关进了巴黎的圣佩拉日监狱。——50

90 对第二届巴黎委员会判决后，巴黎支部处于半合法状态，没有正式选举新的委员会。领导权仍然掌握在瓦尔兰起领导作用的上届委员会手中。——51

91 里昂和索恩河畔讷维尔的各支部派遣阿尔伯·里沙尔参加了布鲁塞尔代表大会。——51

92 指1868年9月22日开幕的资产阶级和平主义的和平和自由同盟的伯尔尼代表大会。——51

93 显然指宪章主义者詹姆斯·李奇写的小册子，恩格斯在他的《英国工人阶级状况》一书中提到并引用过。——53

94 维也纳工人致法国和英国工人的呼吁书，转载于1868年8月21日《人民论坛报》第8号和8月《先驱》第8期。——55

95 马克思起草的这个决议案，由埃卡留斯在1868年9月9日向国际布鲁塞尔代表大会提出，并成为代表大会对这个问题的决议的一部分。——55

96 全国劳工同盟第三届代表大会于1868年9月21日在纽约开幕。代表大会拒绝了预备会议关于提出独立的工人候选人竞选美国总统的提议。不过，大会通过

了一个详细的原则宣言，它的大部分是致力于这次总委员会会议记录中已有反映的日常改良的空想方案。——55

97 指马克思的《资本论》第1卷，其第1版已于1867年9月在德国出版。——56

98 指美国内战（1861—1865）期间北部舰队封锁南部各邦使英国工业中断了从美国进口棉花而造成的棉荒。1862年，全部纱锭和织机的3/5停产；75%以上的棉纺织业工人完全或部分失业达两年或三年。——56

99 指柏林社会主义者威廉·艾希霍夫写的小册子《国际工人协会。协会的创立、组织、社会政治活动和扩展》，1868年柏林版。这本小册子是根据马克思的指示写成的。马克思给艾希霍夫拟定了计划，提供了文件，并且从艾希霍夫的一些信中可以看出，马克思还亲自写了小册子的一部分正文。——59

100 关于出席预定于8月22—25日在汉堡举行的拉萨尔派全德工人联合会年会的邀请书是由德国各地的20多位工人签署的。这件事使马克思恰如他本人于1868年8月26日给恩格斯的信中所说的，必须特别认真地考虑他的答复。马克思写道："我说明，我不能出席大会是由于国际工人协会中央委员会的工作繁忙，并且表示我感到高兴的是，他们的代表大会的**议程**中提出了那些成为任何'严肃的'工人运动的出发点的问题：展开争取完全的政治自由的鼓动，规定标准工作日和工人阶级进行国际合作。换句话说，我祝贺他们放弃了**拉萨尔纲领**。"（参看《马克思恩格斯全集》中文第1版第32卷第134页）答复没有保存下来。（马克思于1868年8月18日写的《致全德工人联合会主席和理事会》的复信，载于1868年8月28日《社会民主党人报》第100号，参看《马克思恩格斯全集》中文第2版第21卷第458—459页。）

汉堡大会表明，全德工人联合会中最进步的会员受到工人运动的影响，开始摆脱拉萨尔的教条。大会在原则上承认了各国工人采取联合行动的必要性，但在实际上，联合会的领导人仍然阻挠联合会加入国际。——59

101 达希没有出席布鲁塞尔代表大会。——59

102 1868年8月9至10日在纳沙泰尔（诺因堡）举行的瑞士50个德意志工人教育协会的代表会议通过加入国际的决定的通告，刊载于1868年8月《先驱》

第 8 期上。——59

103 指为布鲁塞尔代表大会一事起草的《致大不列颠和爱尔兰工联会员》的公开信。——61

104 争取个人和思想解放协会（Société du sou Pour l'affranchissement de la pensée et de l'individu），拥有约 1000 名会员，在该会 8 月 15 日举行的全体大会上表示同情国际，并选出卡塔兰为其出席布鲁塞尔代表大会的代表。——61

105 由马克思起草的这项决议，刊载于 1868 年 8 月 29 日《蜂房报》第 359 号。在布鲁塞尔代表大会上，这项决议由埃卡留斯提出，并在 1868 年 9 月 12 日缩短工作日专门委员会的报告中宣读了。——61

106 由马克思起草的国际工人协会总委员会第四年度报告，布鲁塞尔代表大会于 9 月 7 日宣读。这个报告在 1868 年 9 月 9 日《泰晤士报》登载的埃卡留斯英文通讯稿中第一次发表。马克思自己翻译的德译文由马克思夫人手抄稿保存下来了，这个报告的德译文发表于 1868 年 9 月《先驱》第 9 期和 9 月 12 日《民主周报》第 37 号（中译文见《马克思恩格斯全集》中文第 2 版第 21 卷第 461—467 页。——译者注）。报告还用法文发表于《比利时人民报》的特刊，以及 1868 年 9 月 13 日《自由报》第 64 号。——62

107 埃卡留斯于 1868 年 8 月 29 日离开伦敦。——62

108 总委员会的账目提交给了国际代表大会批准。

本卷发表的总委员会的记录表明，马克思积极参加了并直接领导了总委员会筹备布鲁塞尔代表大会的工作。然而，马克思本人没有出席代表大会。布鲁塞尔代表大会有代表英国、法国、德国、比利时、瑞士、意大利和西班牙工人的近 100 名代表出席。代表大会通过了必须建立铁路、矿井和矿山、森林和可耕土地的公有制的重要决议。这项决议表明了大多数法国和比利时的蒲鲁东主义者已经变成了集体主义的支持者，从而标志着国际内部无产阶级社会主义对小资产阶级改良主义的胜利。代表大会通过了马克思提出的关于八小时工作日、关于资本主义制度下机器对工人状况的影响、关于代表大会对待资产阶级民主派和平和自由同盟的态度等决议，还通过了列斯纳代表德国代表团提出的关于建议各国工人学习马克思的《资本论》并协助把这部

著作从德文译成其他各国文字的决议。——63

109 指总委员会。它是在布鲁塞尔举行的国际协会的一次定期代表大会（1868年9月6—13日）上选出的，并自9月22日本次会议起开始工作。参加布鲁塞尔代表大会的有来自英国、法国、德国、比利时、瑞士、意大利和西班牙的近100名代表。大会通过了一项非常重要的，即必须把铁路、矿山和采石场以及森林和耕地改变为公共所有的决议；通过了马克思建议的关于缩短工作时间、关于使用机器、关于对和平与自由同盟伯尔尼代表大会所应采取的态度等决议；还通过了弗里德里希·列斯纳代表德国代表团提出的、建议各国工人学习马克思的《资本论》并促使其译成各国文字的决议。

虽然马克思没有参加代表大会的会议，但他积极参加了代表大会的准备工作，起草了在代表大会上提出的总委员会的报告。

代表大会的正式报告发表于1868年9月在布鲁塞尔出版的《比利时人民报》特别副刊《国际工人协会第三次代表大会公报》上。——63

110 见注35。——63

111 在1868年10月3日《蜂房报》上发表的对这次会议的报道中也刊登了总委员会委员的名单，但是与记录本中的名单不同的是，它加上了茹·若昂纳尔，而不包括豪威耳和哈丽雅特·罗。——64

112 指代表大会办事处于1868年9月11日上午会议上通过的关于国际协会会员应交会费的决议、关于各分部和支部在国际的代表大会上的代表权的决议。这些决议和总委员会委员名单公布在代表大会公报上（见1868年9月22—29日《国际工人协会第三次代表大会公报》）。——64

113 指兰德尔1868年8月17日致总委员会的一封信，信中说他所代表的团体认为，有必要为争取美国立法机构中的工人代表权进行活动。——64

114 自1866年1月至1867年6月25日，总委员会在包弗里街18号租了一间房屋。1867年7—8月间的会议，是在卡斯尔街16号总委员会的一名委员莫里斯的一处房子里举行的。自1867年8月20日到1868年5月26日期间，除了1867年11月20日和1868年1月21日的会议是在莫里斯的上述处所举行之外，都是在克利夫兰堂举行的。自1868年6月起，总委员会租用了海·霍尔

本街256号星期日同盟的办公处。——64

115　显然是指发表在《工人辩护士报》1868年8月份那几期上的《全国劳工改革党的原则纲领》。

《工人辩护士报》(The Workingman's Advocate) 是美国全国劳工同盟的周报,于1864—1877年在芝加哥出版。该报研讨工会运动问题,并转载国际的文件。——64

116　指奥古斯特·倍倍尔领导的德国工人协会联合会纽伦堡代表大会。该代表大会于1868年9月5—7日举行,成为在德国建立无产阶级政党的一个重要步骤。它通过了赞成国际协会原则的决定。埃卡留斯作为国际工人协会总委员会的正式代表参加了纽伦堡代表大会。——64

117　荣克于1868年9月6日在代表大会的开幕式上发言。马克思起草的关于1867—1868年总委员会的活动的正式报告(见《第一国际总委员会会议记录(1866—1868)》),由杜邦在1868年9月7日的晚间会议上宣读。——65

118　改革同盟 (The Reform League) 是英国工人的群众性改革运动的政治中心,于1865年春季在总委员会的倡导和参加下成立。改革运动的纲领以及对资产阶级政党的策略是在马克思的直接影响下制定的,马克思为制定英国工人阶级独立于资产阶级政党的政策进行了斗争。改革同盟提出了成年男子普遍选举权的要求。然而,同盟未能执行总委员会制定的路线,这是由于同盟领导人中被群众运动吓住了的资产阶级激进派动摇了,还由于工联领导人推行了妥协政策。英国资产阶级分裂了这个运动,并于1867年实行一项被缩小了的改革,这一改革只把选举权授予小资产阶级和工人阶级的上层部分。——65

119　指1868年9月21—25日在伯尔尼举行的和平和自由同盟 (The League of Peace and Freedom) 的第二次代表大会。这个同盟是1867年由小资产阶级与资产阶级的共和主义者和自由主义者成立的。维克多·雨果、米哈伊尔·巴枯宁、朱泽培·加里波第等人积极参与了同盟的成立工作。——65

120　鲁克拉夫特在1868年9月7日晚间的会议上作了关于无产阶级对待战争的态度的发言,并提出了废除常备军的要求(见1868年9月9日《国际工人协会第三次代表大会公报》)。——65

121 塞扎尔·德巴普是比利时支部在国际的洛桑代表大会(1867年)上的唯一代表。在布鲁塞尔代表大会(1868年)上,比利时人则在总数为100名的代表大会代表中占了50多名。——66

122 《泰晤士报》(1868年9月15日)在其社论中论及布鲁塞尔代表大会关于罢工和使用机器的决议时,断言劳资双方的利益是一致的,机器"所施于贫穷阶级的利益比它带给富有阶级的利益大得不可计量"。9月16日的《晨报》社论在未直接提及《泰晤士报》时批评了这一说法,承认资产阶级社会中劳资双方的利益是敌对的,承认机器的使用带来了解雇,并由于把工人逐出生产而剥夺了工人的生活资料。——67

123 对这次会议的报道发表在1868年10月3日《蜂房报》上。——67

124 指1867年在拉绍德封出版的《国际工人协会1867年9月2—8日洛桑代表大会会议纪要》。——67

125 指在《国际工人协会第三次代表大会公报》上发表的布鲁塞尔代表大会记录。——68

126 全国劳工同盟(The National Labour Union)成立于美国,是1866年8月在巴尔的摩举行的一次代表大会上成立的。美国工人运动的杰出领袖威廉·西尔维斯积极参与了它的成立工作。同盟很快就与国际工人协会建立了联系。在1867年8月举行的同盟的芝加哥代表大会上,特雷维利克当选为下届国际代表大会的代表,但未能出席。——68

127 马克思在他于1868年10月28日致威廉·杰瑟普的信中,以及于同日致齐格弗里特·迈耶尔和奥古斯特·福格特的信中,谈到了总委员会的这一决议。——68

128 科恩显然指的是布鲁塞尔代表大会议程的第6项("成立生产合作社的最好方法")。科恩是在代表大会上就这个问题发言的唯一的总委员会委员。他说:"工人首先寻求工作,然后寻求工作的保证。今天有没有工作?若有,能不能确保明天还有工作?

"现存的压迫和威胁的制度是与合作的新原则对立的。我们不应当提出合作是否终于会造成第五等级的问题。我们应该想到的是公众能否利用合作来结束威胁,并为工人提供经常不断的工作和过得去的工资。"

布鲁塞尔雪茄烟工人加入国际工人协会,是1868年9月13日在布鲁塞尔代表大会上宣布的(见1868年9月24日《国际工人协会第三次代表大会公报》)。——68

129 总委员会于1868年1月28日提出了关于在资本主义制度下使用机器的后果这个问题,供所有的支部讨论。在这个问题列入布鲁塞尔代表大会的议程之前,总委员会曾在7月28日和8月4日的会议上讨论了这个问题。马克思发动了这一讨论,并提出了后来他在《资本论》第1卷中发展了的基本思想(在《机器和大工业》这一章中)。马克思在8月4日的总委员会会议上总结了这一讨论,建议把总委员会的结论形成一项决议。他起草了决议文本,它在总委员会下一次会议(8月11日)上获得通过。

在布鲁塞尔代表大会9月9日的会议上,埃卡留斯以他的名义提出了这一决议(见1868年9月14日《泰晤士报》和1868年9月11日《国际工人协会第三次代表大会公报》)。这一材料载入代表大会决议的引言部分中。为了解释总委员会在这个问题上的立场,列斯纳在同一次会议上发了言,并宣读了一些摘自《资本论》的引文。——69

130 关于埃卡留斯在布鲁塞尔代表大会上的行为,马克思于1868年9月16日写信给恩格斯说:"大家对埃卡留斯很不满,下星期二将爆发一场对他有益的风暴。对他的谴责有以下几点:

"他**几乎根本没有参加**代表大会,而后来在《泰晤士报》上却把自己描绘成代表大会的领导者。

"在这些通讯中,他把**总委员会的建议**当做私有财产而攫为己有,把这些建议所赢得的掌声也记在自己名下。他千方百计避而不谈**别人**的演说,而且为了讨好《泰晤士报》编辑部,竟**歪曲了**杜邦的闭幕词。此外,列斯纳抱怨说,他(列斯纳)引用了我的书,埃卡留斯在《泰晤士报》上对这一点却只字未提,关于该书的决议,也只是在强大的压力下才写进了他的通讯,最后他还歪曲了德国人关于战争的**决议**。他说欧洲战争将是一场内战,而不按德国人的决议说'法国和德国之间的战争将是一场**有利于俄国的内战**'。他把有利于俄国这一点完全删去了；然而他却把比利时人**用罢工**反对战争的荒谬主张强加于德国人和英国人。"（参看《马克思恩格斯全集》中文第 1 版第 32 卷第 142—143 页。）——69

131　1868 年 10 月 10 日马克思在致恩格斯的信中说："正像你所知道的，奥哲尔先生提名自己为切尔西的候选人，我认为没有成功的希望。自从根据我的提议取消了国际工人协会主席的称号从而也永远取消了奥哲尔的'主席'称号以来，去年整整一年他对我们非常冷淡。现在他因为自己在布鲁塞尔代表大会上重新当选而表示感谢，并请求给他的选举委员会写封信支持他为候选人。我们同意他的要求，只是因为这样做对国际有利，并能引起伦敦工人对国际的注意。"　（参看《马克思恩格斯全集》中文第 1 版第 32 卷第 169 页。）——70

132　指 1869 年格莱斯顿提交给不列颠议会的爱尔兰教会法案。这一法案规定在爱尔兰的英国教会与国家分离，处于与天主教会和长老教会同等的地位。然而，它仍然是剥削爱尔兰农民的最大的土地所有者。爱尔兰教会法案由不列颠议会于 1869 年 7 月通过。——71

133　指 1868 年 10 月 14 日在伦敦老贝利区贝尔旅馆举行的大约 100 个伦敦工会的代表会议。卡尔·马克思和海尔曼·荣克作为总委员会的代表参加了会议。会议讨论了一项新法案。由一些工联领袖起草的这项法案，是要给工联以法人的权利，使工联不对罢工工人给工厂主造成的损失负金钱的责任，并保证给工联资金以法律保护。这个问题是英国工联针对特别皇家委员会的活动提出来的。对这次会议以及这项新法案的报道发表在 1868 年 10 月 17 日的《蜂房报》上。

　　伦敦工联理事会（The London Trades Council）最初在伦敦各工联 1860 年 5 月举行的一次会议上选举出来。该理事会领导着好几千组织起来的伦敦工人，在英国工人中是非常有影响的。在 19 世纪 60 年代初期，它领导了旨在反对干涉美国和保卫波兰和意大利的英国工人运动，后来又为工会的合法化进行斗争。下列大工会的领导人在该理事会中起了很大的作用：木工和细木工联合会（克里默和阿普尔加思），鞋匠协会（奥哲尔），泥水匠协会（科尔森和豪威耳），机械工人联合会（艾伦）；除艾伦外，他们全是总委员会的委员。

从国际存在的最初时刻起，马克思就为反对工联领导人的改良主义和行会狭隘心理而斗争，并尽力把广大的英国工人群众引进国际：一方面努力使工联的基层组织加入国际，另一方面努力引导伦敦工联理事会作为国际的不列颠支部加入国际。根据总委员会英国委员的提议，在伦敦工联理事会的几次会议上讨论了加入国际的问题。伦敦工联理事会于1867年1月14日通过了一项决议，表示赞成国际协会的原则，但同时断然拒绝与协会建立任何组织联系。此后，伦敦工联理事会与国际之间的联系同以前一样，通过伦敦工联理事会中的总委员会的委员保持着。——71

134 记录本中粘贴有一份《泰晤士报》剪报，上面载有敦促工人学习马克思《资本论》的布鲁塞尔决议。在剪报上方，列斯纳手书了下列词句："下面引录的决议是于9月11日的会议上通过的"；在剪报下面又写："我刚才从这本著作的发行人那里听到，这本著作已译成俄文，正在圣彼得堡发行。如此说来，这些经常遭人物议的俄国人就胜过了先进的英国人和喧闹的法国人了。我希望这件事会使这些人感到羞愧。弗里德里希·列斯纳，1868年10月初于伦敦。"——72

135 指1868年9月21—26日于纽约举行的美国全国劳工同盟的第三次代表大会。这次代表大会通过了一项成立一个独立的工人党（全国工人改良党）的决议，并制定了它的纲领的基本原则，包括下列要求：只把土地给予由自己耕种的定居者；成立工人部；遵守八小时工作日和男女平权的法律。代表大会号召黑人参加这一运动。然而，代表大会反对新成立的党参加总统选举，也就基本上反对了工人阶级的政治斗争。

这次代表大会的报道发表在纽约的报纸《世界报》上，由美国全国劳工同盟的通信书记威廉·杰瑟普寄交总委员会。报道是在他1868年10月3日写给埃卡留斯的信中寄来的，这封信曾在总委员会会议上宣读过。杰瑟普在这封信中还感谢马克思给他寄了一份1868年9月9日的登载着总委员会报告的《泰晤士报》。——73

136 所谓的伦敦的法国人分部（The Franch branch in London）是在1865年秋季成立的。除无产阶级分子（保尔·拉法格、海尔曼·荣克、欧仁·杜邦、约翰·埃卡留斯）外，该分部还包括了小资产阶级的流亡者（勒吕贝等人）。1868年6月29日该分部在伦敦克利夫兰堂举行纪念巴黎无产阶级1848年六月起义的会议，费利克斯·皮阿在会上发表了一篇鼓动对拿破仑三世实行恐怖行动的演说。布鲁塞尔报纸《蟋蟀报》刊载了一篇报道这次会议的文字，其中把费·皮阿说成是国际的一名领导人。别的报纸也随声附和。总委员会认为这会损害国际协会在工人心目中的名誉，会给波拿巴政府提供它极欲得到的迫害法国和比利时的国际会员的口实。因此总委员会在1868年7月7日的会议上根据马克思的建议通过了一项决定：公布一项特别决议来拒绝对皮阿的讲话承担责任。

　　这项决议在报上发表以后，伦敦的法国人分部（费·皮阿是它的一名成员）发生了分裂。无产阶级分子由于不同意分部的冒险主义的煽动性策略而退出了分部。——73

137 显然是指伦敦的法国人分部在1868年10月20日举行的会议。——74

138 所记不确。这里指的是执行总委员会1868年10月6日通过的公布日内瓦和巴塞尔代表大会决议的决定。——75

139 指柏林工人联合会分裂后于1868年10月成立的民主工人联合会（The Democratic Labour Union）。对成立这一新联合会起了领导作用的，是艾希霍夫、魏斯以及国际协会柏林支部的其他会员。这一联合会加入了倍倍尔和李卜克内西领导的德国工人协会联合会，并接受了它的以国际的原则为基础的纲领。几乎所有的民主工人联合会的会员也是国际工人协会的会员。这一联合会积极反对拉萨尔分子；威廉·李卜克内西经常在它的会议上讲话。它于1869年加入了在爱森纳赫代表大会上成立的社会民主工党。——75

140 指日内瓦支部中央委员会致西班牙工人的关于西班牙革命的公开信。它由米哈伊尔·巴枯宁起草，于1868年10月21日以小册子的形式在日内瓦发表，题目是"日内瓦国际工人协会致西班牙工人"。这封公开信也刊登在11月8日《人民论坛报》第10号和1868年12月《先驱》第12号上。

《人民论坛报》(La Tribune du Peuple)是比利时的民主派报纸,1861年5月至1869年4月在布鲁塞尔出版。这份报纸于1865年8月起了国际在比利时的机关报的作用,并于1866年1月正式成为国际在比利时的机关报。德巴普、拉法格以及国际协会其他会员曾协助办报。

《先驱》(Der Vorbote)是国际德语区支部的月报,1866—1871年在日内瓦出版;贝克尔为其主编。——75

141 把皮埃尔·韦济尼埃开除出国际的决定,是由布鲁塞尔支部在1868年10月26日举行的会议上通过的。总委员会是从该支部10月26日的来信中,以及万丹胡亭给贝尔纳的信件(1868年10月10日和11月1日)中得知此事的。在总委员会11月3日的会议上,比利时书记宣读了万丹胡亭1868年10月28日的来信。总委员会曾建议公布该支部把韦济尼埃开除出国际的决定,但这一建议并未履行;据万丹胡亭1868年12月19日写信给贝尔纳说,未予公布是出于策略上的考虑,是为了不使警方获知此事。——76

142 这一决定发表在1868年11月21日《蜂房报》第371号上。——77

143 总委员会1868年11月17日举行的会议的记录,未录于记录本中。11月18日马克思关于此次会议写信给恩格斯说:"昨晚在中央委员会里英国人过于迟缓地但是一致地承认,我曾经**一字不差地**向他们预言过这个使我最为开心的选举结果,并且严厉批评过改革同盟的错误政策。"(参看《马克思恩格斯全集》中文第1版第32卷第192页。)马克思指的是在1867年选举改革后的第一次英国议会的选举。就是在1868年秋季的选举中,奥哲尔失败了;他曾是切尔西区的候选人。——77

144 指卢高、下维施尼茨和厄尔斯尼茨的萨克森矿工于1868年11月15日的来信,信中把他们加入国际的决定报告总委员会。——78

145 指威廉·艾希霍夫写的小册子,题目是"国际工人协会。它的创立、组织、政治社会活动和发展"。该书是按马克思的意见撰写的。马克思向艾希霍夫提供了计划以及所有必需的材料,而且从艾希霍夫的信件看来,马克思自己还撰写了书中的一些部分。——78

146 见注43。——81

147　指沙尔·佩龙1868年12月3日给海尔曼·荣克的一封信,信中谈到《未来呼声报》已停止出版,还谈到为出版国际罗曼语区支部的机关报《平等报》所采取的步骤。佩龙请求马克思、埃卡留斯和荣克为该报撰稿。荣克12月6日答复佩龙的信,以及埃卡留斯12月2日答复佩龙的信,于1868年12月16日在《平等报》专刊上发表。此外,报纸编辑还写了下面的按语:"公民马克思告知本委员会说,很不幸,他的健康状况和他的大量工作使他不能为本报撰稿。然而我们仍然希望,这位勇敢的工人阶级的辩护者将经常给瑞士的罗曼语区支部的机关报撰稿。"

《平等报》(*L'Egalité*)作为国际的罗曼语区联合会机关报,在日内瓦出版到1872年。——82

148　为决定怎样招待美国大使雷弗迪·约翰逊而召开的会议,是于1868年12月3日在阿德尔菲巷8号举行的,埃德蒙·比尔斯是会议主席。关于这次会议的报道发表在1868年12月5日《蜂房报》上。——82

149　贝克尔于1868年11月29日代表德语区支部中央委员会给总委员会写信也讲到这件事。他指出这个谈论会费的人是倍倍尔,而不是李卜克内西。贝克尔还讲到国际协会在意大利、西班牙、法国、德国和奥地利的成就。——84

150　社会主义民主同盟(*L'Alliance internationale de la démocratie socialiste*)是由米哈伊尔·巴枯宁于1868年10月在日内瓦成立的。除巴枯宁外,它的临时委员会还包括布罗塞、杜瓦尔、加埃塔、佩龙、扎哥尔斯基和约·菲·贝克尔。1868年11月29日,贝克尔代表德语区支部中央委员会给总委员会写的那封信中把同盟的纲领和章程附寄给总委员会。这两个文件在总委员会这次(12月15日)会议上宣读了。——84

151　所记不确。被委派答复社会主义民主同盟的是马克思。——85

152　在西班牙资产阶级革命过程中召开的国民议会的开幕式,定于1869年2月11日举行。——85

153　这些数字是万丹胡亭在他1868年12月9日致贝尔纳的信中提供的。——86

154　这显然是指引自1868年12月5日《平等报》第50号上的文字,它记述了瑞士资产阶级报纸《日内瓦报》和《伯尔尼报》对国际工人协会所作的攻

击。——86

155　对待和平与自由同盟的态度的决议，是因国际接到了参加1868年9月该同盟伯尔尼代表大会的邀请，而于1868年9月12日在国际的布鲁塞尔代表大会上通过的。邀请是根据该同盟中央委员巴枯宁的倡议由同盟提出的，巴枯宁图谋把国际协会置于该同盟的领导之下。签署了社会主义民主同盟纲领又参加过布鲁塞尔代表大会的人中，有佩龙和贝克尔。——86

156　指土耳其与希腊之间断绝外交关系，其原因是希腊政府支持1866年发动暴动反对土耳其压迫的克里特岛的居民。西欧各国要求希腊停止援助起义者。由于西欧各国的干涉，克里特起义在1869年1—2月间被镇压下去了。——86

157　对于这次会议的报道发表在1869年1月16日《蜂房报》上；报道中还载有1868年11月3日和24日以及12月22日的总委员会会议的情况。——87

158　记录此处有遗漏。决议的本文发表在《蜂房报》1869年1月16日对总委员会会议的报道中："总委员会认为，法国鲁昂、诺尔省和其他省份的企业主为了在本国市场上击败英国厂主的明显目的而降低自己工人工资的勾当，理应受到世界各国工人和企业主的谴责。我们承认自由竞争的权利，但我们完全反对用缩减本来就极低的工人工资的办法来扩大贸易。

"决定建议各团体派代表出席委员会的下次会议。会议将于1月19日星期二上午8时举行，讨论采取更有效的办法来粉碎法国厂主不可容忍的勾当和给予有关工人以必要援助的问题。"

决议的文字也见于荣克于1868年10月6日，12月15日、22日和1869年1月5日的会议上所作的简短记录中："应采纳改良机器、劳动分工或技术发展的一切有利之处。但完全反对用缩减本来就极低的工人工资的办法来扩大贸易。"——88

159　在总委员会的帮助下，英国各工会对正在罢工的巴黎青铜匠给予了救济；罢工是由于雇主要求工人退出青铜匠信用互助社而于1867年开始的。工人终于保存了他们的信用互助社，于3月24日胜利结束罢工。——88

160　1868年12月索特维尔-莱鲁昂的法国纺织工人的这次罢工，马克思曾在《总委员会向国际工人协会第四次年度代表大会的报告》中谈到，还曾在他1869

年1月13日致恩格斯的信中谈到。——88

161 巴塞尔织带工人的罢工是于1868年11月9日开始的。马克思在《总委员会向国际工人协会第四次年度代表大会的报告》中,叙述了瑞士工人于1868—1869年冬季发动的这场经济斗争。——88

162 国际的比利时联合会的成立大会是于1868年12月25日举行的。它选出了一个由17名委员组成的比利时联合会委员会,并批准了联合会的章程。在总委员会这次会议上宣读的德巴普于1869年1月7日给荣克的信中,也说这个新成立的比利时联合会委员会支持总委员会对社会主义民主同盟的政策,并认为社会主义民主同盟加入国际会导致国际工人协会内部的分裂。——89

163 旅行皮包和皮箱工人协会书记R.帕蒂森在1869年1月12日给埃卡留斯的信中,通知他约翰·沃伦已被选为该会派到总委员会来的代表。——90

164 列斯纳显然是提出了英国工人参加议会选举的问题。——90

165 万丹胡亭在1869年1月20日写给比利时通讯书记贝尔纳的两封信中报告了这件事。因为担心会费款可能遗失,他把钞票分装在两只信封里寄来。他请求总委员会帮助布鲁塞尔大理石磨工协会与英国的大理石磨工建立联系。——91

166 对这次会议的报道发表在1869年2月6日的《蜂房报》上,其中载有对国际巴塞尔支部来信(日期为1869年1月26日,下面的记录本中将提到)的更详细的说明。——92

167 葬礼于1869年1月30日在曼彻斯特的阿德威克墓地举行。关于英国工人纪念厄内斯特·琼斯的示威行动见注178。——92

168 万丹胡亭在他1869年1月26日给贝尔纳的信中报告了这件事。

《蟋蟀报》(*La Cigale*)是由法国左派共和主义者于1867年12月至1869年7月在布鲁塞尔出版的周报;与费利克斯·皮阿集团有密切联系。——93

169 国际巴塞尔支部在1869年1月26日信中引用了不同的数字:"染丝工人的罢工在继续中:(1)大部分工人(480人—500人)自1868年12月26日至1869年1月5日罢工;(2)小部分工人(大约150人)自12月26日以来罢工,当前罢工仍在继续进行。"——93

170 对此次会议的报道发表在1869年1月13日的《蜂房报》上。——94

171 指德意志工人教育协会（Deutscher-Arbeiter-Bildungs-Verein）。它是由卡尔·沙佩尔、约瑟夫·莫尔和正义者同盟的其他领导人于1840年2月在伦敦成立的。这个协会在其成立之初的几年中，曾受威廉·魏特林的空想平均主义的共产主义的强烈影响。共产主义者同盟成立后，这个协会的领导权交给了该同盟的地方支部。这个教育协会与英国的社会主义派和宪章派，与民主派兄弟协会的组织（见注215）和法国的社会民主主义派，都有密切的联系。马克思和恩格斯在1847年以及1848—1850年间积极参与了该协会的工作。从1849年11月到1850年9月，马克思在那里作了有关政治经济学和《共产党宣言》基本思想的一系列讲演。

1850年9月17日，马克思、恩格斯和他们的一些追随者退出了这个协会，因为当时在马克思和恩格斯领导的共产主义者同盟中央委员会的多数派同宗派冒险主义少数派（维利希—沙佩尔派）的争论中，该协会支持少数派。在19世纪50年代后期到1868年间，马克思又积极参加了这个协会的工作。

这个协会的总部设在索荷区拿骚街2号亨利希·博勒特旅馆。此外，它在19世纪60年代还在伦敦东区和南区有两个分会，即和谐分会和条顿尼亚分会。在国际成立后，这个协会的许多会员（埃卡留斯、考布、列斯纳、博勒特、罗赫纳等人）被选入了总委员会，他们在总委员会中起了重要的作用。在1865年1月，德意志工人教育协会以法人的身份加入了国际。——95

172 《工人报》（Der Arbeiter）是一份瑞士周报，巴塞尔各支部的机关报；于1868年9月26日至1869年2月20日出版。——95

173 指巴枯宁起草的，在1869年1月2—4日举行的国际罗曼语区支部联合会成立大会上通过的章程（《罗曼语区支部联合会章程（1869年1月2、3、4日在日内瓦国际四季小组所在地召开的罗曼语区代表大会通过）》，日内瓦1869年版）。这次大会有30个支部的代表参加，选出了一个联合会委员会（布罗塞、昂·培列、加埃塔、N.培列、马丁、杜瓦尔、夏诺）和一个《平等报》编辑部，其成员是巴枯宁、克罗瑟、昂·培列、沙·佩龙、吉约姆、梅米约、

帕拉尔、瓦里和约·菲·贝克尔。联合会委员会和《平等报》编辑部的大多数成员都是巴枯宁主义分子。——95

174 指定于1869年5月23—24日举行的法国立法团选举。——95

175 据对这次会议的新闻报道（1869年2月20日《蜂房报》）说，在一个比利时村庄瑞皮耶，一名地方上的牧师所作的反对国际协会的讲道，在村民中引起了对国际协会的兴趣。讲道的结果是"自列日邀请代表来召开一次会议，以期在瑞皮耶成立一个分部"。——96

176 荣克所提供的资料见1869年2月13日《工人报》第6号和《平等报》第4号。——97

177 指1869年2月13日发表在《平等报》上的一篇评论，其标题是"日内瓦，1869年2月11日和平和自由国际同盟"。它反驳了和平和自由同盟的机关报《欧洲联邦》报对国际布鲁塞尔大会决议所作的攻击，并揭露了瑞士共和主义的性质不过是这样一种"制度，在这种制度下，资产阶级有充分的自由，毫未损失他们的特权"。评论强调资产阶级民主的理想永远不会成为劳动人民的理想。——97

178 厄内斯特·琼斯于1869年1月30日安葬于曼彻斯特，纪念他的示威游行活动于1869年3月26日在伦敦举行。除英国工人外，法国人和德国人也参加了示威游行。德国工人们打着一面写着"全世界工人阶级，联合起来！"的旗帜。1869年3月27日的《蜂房报》和《泰晤士报》报道了这次示威游行。——98

179 《蜂房报》对这次会议的报道（1869年2月27日）提供了关于伊瑟隆（威斯特伐利亚）矿工罢工的资料。——99

180 这篇报告在这次委员会会议上由马克思宣读，报告是恩格斯根据马克思的请求在1869年2月17—21日起草的。材料是由卢高、下维施尼茨和厄尔斯尼茨的萨克森矿工们寄来的，他们表达了加入国际协会的愿望。1869年2月13日马克思写信给恩格斯说："这些英勇的鲁高矿工是德国第一批同我们直接发生联系的工人，我们应该公开声援他们。"（参看《马克思恩格斯全集》中文第1版第32卷239页。）——100

181 对这次会议的报道发表在1869年3月6日《蜂房报》上。报纸报道中载有伊瑟隆矿工罢工结束的消息。罢工工人迫使雇主们部分地满足了他们的要求（实行八小时工作日等）。——101

182 调查英国工联状况委员会于1867年2月成立，这是由于工联日益增长的活动惊动了英国的统治阶级。皇家委员会未能提出足以取缔工联的指控。该委员会在1869年3月提交给议会的一份报告中，赞成工联状况有所改进，但是要求工人组织进行登记，要求工联的文件接受官方审查，并且禁止一个工联的成员支持另一个工联的罢工工人，等等。

　　1869年4月9日，该委员会的一名委员托马斯·休斯和议会议员蒙德拉以该委员会多数委员的名义，提出了一份工联法案，并于1869年7月12日两读之后将法案移交。

　　工联法令是在1871年通过的。——101

183 参看1869年在伦敦出版的一本小册子的第6页，小册子的署名是"一名保险统计员"，书名是"人寿保险公司：它们的财政状况。在致可尊敬的议员、财政大臣威·尤·格莱斯顿的一封信中就即将颁布的立法事项进行讨论"。——102

184 在那不勒斯成立一个支部的消息，刊登在1869年2月27日《平等报》第6号上。同期报纸还报道了在尼斯正为巴塞尔罢工工人捐款。——102

185 显然是指伦敦非宗教协会的会员。——102

186 指社会主义民主同盟中央局在1869年2月27日所写的信，这封信是对总委员会1868年12月22日的信件的答复。有关此信的情况可见埃卡留斯3月4日致马克思的信，3月5日马克思致恩格斯的信，以及恩格斯1869年3月7日致马克思的信。

　　在这封信中，同盟中央局表示，倘若总委员会准许该同盟的各个支部加入国际协会，该同盟便准备解散它的国际组织。该局还要求总委员会提出对同盟的纲领的看法。

　　在这次总委员会会议（1869年3月9日）上通过的总委员会对这封信的复信，是由马克思起草的（他曾与恩格斯讨论过这封信），并机密地寄给国际的所有支部。

巴枯宁及其追随者在了解了总委员会的这封信之后，公开宣称他们已经解散了国际同盟；然而，他们却把同盟作为秘密组织保存了下来。同盟的真正中心是一个所谓"社会主义民主同盟中央支部"的国际协会支部，它是于1869年5月在日内瓦成立的。——103

187　载于1869年3月6日《平等报》第7号。——103

188　关于索斯泰戈诺（意大利）工人已寄款给巴塞尔工人的通知，刊登在1869年3月20日《平等报》第9号上。同日报纸刊登了一封国际马德里支部所写的信，是为答复日内瓦各支部中央委员会1868年10月21日致西班牙工人的声明而写的。西班牙工人要求编者把他们的信件转交给伦敦的总委员会。——105

189　有关日内瓦建筑工人开始罢工的消息，载于罗曼语区联合会委员会1869年3月18日致荣克的信中。有关罢工的文件也刊登在1869年3月20日《平等报》第9号上。罢工工人向全世界工人呼吁援助的公开信是由建筑工人委员会——国际工人协会的会员们在3月11日签署的。它刊登在1869年3月27日《平等报》第10号和4月3日《进步报》第7号上。

《进步报》（*Le Progrès*）是一份于1869年秋季公开出面反对总委员会的巴枯宁派报纸，由吉约姆主编，自1868年12月至1870年4月在洛克勒用法文出版。——105

190　这是指日内瓦印刷工人开始了罢工。日内瓦印刷厂工人在1869年3月14日举行的大会上，通过了一份由一个专门成立的委员会制定的工价表，并把它提交给雇主们批准。但雇主们拒绝考虑这些要求，印刷工人遂于3月20日举行了罢工。罢工的消息以及详述工价表是怎样制定出来的文章，发表在1869年3月27日《平等报》第10号上。——106

191　所记不确。所指事实是：拉里戈迪埃在宣布出版资产阶级民主派的报纸《博爱报》时（见1869年2月20日《平等报》第5号），把埃利·勒克律和埃利泽·勒克律包括在该报编辑人员中。下一期的《平等报》上刊登了埃利泽·勒克律的一封信，他在信中为他自己并代表他的兄弟等人，强烈抗议不顾他们已经拒绝参加该报而把他们的名字包括在编辑人员名单之中。埃利泽·勒克律的第二封信谈到了这一事件的某些细节,也在1869年3月20日《平等报》第9号上发表了。——106

192 所记不确。1869年3—7月间,英国议会讨论了"人寿保险公司法案"。一些英国资产阶级报纸,包括其中最有影响的《泰晤士报》和《经济学家》报在内,发动了一场反对这个法案的运动,反对国家干涉私人公司事务。——106

193 对这次会议的报道于1869年4月10日发表在《蜂房报》上。报纸的报道对罗曼语区联合会委员会1869年4月1日的信件作了更为详细的叙述。——107

194 罗曼语区联合会委员会1869年4月1日寄给伦敦的信中报告了这件事;信是该委员会的书记昂利·培列所写,在总委员会这次会议上宣读。培列同时转交给总委员会一封洛桑裁缝支部的信件（下面的记录中将提到）。——108

195 这封布鲁塞尔来信是万丹胡亭1869年3月21日写给贝尔纳的。这里的记载不够明确。万丹胡亭写的是：财务委员正在整顿比利时联合会委员会的财务,因为在这个委员会成立之前,布鲁塞尔支部不仅向它自己的会员收会费,还向其他比利时支部的会员收会费。为了最后算出各地支部的数目,有必要审查布鲁塞尔支部的文件。——109

196 全德工人联合会（Allgemeine-Deutsche-Arbeiter-Verein）是1863年5月23日在莱比锡的一次工人团体代表大会上成立的第一个全国性的德国工人组织。该会从一开始就处于拉萨尔的强烈影响之下,拉萨尔直接参与了它的创立,并担任它的第一任主席。该会的活动局限于争取普遍选举权的斗争,局限于和平的议会活动。它摒弃日常的工人阶级的经济斗争,主张成立由国家津贴的生产者协会,并把这看成解决社会矛盾的根本方法。关于对外政策问题,该会采取一种民族主义立场,并因此而支持普鲁士政府的反动政策,支持依靠皇朝战争从上面来统一德国。

由于受到拉萨尔派的全面影响,全德工人联合会就成了在德国成立一个真正工人政党的障碍。国际工人协会的成立,马克思主义思想在德国工人运动中的传播,以及马克思和恩格斯进行的反对拉萨尔派领导人机会主义活动的不懈斗争,使得先进的德国工人退出了这一联合会,并帮助他们于1869年

在爱森纳赫举行的一次代表大会上建立了以倍倍尔和李卜克内西为首的德国社会民主工人党。——109

197 指施韦泽和弗里茨舍于1869年3月17日、倍倍尔于3月18日在北德意志议会讨论手工业条例（Gewerbeordnung）时的讲话。倍倍尔要求工厂劳动应由法律管制；他要求采用十小时工作日制，禁止星期日工作，建立工厂视察制度，工会组织有联合的自由，等等。在许多修正案中，只有倍倍尔的废除"工人簿"的建议被采纳了。该议案于5月29日通过（见《北德意志联邦议会速记报告。1869年第一次立法会议》，柏林1869年版第1卷第114—119、124、146—148页）。——110

198 在1869年4月17日《蜂房报》发表的对这次会议的报道中，对这封比利时来信作了更为详细的叙述。——110

199 在19世纪60年代后期，由于拿破仑三世派他的军队去保卫教皇的世俗权力，法国和意大利的关系急剧恶化；1867年11月3日，法国军队和教皇的步枪手在蒙塔纳战役中打败了加里波第派的一支分队。

1869年2月24日，伦敦的法国人分部趁美国大使约翰逊到达英国之机，举行了一次会议，批准了一封致美国总统格兰特的公开信。它以法国工人和1848年共和派的名义，请求格兰特支援反对拿破仑三世的斗争。致格兰特的公开信和对这次会议的报道发表于1869年2月28日和3月7日的《蟋蟀报》。——111

200 指1869年8月23—28日在伯明翰召开的英国工联第二次代表大会。代表大会决定为在联合王国实行八小时工作日而斗争，并号召所有的工人组织参加国际工人协会。马克思把这一决定的原文收在《总委员会向国际工人协会第四次年度代表大会的报告》中。——112

201 对这次会议的报道发表在1869年4月24日《蜂房报》上。——112

202 指《国际工人协会第三次代表大会公报》；《国际工人协会代表大会（1866年9月3—8日于日内瓦）》，日内瓦1866年版；《国际工人协会1867年9月2—8日洛桑代表大会会议纪要》。——112

203 指鲁昂省研究中心出版该中心自1868年8月23日以来的工作和进展报告

（在1869年2月7日的上届全会上宣读），附索特维尔-莱鲁昂地区罢工的精神与物质方面的全部状况。巴黎［1869］年版。——113

204 指在镇压1834年4月13—14日发生的工人和小资产者反对七月王朝统治的起义时对巴黎人的屠杀。在特朗斯诺楠街的一所房屋中，全部老幼居民都被杀死，因为士兵们认为曾有人从那里开过一枪。——114

205 指所谓的布鲁塞尔解放支部（或名国际协会革命委员会），它是资产阶级和小资产阶级共和主义派于1869年4月在布鲁塞尔建立的。由于这个组织与伦敦的法国人分部有联系，它的宣言发表在1869年4月18日《蟋蟀报》第16号上。这个支部的领导人之一是一名前警察长。它的挑动性的活动和对抢劫、暴乱的号召，为比利时警方提供了迫害国际协会会员的借口。在总委员会这次会议上宣读的这封信，是万丹胡亭1869年4月14日写给贝尔纳的。这封信说，这个支部已经与所有这类组织建立了联系：它们"鼓吹无政府主义，号召一切人放火、杀人……而在他们自己确知他们那些毫不隐讳的言论无人理睬之后，就使用反对布鲁塞尔支部和比利时联合会委员会的阴谋手段来瓦解协会"。——116

206 日内瓦建筑工人已经停止罢工的消息发表在1869年4月17日《平等报》第13号上。同期刊载了一个通知，宣布靴匠协会要求加入国际协会。《平等报》说："那将是国际在日内瓦的第26个支部。"——116

207 指比利时联合会给塞兰及其周围地区工人的公开信，公开信抗议对比利时工人的屠杀，并号召塞兰工人加入国际工人协会。公开信发表在1869年4月18日《国际报》第14号上，并在1869年4月24日《平等报》第14号上转载。此外，1869年4月的《国际报》还刊载了一些比利时支部（列日等地）单独发出的抗议书。

记录中提到的罗曼语区联合会委员会的公开信（《罗曼语区联合会委员会致比利时各支部联合会的公开信》）是1869年4月20日自日内瓦寄出的，发表在1869年5月2日《国际报》第16号上。

《国际报》（*L'Internationale*）是比利时文的周报，国际比利时支部的机关报；1869—1873年在布鲁塞尔出版，德巴普积极参加了该报的工作。——117

208 《蜂房报》(1869年5月1日)对这次会议的报道更加详细地叙述了克吕泽烈的文章。文章重印在1869年5月15日《国际报》第18号上,题目是"法国人民"。

《人民报》(*Le Peuple*)是1868—1870年在巴黎出版的波拿巴主义分子的报纸;1869年2月以后,改名为"法国人民"(*Le Peuple Francais*)。

《民主》(*La Démocratie*)报是法国资产阶级民主派的周报;1868年11月至1870年在巴黎出版。——117

209 关于哈尼给总委员会的信,马克思在1869年5月8日给恩格斯的信中说:"波士顿的哈尼——现任马萨诸塞州(他们还是正式称为'州',而不称'共和国')内政部的助理秘书或者类似职务——给国际委员会寄来1英镑会费,还有一封信,他在信中非常热情地问候你。他还要我寄给他一本《资本论》。他希望在纽约找到译者和出版者。"(参看《马克思恩格斯全集》中文第1版第32卷第296页。)——119

210 马克思在这次会议上宣读的呼吁书印成了下列传单:《致无偏袒的、有智慧的、富于同情心的纽约市人民》。有一份这样的传单置于记录本中1869年4月27日和5月4日的记录之间。传单的原文在1869年5月8日《蜂房报》上转载了一部分。——119

211 指那不勒斯支部1869年4月9日致罗曼语区联合会委员会的一封信,这封信由该支部的主席卡波鲁索和书记里齐奥署名,又指巴塞罗纳工会联合中心的一封信,这封信由拉斐尔·法尔加·佩利塞尔署名。两封信都发表在1869年5月1日《平等报》第15号上。

同期《平等报》上发表了一部分巴黎工人的竞选纲领,他们认为在立法团选举中提名工人候选人是必要的。纲领由瓦尔兰、戈蒂埃和其他法国社会主义者署名,要求废除常备军和全民武装;政教分离;出版、集会和结社的自由;没收信贷公司;银行、运河、铁路等的国有化。——119

212 《蜂房报》1869年5月8日发表的对这次会议的报道中还说,总委员会已决定把《比利时的屠杀》这篇声明译成四种文字,以便全世界都得知此事。——123

213 对这次会议的报道发表在1869年5月15日《蜂房报》上。——123

214 罗伯特·肖在1867年11月20日召开的总委员会的一次特别会议上当选为美国书记。埃卡留斯则于1868年9月29日被委派与美国全国劳工同盟进行通讯。——124

215 民主派兄弟协会（Fraternal Democrats）是由左翼宪章派（哈尼和琼斯）和革命流亡者（正义者同盟成员等）于1845年在伦敦建立的国际民主团体，有马克思和恩格斯参加，其目的是在不同国家的无产阶级运动和民主主义运动的代表人物之间建立联系。这一团体的无产阶级核心于1847年加入了共产主义者同盟。马克思和恩格斯经常与民主派兄弟协会接触，努力以无产阶级国际主义和科学共产主义的精神教育它的成员，并通过这个团体对宪章派施加思想影响。——125

216 此款是恩格斯应马克思的请求从曼彻斯特寄来的。——126

217 在美国内战（1861—1865）之后，英国与美国之间的关系继续紧张。1866年选举后，在美国国会两院都拥有多数的激进共和党人采取了反英立场。他们的领袖查理·萨姆纳于1869年4月13日在国会的闭幕会议上，要求政府把英国对私掠船活动的责任问题提交国际仲裁。萨姆纳为由于英国违背中立而给美国造成的损失索取20亿美元。

　　当时住在美国的英国经济学家戈尔德温·斯密斯在一封来信（《英美之间的关系》，载于1869年5月8日《蜂房报》）中谈到：在萨姆纳讲话以后，自英国到美国的移民似乎已被阻止，并且所有英国驻美国的官员也被召回。

　　1872年11月，国际法庭宣布英国犯有违背中立原则罪，并责成英国政府偿付美国1550万美元。——126

218 马克思：《国际工人协会成立宣言》（参看《马克思恩格斯全集》中文第2版第21卷第14页）。——127

219 马克思：《致美国总统阿伯拉罕·林肯》（参看《马克思恩格斯全集》中文第2版第21卷第24—26页）。——127

220 "Shoddy aristocrats"——美国靠内战迅速发财的人。——127

221 公开信的全文用英文发表，题为"致合众国全国劳工同盟的公开信"，以传单方式发行；还发表于 1869 年 5 月 15 日《蜂房报》。它的德文本发表于 1869 年 5 月 21 日和 22 日的《民主周报》和 1869 年 8 月的《先驱》第 8 号。——129

222　指法国立法团的选举。

《民论报》(*L'Opinion Nationale*) 是 1874 年在巴黎出版的法文日报，由同波拿巴主义分子集团有联系的阿道夫·盖鲁主编。——130

223　所记不确。1869 年 5 月 17 日《平等报》第 17 号上说：洛桑的本匠、彩画匠和抹灰泥工人建立了工会，该城的制革工人成立了国际协会的一个支部。此外，同期报纸又说：1869 年 5 月 9 日星期日在洛桑举行了一次 600 名工人的会议；会议有罗曼语区联合会委员会的两名代表参加，赞成国际工人协会的活动，泥水匠和金属制造工人协会决定加入国际的罗曼语区联合会。——130

224　这些资料发表在 1869 年 5 月 15 日《平等报》第 17 号上。——130

225　1869 年 5 月 22 日《蜂房报》对这次会议的报道中更详细地提供了《人民呼声报》的内容。该报报道奥地利工人正在为成立同业组织而斗争，并要求集会、联合等活动的自由。在维也纳召开了几次群众大会来支持这些要求。报道还写了奥地利工人的艰苦劳动条件。——130

226　关于这次罢工的资料发表在 1869 年 5 月 15 日《国际报》第 18 号上。——130

227　指援助比利时受难者的捐款单。——131

228　指 1869 年 5 月 22 日《蜂房报》对总委员会 5 月 18 日会议的报道中印错了的两个数字。勘误载于 1869 年 5 月 29 日《蜂房报》对这次会议的报道。——131

229　指 1867 年巴黎青铜匠的罢工。——132

230　《巴塞尔民主党人报》(*Der Dernokrat aus Baselland*) 是 1865—1871 年在巴塞尔出版的瑞士文周报。1869 年 2 月，该报与国际协会在巴塞尔的周报《工人报》合并。——132

231　巴塞罗纳支部的宣言《国际工人协会巴塞罗纳支部致欧洲和美国各支部》，写于 1869 年 5 月 2 日，由何塞·佩利塞尔和拉斐尔·法尔加·佩利塞尔签署，

重印在1869年5月22日《平等报》第18号上。——132

232 比利时联合会委员会的一名委员欧仁·安斯的妻子让·安斯的死亡,在国际工人运动中引起了巨大的同情。在《蜂房报》(1869年5月29日)的报道中,对让·安斯的死亡情况描述得比在这本记录中更为详细。此外,关于她的死亡和葬礼的报道,还刊登在各个国家的国际协会的许多报纸上:5月30日《国际报》第20号,1869年5月29日《平等报》第19号,等等。1869年9月26日,在让·安斯的坟墓前树立起一块由布鲁塞尔大理石工人制造的大理石纪念碑。有许多比利时支部的代表参加了纪念碑的揭幕式。——132

233 《国际报》(*L'International*)是1863—1871年在伦敦出版的一份法文小报;是法国政府的半官方报纸。——132

234 此事报道在1869年5月30日《国际报》第20号上。——133

235 由巴枯宁的追随者建立的那不勒斯支部的情况,刊登在1869年5月30日《国际报》第20号上。这个支部临时自任为意大利国际工人协会的中心支部。同期报纸也发表了那不勒斯支部对意大利工人的呼吁书的法文译文,并报道了它要创办《博爱报》的意图。——133

236 关于日内瓦警察暴行的文章《共和国警察的暴行》以及26个日内瓦支部的全体会议对警察暴行的抗议,发表于1869年5月29日《平等报》第19号。《平等报》(同期)还发表了有关洛桑泥水匠罢工的文件。《蜂房报》(1869年6月5日)的报道提供了这次罢工的更为详细的情况。——134

237 指总委员会募集的支援比利时受难者的款项。——134

238 英国合作社代表大会自1869年5月31日至6月3日在伦敦举行。代表大会有来自500多个合作社的代表和几名总委员会委员(列斯纳等人)参加,讨论了下列问题:加强各合作社之间的联系问题;成立一个合作银行问题;需要进行合作社社员专门训练问题;特别是使用工会资金组织合作社问题。——134

239 指西尔维斯对《致合众国全国劳工同盟的公开信》的答复。马克思把西尔维斯的信收录在《总委员会向国际工人协会第四次年度代表大会的报告》。该信全文也见于《蜂房报》(1869年6月12日)对总委员会这次会议的报

道。——134

240　指法国立法团的选举。——135

241　指一篇由德拉福斯署名的关于即将召开的国际巴塞尔代表大会的文章，发表于 1869 年 5 月 29 日《人民之声报》第 12 号。

《人民之声报》（*La Voix du Peuple*）是蒲鲁东主义分子的周报，1869 年在巴黎出版。它的撰稿人中有国际工人协会的会员。——135

242　显然是指对巴黎委员会成员的第一次和第二次审讯。1867 年末，法国检察官下令搜查巴黎委员会成员的住所，指望发现国际是一个秘密团体的证据。证据并未发现，而巴黎委员会成员竟被指控未经官方批准而成立社团。此案于 1868 年 3 月 6 日和 20 日在巴黎违警罪法庭审理。在受审查时，委员会的 15 名委员（舍马莱、托伦、埃利贡、卡梅利纳、缪拉、佩拉雄、富尔奈斯、戈蒂埃、多蒂埃、贝拉米、热拉尔丹、巴斯蒂安、居亚尔、德拉埃、德洛姆）宣布现在的委员会解散，并规定重新选举。1868 年 3 月 8 日，第二个巴黎委员会成立了，它的成员是布尔东、瓦尔兰、马隆、孔博、莫兰、朗德兰、安贝尔、格朗容和夏博诺。其结果是酿成了新案件，即所谓第二个委员会案件，此案于 1868 年 5 月 22 日审理。在这两次审讯中以及送最高法院审理时，几乎所有的被告都不用辩护律师，他们用自己的发言详述了国际的思想。瓦尔兰叙述国际自 1864 年到 1868 年历史的发言尤其引人注意。法庭宣布巴黎支部应予解散，并对第一届巴黎委员会的成员实行罚款。第二届委员会的成员境遇更坏；不仅被罚款，而且每人还被判三个月监禁。——135

243　1869 年 6 月 6 日《国际报》第 21 号。——135

244　这个组织名叫工人代表同盟（Labour Representation League），是在 1869 年下半年建立起来的。它的执行委员会中有总委员会的委员罗伯特·阿普尔加思、埃德温·科尔森、约翰·黑尔斯、乔治·豪威耳、托马斯·莫特斯赫德等人。同盟活动的目的是促使工人代表进入英国议会。但是同盟实行了一种调和政策，并时常向自由党让步。它一直存在到 19 世纪 80 年代初期。——136

245　因立法团选举在即，拿破仑三世政府自 1869 年 2 月起便加强了对法国共和派和工人阶级运动领袖的压制，力图在竞选前夕使反对派陷于瘫痪。在竞选期间，当局采取了公开的恐怖手段：在6月6日和7日（第二轮竞选期间），巴黎警察对工人进行了大规模逮捕；在其他法国城市——波尔多、南特、圣艾蒂安等地也进行了警察迫害。巴黎警察企图挑起赤手空拳的工人的群众行动。在1869年6月7—11日发生了工人示威，设立了街垒。警方逮捕了近1500人。1869年6月16日，一些国际的巴黎会员发出了传单《致社会民主主义者》，抗议非法逮捕。传单由卡梅利纳、瓦尔兰等人署名。——136

246 指第一届和第二届国际的巴黎委员会委员。——136

247 指日内瓦德语区支部中央委员会的信件，日期是1869年6月4日，由约·菲·贝克尔签署。——137

248 《邮袋报》（*Felleisen*）是瑞士德意志工人教育协会的报纸，1862—1874年在苏黎世、日内瓦，其后又在苏黎世出版。1868年8月该报宣布为国际的机关报。——137

249 指德国工人协会联合会的纽伦堡代表大会。——137

250 显然是指《致合众国全国劳工同盟的公开信》和总委员会致欧洲和美国工人的公开信《比利时的屠杀》。——137

251 这封信是1869年6月9日德巴普寄给贝尔纳的。——137

252 工人俱乐部和讲习会（Working Men's Club and Institute Union）是1863年在伦敦成立的资产阶级慈善事业的教育机构。记录显然是指总委员会被邀参加该会的一次地方分会代表会议。会议于1869年6月28日召开，讨论夜校和技术教育问题。对这次会议的报道发表于1869年7月3日《蜂房报》和7月4日《雷诺新闻》。——138

253 指英国工联第二次全体代表大会。——138

254 这些自由教友会（Free Communities）在灵光运动教友的影响下，于1846年从官方的德国新教教会分裂出来；灵光运动是一种宗教流派，它反对那时流行于新教教会并以极端神秘主义和伪善著称的虔信派。1859年，自由教友会与德国天主教教友会实行合并；天主教教友会像自由教友会那样，在天主教教会里形成了一个宗教反对派，表达了德国资产阶级对德国反动制度的抗议。——138

255 巴塞尔代表大会议程由总委员会于1869年在伦敦用题为"国际工人协会第四次年度代表大会"的传单发表,并发表在几种英文报纸上;又在1869年7月3日《平等报》第24号上用法文发表。——139

256 因工联法案将在下院二读,伦敦工联理事会派了一个将近100人的代表团去见内政大臣普鲁斯,于1869年7月1日被接见。普鲁斯说当前的会议将不能详细考虑这一法案,从而实际上表示了英国政府对工联法案的反对态度。——139

257 1869年6月26日《平等报》第23号。有关圣艾蒂安事件的细节也见于《蜂房报》(1869年7月3日)对总委员会这次会议的报道。——140

258 1869年7月10日《蜂房报》上发表的对这次会议的报道,载有对这封里昂来信的更详细的叙述:除青铜匠外,它还提供了8000里昂络丝女工罢工的详细情节,以及镇压圣艾蒂安矿工的详细情节。——141

259 显然是布鲁塞尔大理石工人合作社(Société coopérative et de résistance des marbriers)的主席普朗松在1869年7月2日的一封信中向荣克报告了这一切。该合作社的有些会员以个人身份加入了国际工人协会。1869年12月,整个合作社加入了国际。这一消息发表于1869年12月26日《国际报》第50号。——142

260 指布鲁塞尔代表大会选出的研究土地所有制问题的委员会。它提交给代表大会两个报告:奥布里(鲁昂支部)的报告和德巴普(布鲁塞尔支部)的报告。委员会一致同意必须把矿山、煤矿、运河、铁路等改变为公共所有。对可耕土地未取得一致意见。以德巴普为首的委员会多数派提出了主张整个土地成为集体所有的决议,为代表大会所接受。以法国代表蒲鲁东主义者托伦为首的少数派则主张土地的小农私有制。——145

261 《蜂房报》(1869年7月17日)对这次会议的报道中有对这封里昂来信的更详细的叙述。该报在宣布络丝工人加入国际协会时写道:这是加入了协会的第一个女工团体。1869年7月10日《平等报》第25号也报道这一团体加入了国际协会。——147

262 此信是德国烟草和雪茄烟工人联合会(Allgemeines Tabak und Zigarren Arbeiter

Verein)的主席弗里茨舍于1869年7月11日写给马克思的。弗里茨舍要求总委员会援助罢工的莱比锡雪茄烟工人。李卜克内西也就此事于1869年7月7日给马克思写了信。——147

263 《蜂房报》的编辑们在1869年7月24日发表对这次会议的报道时,歪曲了马克思关于继承权的发言。关于此事,马克思在1869年7月29日的信中说:"《蜂房》现在受赛米尔·莫利的控制,从他控制以来,在关于我们会议情况的报道中凡是过分反对资产阶级的东西都被删掉了。我在总委员会最近一次会议上关于罗马或日尔曼的按遗嘱或无须遗嘱的继承权问题发表的论述,也被全部删掉了。"(参看《马克思恩格斯全集》中文第1版第32卷332页。)——150

264 在总委员会的文件中,可找到贝尔纳所开的下列收据:"收到马克思先生捐给塞兰和博里纳日(比利时)受难者的款项共25塔勒。比利时书记贝尔纳,1869年7月22日于伦敦,贰拾伍塔勒。"马克思在这张字据上写了:"(此款是倍倍尔以莱比锡工人的名义寄给我的。卡·马·)。"——150

265 马克思的发言记录有误:废除继承权的要求是圣西门的追随者们提出来的,他们在19世纪20年代晚期开始传播并发展圣西门的学说。1830年在巴黎出版了一本事实上以巴扎尔演说为基础的书:《圣西门学说。第一年,1829》,巴黎1830年版。书中表达了圣西门的追随者们对继承权的观点(见该书第143—169页)。——152

266 指英国工联伯明翰代表大会。——155

267 《蜂房报》(1869年7月31日)对此次会议的报道说:沃尔顿是根据人对土地的天然的和社会的权利而提出他的土地国有化要求的。——155

268 为了答复总委员会的要求,同盟纲领第二款于1869年4月改为下列文字:"同盟首先力求实现完全而彻底地消灭阶级,力求实现各个人(不分男女)在政治、经济和社会方面的平等。"——156

269 指巴塞尔代表大会议程。它以传单方式印行,并发表在1869年7月31日《蜂房报》对这次会议的报道中。此外,报纸的报道还载有里昂络丝工人罢工的消息。——156

270 1869年8月7日《蜂房报》对这次会议的报道中写道：里昂络丝女工的罢工胜利了，她们还加入了国际协会。——156

271 指罗曼语区联合会委员会1869年7月15日的来信。关于此事，马克思在8月4日写给恩格斯的信中说："昨天总委员会开了一次令人哭笑不得的会议。尽是些要求付钱的信，什么印制会员证的钱、房租钱、欠书记的薪水钱，等等。总之，国际将要破产，所以还丝毫看不出我们怎么能够派出一个代表。**另一方面**，法语区支部从日内瓦来了一封信，客气地恳求总委员会用三种文字发出通告信，呼吁全体会员（而且是立即）为在日内瓦购买一幢房子（召开会议用）捐款，这幢房子的房价共5000英镑，而且将是国际的财产。这些家伙连自己的每人1便士都还没有缴纳，就提出这样的奢求，难道不嫌太低吗？"（参看《马克思恩格斯全集》中文第1版第32卷第338页）。——157

272 马克思指的是德国社会民主主义者1869年8月7—9日在爱森纳赫举行的代表大会，会上成立了德国社会民主工党。代表大会通过的纲领第二部分第六款写道："鉴于劳动解放的任务既不是地方性的也不是民族性的，而是遍及存在着现代社会的一切国家的社会任务，因此社会民主工党就把自己当做（工会法也允许这样做）国际工人协会的一个支部，并且赞同它的宗旨。"——158

273 1865年9月，日内瓦国际协会的德语区支部被宣布为全瑞士的各操德语支部的临时中央委员会。自1866年1月起，以贝克尔为首的这个支部的委员会就担任了在德国、法国、美国、奥地利等国的各操德语支部的组织中心。它的刊物《先驱》讨论各个国家的工人阶级运动和国际支部的活动。在爱森纳赫代表大会前夕，贝克尔制定了一个成立德国工人党的计划，即以各工联组织为基础来形成一个包括各国所有操德语工人的联合会。这个联合会将由一个中央委员会领导。这个计划与德国工人阶级运动的水平并不相称，因为在德国成立一个全国性无产阶级政党的条件已经成熟了。贝克尔的计划受到恩格斯的尖锐批评。恩格斯于1869年7月30日写信给马克思说："老贝克尔看来完全发疯了。他怎么能够发布命令，说工联**应当**成为真正的工人联合组织和一切组织的基础，其他联合会**应当**只是暂时地同工联并存等等，这一切都是针对一个还根本不存在真正的工会的国家而说的。多么混乱的'组织'！一方面,每一种行业都集中在一个全国性的领导之下,另一方面,每个地方的各种行业又集中在一个地方性的领导之下。这种组织形式是使无穷的争吵永远继续下去的最好手段。实质上,这只不过是这个德国老手工业者想要拯救他在每个城市里的'小旅店'的愿望,他把这种'小旅店'看做工人组织统一的基础。"(参看《马克思恩格斯全集》中文第1版第32卷第333页。)——158

274 关于人民直接立法权(给予地方创制权和经全民投票批准法案)的报告,由巴塞尔代表于1869年9月6日提交给巴塞尔代表大会。它被有条件地列入代表大会议程之中。由于缺乏时间,代表大会没有考虑这个问题。——158

275 对这次会议的报道发表在1869年8月14日《蜂房报》上,它在提到马克思在总委员会上次会议上所作的关于爱森纳赫代表大会的发言时说:"德国书记说,他收到了一封德国工人代表大会打来的电报,电报称已决议按照国际工人协会的纲领组成社会民主党,又称将派代表到巴塞尔代表大会来。"——159

276 此事显然是事后记在记录本中的;在的里亚斯特成立了一个支部及其加入国际协会这件事,是在1869年8月17日举行的一次会议上传达的。——159

277 指里昂支部的老会员舍特尔和别的左翼共和主义者。——160

278 指耶路撒冷的文章《在全世界的独裁》,1869年8月3日发表于法国政府在伦敦的半官方报纸《国际报》。——160

279 综合教育问题曾在此之前的三次国际代表大会上讨论过:日内瓦代表大会(1866)、洛桑代表大会(1867)和布鲁塞尔代表大会(1868)。——161

280 《蜂房报》(1869年8月21日)在对这次会议的报道中,曾述及比利时政府企图用向工会职员授奖的办法把工人的工会组织置于政府控制之下,还提到工人反对这一手段的斗争。——162

281 由巴枯宁主义者法奈利建立的巴塞罗纳支部,是西班牙最初成立的国际支部之一。在巴塞尔代表大会上,代表这个支部的是《联盟》的编辑加斯帕尔·森蒂尼翁。此外,法尔加·佩利塞尔作为卡泰罗尼亚中心支部的代表参加了代表大会,该地也在巴塞罗纳。

《联盟》(*La Federacion*)报是巴塞罗纳支部的周报,后来是国际联合会

的周报，1869 年 8 月至 1873 年在西班牙出版。——162

282 总委员会为了举行会议，曾作为再承租人向星期日同盟租赁了海·霍尔本街 256 号的一间房屋。——162

283 路德维希·诺马耶寄给总委会的这封信，被马克思转录在他 1869 年 8 月 18 日给恩格斯的信中："爱森纳赫代表大会决定号召德国工人以直接从中央取得会员证的方式加入国际工人协会。由于我已被日内瓦的约翰·菲·贝克尔任命为**维也纳新城**和附近地区的国际工人协会德语支部的代表，因此，我请求给予明确的指示，告诉我现在应当怎么办。致社会共和主义的兄弟敬礼，等等。通讯处：奥地利，**维也纳新城**《维也纳新城周报》编辑部路德维希·诺马耶。"在对此加以评论时，马克思强调说："这对老贝克尔，特别是对'语言集团的**金库**'是一个打击。但决不能由于私人友谊而损害事业本身。"（参看《马克思恩格斯全集》中文第 1 版第 32 卷第 347—348 页。）——162

284 埃卡留斯于 8 月 11 日上午收到西尔维斯去世的消息，并把它写在对 8 月 10 日总委员会会议的报道（1869 年 8 月 14 日《蜂房报》）中。马克思于 8 月 18 日写信给恩格斯说："正好在美国劳工同盟代表大会**召开**之前，劳工同盟主席西尔维斯（41 岁）突然逝世，令人十分悲痛。他为准备这次代表大会，几乎在整整一年中跑遍美国，到处进行宣传鼓动。他的一部分工作因此也就白费了。"（参看《马克思恩格斯全集》中文第 1 版第 32 卷第 348 页。）这封致全国劳工同盟的悼念信由埃卡留斯起草，发表在 1869 年 8 月 21 日《蜂房报》上。——163

285 木工联合会没有代表参加这次代表大会。——163

286 马克思于 1869 年 8 月 18 日写给恩格斯的信中谈到这次罢工。他说："据扎比茨基报告，在波兹南，**波兰**工人（木工等）因为有了他们柏林同志的帮助，已经胜利地结束了罢工。这种反对'资本老爷'的斗争——即使是采取最低级的形式，即罢工的形式——将会铲除民族偏见，它与资产者老爷的和平高调是完全不同的。"（参看《马克思恩格斯全集》中文第 1 版第 32 卷第 348 页。）——163

287 伦敦大学于 1836 年成立，在艺术、法律和医学方面举行考试并授予学位，但

无教学业务。1898年以后，它也成为一个教育机构。——165

288　在《蜂房报》(1869年8月21日)对这次委员会会议的报道中，马克思发言的这一部分记载如下："至于政治经济学、宗教以及其他课目，无论是在小学还是中学，都不应该开设。这只能是对成年人的教育，应当由罗夫人那样的教师以举办讲座的方式来进行。"——167

289　在此地和别处"修正案"一词是按英国议会程序上所采用的意义使用的。——168

290　在这次会议上马克思交来捐给巴塞尔代表大会的10英镑，这是他于1869年8月16日从曼彻斯特的恩格斯和S. 穆尔处收到的。接受该款的两张收据已保存下来：

"海·霍尔本街256号。通过公民马克思收到公民恩格斯捐款5英镑［作为］巴塞尔代表大会开支之用。代理财务委员海·荣克，1869年8月24日。""海·霍尔本街256号。通过公民马克思收到公民穆尔捐款5英镑［作为］巴塞尔代表大会开支之用。代理财务委员海·荣克，1869年8月24日。"——168

291　1865年，韦斯顿在这个问题上持不同观点，认为工人争取较高工资的斗争是有害的，并否认工会和罢工的重要性。在总委员会讨论这个问题的过程中，马克思宣读了一篇名为"价值、价格和利润"的报告，在报告中他反驳了韦斯顿的错误观点，并说明了工人的经济斗争的重要性。——169

292　对这次会议的报道发表在1869年9月4日《蜂房报》上。——169

293　从杜邦1869年9月1日致马克思的信中可知，总委员会讨论马克思起草的《总委员会向国际工人协会第四次年度代表大会的报告》是在1869年9月1日星期三举行的。当日会议的记录没有收入记录本。——170

294　马克思把这一决议的原文收录于《总委员会向国际工人协会第四次年度代表大会的报告》中。——170

295　指1867年改革后选出的议会。——171

296　马克思由于已去德国而未参加此次会议。他在保尔·拉法格给他的一封信(1869年9月20日前后)中见到对这次会议的详细报道。拉法格详尽地叙述

了美国全国劳工同盟出席国际巴塞尔代表大会的代表卡梅伦的发言。——174

297 关于国际工人协会条例的问题,曾在巴塞尔代表大会1869年9月7日和8日的上午会议上,9月9日上午和晚上的会议上,以及9月10日的晚上会议上加以考虑(见总委员会1869年在伦敦出版的《关于1869年9月6—11日在瑞士巴塞尔举行的国际工人协会第四次年度代表大会的报道》第6、16、18、21、30页)。根据1871年伦敦会议的决定,这些决议由马克思和恩格斯正式收录于《国际工人协会的章程和条例》文本中。——175

298 国际的日内瓦代表大会在1866年9月3—8日举行。参加代表大会的有60名代表,他们来自总委员会以及国际协会各支部和英国、法国、德国、瑞士的各工人团体。马克思起草了《对临时总委员会代表的指示。各项问题》,它曾作为总委员会的正式报告在代表大会上宣读。蒲鲁东主义分子在一份特别报告(*Mémoire*)中提出一个包括代表大会所有议题的综合纲领,来与马克思的《指示》相对立。在马克思的九项《指示》中,有六项被采纳为代表大会的决议:国际联合行动问题;合作劳动问题;工会问题;限制工作日问题;儿童和妇女劳动问题;常备军问题。代表大会通过了贝克尔关于波兰问题的折中性决议案,批准了国际工人协会的章程和条例。——175

299 要求废除土地私有并使其转变为公共所有的决议,在巴塞尔代表大会1869年9月10日的白天会议上通过(见《关于1869年9月6—11日在瑞士巴塞尔举行的国际工人协会第四次年度代表大会的报道》第26页)。——175

300 关于工会的决议草案是阿普尔加思在巴塞尔代表大会9月11日的白天会议上提出来的,它包括下列七点:

"1. 在当前这竞争的时代,劳动力的雇主们不仅从事繁忙的投机和实行不良的财政计划,从而以低价打败他们的竞争者来取得合同,而且常常挑动一国的工人去反对另一国的工人。这就使得各国都绝对需要用工会来保护工人,并使每个国家中各行业的联合成为当代必不可少的条件。

2. 由于工人的利益是举世一致的,本次代表大会谨代表几乎一切民族的利益,敦促未联合起来的行业立即向已成立的工会要求情报和帮助,以期在一切国家成立各行业的工会,不论该行业的工人是男工还是女工。

3. 本代表大会热切敦促一切民族的工会成立工会联合会，以通信或每月交换一次报告的办法互相联系，互相供给一切情报，诸如工资标准、工时以及各国工人受雇条件的一般情况。

　　4. 可请求国际协会的各个支部协助成立工会联合会，可请求各个支部以及总委员会协助提供彼此的地址，协助翻译信件。

　　5. 本次代表大会敦促各工会了解为解决行业争端进行调解的重要性，尽早采取合作生产原则的重要性，以及为此目的利用工会资金的重要性。

　　6. 如果要使现今的竞争制度为'合作生产'所代替，那么，过去的经验证明：工会乃是首要的和最为合理的组织形式。在现今的竞争制度延续下去的过程中，工人为了得到保护，已经而且必须依靠这种组织形式。过去的经验还说明：这样的组织无疑是灌输秩序和纪律观念、灌输对整个利益的密切关心的最好手段，这些都是合作生产取得成功所必不可少的条件。

　　7. 本代表大会敦促各个工会向国家要求一视同仁的全民义务教育制度，把这种要求定为工会将来政策的一部分。必须先有这种教育制度，然后才会有一切巨大的社会和政治的改革，而且只有这种教育制度，才是使这种改革持久而有益的保证。"

　　阿普尔加思的提议未在代表大会上讨论；代表大会通过了由代表大会工会委员会提交的决议（见《关于国际工人协会第四次年度代表大会的报道》）。——175

301　指1869年9月16日《泰晤士报》的社论。社论说，英国的代表投票反对了"财产充公"。拉法格在他致马克思的信中写道：在总委员会会议上，阿普尔加思对《泰晤士报》的这一言论提出了抗议。他说，当农民生活在如此悲惨境况的时刻，假若他曾有过不同的意见，他就无地自容了。——175

302　对巴塞尔代表大会开始进行的报道和对马克思所写的总委员会报告的报道，是由阿普尔加思于9月7日自巴塞尔寄出的，发表在1869年9月10日《设菲尔德和罗瑟勒姆独立报》上。——176

303　从《蜂房报》（1869年9月21日）对这次委员会会议的报道中可以看到，埃卡留斯在巴塞尔作了一次关于英国工人状况的演说。——176

304　在19世纪60年代,宾夕法尼亚是美国的主要煤矿中心。1869年,宾夕法尼亚矿工向矿主进行了顽强的斗争,要求增加工资并承认他们的工会组织;这个工会当时拥有矿工的85%,共有3万名会员。主持雇主一方谈判的是费城和雷丁铁路公司的总经理富兰克林·B. 高恩。工人斗争取得胜利:1870年7月21日,美国历史上第一份劳资协定在工会与矿主之间签了字。但矿工们未能在订立最低限度工资方面获得成功。——178

305　对这次会议的报道发表在1869年10月2日《蜂房报》上。——179

306　美国全国劳工同盟的费城代表大会,于1869年8月16—23日举行,选出卡梅伦和勒克为出席国际巴塞尔代表大会的代表。在这次总委员会会议上宣读的该同盟书记的来信,全文发表在1869年10月2日《蜂房报》上。——179

307　1869年10月2日的《蜂房报》还报道杰瑟普曾在他的来信中谈到在纽约州成立了325个工会组织。——179

308　《蜂房报》对这次会议的报道(1869年10月2日)提供了对这封希尔登(杜塞尔多夫附近)来信的更为详细的叙述。——179

309　关于马赛编筐工人(其工会已于1869年夏季加入国际)罢工的声明发表于1869年10月24日《国际报》第41号。该报说,罢工工人已从其他的马赛支部和里昂得到救济。——180

310　这封信的日期是1869年9月3日。克吕泽烈对他不能参加巴塞尔代表大会表示遗憾,还要求代表大会的代表为全世界工人制定出一个确定的行动纲领,并通过一个致美国工人的公开信,号召美国工人向国际捐款。他也反对蒲鲁东主义派拒绝政治斗争和对脑力劳动者的不信任态度。克吕泽烈在寄出信件之后,听说代表大会将于9月7日开幕,而不是像他所估计的那样在9月27日。所以他又写了一封信,再次强调必须认真考虑美国工会加入国际的问题。——180

311　指《关于1869年9月6—11日在瑞士巴塞尔举行的国际工人协会第四次年度代表大会的报道》的出版。——180

312　移民部是根据美国全国劳工同盟第五次代表大会的决定成立的,那次大会于1870年8月在辛辛那提举行。左尔格、卡梅伦、麦克莱恩、沃尔斯和麦哈恩任移民部执行委员会的委员。该部认为它的任务是与工会、欧洲移民组织等机构建立联系,以搜集在劳动、工资和商业方面的情报,并公布情报。然而,该部与总委员会之间却未建立联系。——181

313 指瓦尔兰1869年9月29日致荣克的信。由于准备出版国际工人协会的章程和条例,瓦尔兰要求荣克寄给他所有这些巴塞尔代表大会的决议:关于支部同联合会委员会之间的关系的决议、关于把支部开除出国际的决议等。

《章程》于1869年9月19日公布在商业工作者工会的机关报《商业报》上。

1869年10月9日《蜂房报》详细叙述了瓦尔兰关于合作社工作者举行的一次宴会的报道,他们在那次宴会上为国际协会祝了酒。这次宴会朝着成立巴黎工会联合会前进了一步。——182

314 1869年10月9日《蜂房报》在对这次会议的报道中,公布了决议的全文,决议将在1869年10月13日于伦敦老贝利区贝尔旅馆举行的会议上以总委员会的名义提出,其文字是:"伴随着生产中科学设备的迅速增长和发展,在工业阶层中贫困和穷人继续存在,并且同样迅速地增长起来。这是一种病态,它表明了社会结构的根本缺陷,而尽最大努力来揭露并消除这些缺陷,乃是一切阶层的改革者义不容辞而又迫切的职责。这次会议建议,立即着手对造成这种病态的原因进行有力的、坦率而勇敢的揭露,以期把它连根除掉。"决议是韦斯顿写的。——183

315 《蜂房报》对这次会议(1869年10月16日)的报道,提供了关于维也纳2000名面包工人罢工的详细情况,提到了布拉格、格拉茨、布达佩斯、美国(圣拉斐尔铁路的中国工人)、南京和北京的罢工,报道了在中国成立了工会,以及奥地利警察对两名工人——出席巴塞尔代表大会的代表奥伯温德和诺马耶的迫害。——183

316 指瓦尔兰1869年10月11日写给荣克的信。瓦尔兰还提到鞋匠工会在10月10日举行的全会上宣布加入国际工人协会。——184

317 500名埃耳伯夫毛纺工人的罢工是于1869年9月27日开始的,原因是雇主们拒绝接受工人们提出的新的工资标准。——184

318 指法国立法团的选举。埃米尔·奥布里在选举中被鲁昂工人提名。——184

319 马赛海员(国际工人协会会员)成立自由法国海员协会的计划,报道于1869年10月10日《国际报》第39号和10月16日《平等报》第39号。——186

320 1869年10月13日,在伦敦老贝利区贝尔旅馆举行了一次会议,讨论土地所有权问题。出席巴塞尔代表大会的代表鲁克拉夫特是代表总委员会的发言人之一。会议通过了一项使土地成为集体所有的决议。在10月20日的会议上讨论了同一个问题。

这两次会议朝着成立土地和劳动同盟前进了一步。

对贝尔旅馆会议的报道发表于1869年10月16—23日《蜂房报》和10月30日《平等报》第41号。——186

321 马克思自1869年9月10日到10月11日曾暂住德国,在巴塞尔代表大会以后首次出席了这次会议。《蜂房报》(1869年10月23日)在对这次会议的报道中,显然是以马克思的讲话为依据,发表了莱比锡国际装订工人联合会决定接受妇女为工会会员的消息,以及在维也纳不顾警察的干预而成立了工会的消息。——187

322 1869年10月6日,法国军队枪杀了要求提高工资和要求八小时工作日的欧班罢工工人。抗议这次血腥行动的抗议书原文发表于1869年10月23日《平等报》第40号,它的英文译文收录在《蜂房报》的报道(1869年10月30日)中。——187

323 1869年10月23日《平等报》第40号上刊载了法国资产阶级报纸(《费加罗报》、《号召报》、《自由报》)的摘录,摘录抨击了对欧班罢工矿工的屠杀。——188

324 对阿纳姆会议的报道发表于1869年10月31日《国际报》第42号。——188

325 自1865年以来,总委员会曾多次对由芬尼亚社(一个小资产阶级革命者的秘密组织)社员领导的爱尔兰民族解放运动表示同情。芬尼亚社社员发出了爱尔兰人民抗议殖民压迫的呼声。他们的纲领要求整个国家的民族独立、成立民主共和国、把佃农转变为他们所耕耘的土地的所有者等。马克思和恩格斯指出芬尼亚社的密谋策略是这一运动的严重缺点。在1867年秋芬尼亚社暴动失败以后,总委员会根据马克思的建议举行了一次关于爱尔兰问题的讨论,意欲研究制定无产阶级在民族问题上的统一策略,并在英国工人中宣传无产阶级国际主义思想。讨论在11月19日开始;1867年11月20日,总委员会在一次特别会议上通过了马克思所写的备忘录:《在曼彻斯特被囚禁的芬尼亚社社员和国际工人协会》。11月23日,英国政府不顾抗议,处决了囚犯。1867年11月26日,总委员会谴责了这一声名狼藉的行动。

1869年夏季和秋季,爱尔兰出现了民族解放运动的新高潮。要求大赦被囚禁的芬尼亚社社员的广泛运动展开了。举行了多次抗议集会,给英国政府送去了请愿书,要求释放爱尔兰革命者。在英国,保卫芬尼亚社社员的第二次运动是总委员会的委员们发动和组织的。英国政府拒绝大赦芬尼亚社社员,因此1869年10月24日在伦敦举行了一次将近十万名工人的抗议示威,记录所指即此。在1869年10月30日燕妮·马克思给路德维希·库格曼的信中,提供了对这次示威的详细描述。——188

326 这样一个决议并未起草出来,因为根据马克思的提议,总委员会在更大规模上提出了这个问题,举行了关于不列颠政府对爱尔兰被囚禁者的态度的讨论,并通过了马克思起草的特别决议。——189

327 指国际协会罗曼语区联合会。荣克根据由该联合会的书记昂利·培列签署的该联合会的报告作了这一传达,该报告发表于1869年10月30日《平等报》第41号。——190

328 《蜂房报》(1869年11月6日)对这次会议的报道,详细叙述了为成立珠宝业这一部门的女工工会所做的准备工作;报道还提到了日内瓦盖屋顶工人的罢工。——191

329 土地和劳动同盟(Land and Labour League)是1869年10日在伦敦成立的,它的执行委员会中有十名总委员会的委员:奥哲尔、埃卡留斯、荣克、斯特普尼、鲁克拉夫特、韦斯顿等人。同盟纲领由埃卡留斯起草,他执行了马克思的指示,既写下了宪章派对普选权和建立国内移民区的要求,也写下了对土地国有化和缩短工作时间的要求。

马克思认为,同盟可以在英国工人阶级革命化上发挥一定的作用,并把它看做在英国建立独立工人阶级政党的手段之一。国际协会的报纸对同盟的成立作了广泛的评论。这些报道见《平等报》第38、41、42、43号（1869年10月9日和30日，11月6日和13日）和第1号（1870年1月1日）；《国际报》第38、41、42号（10月3、24和31日）；1869年10月16日、23日和30日的《蜂房报》。

但是，土地和劳动同盟由于其执行委员会中资产阶级分子影响的增长，不久就开始与国际协会失去了联系。——191

330 纽约新民主会（New Democracy of New York）是1869年成立的美国改良主义者的组织。它存在了将近一年。1869年10月11日，新民主会寄给总委员会一份特别声明，尖锐地批评了美国全国劳工同盟的活动及其纲领，说这个纲领不符合美国工人运动的任务。这一声明发表在1869年11月20日《蜂房报》上。——193

331 新选出的法国立法团（见注67和139）应在1869年10月26日开始工作。但是法国政府把它开始工作的日期推迟到11月29日；拉斯拜尔是抗议这一违法行动的反对党中唯一的代表。里昂工人致拉斯拜尔的公开信发表于1869年11月7日《国际报》第43号。——193

332 指1869年11月6日发表在《平等报》第42号上的文章《总委员会的公报》；它谴责总委员会违反了条例的第二、三两项条款。巴枯宁及其追随者发表这篇文章，从而发动了一个反对总委员会的公开运动——193

333 指总委员会1869年10月26日的决定。关于此事，马克思于1869年11月12日写给恩格斯的信中说："爱尔兰最近的集会开得很不错，牧师们被揪住衣领拉下讲坛。我没有起草关于爱尔兰问题的声明，因为没有适当的理由，而是把下面两点（供通过决议用）列入了下星期二的会议议程：

"（1）不列颠政府在爱尔兰大赦问题上的行为。

（2）英国工人阶级对爱尔兰问题的态度。"（参看《马克思恩格斯全集》中文第1版第32卷第369页。）——193

334 《蜂房报》上没有登载关于总委员会这次会议的任何报道。马克思在给恩格斯的日期为1869年11月18日的信中，叙述其原因如下："《蜂房报》借口收到

的时间太晚而**根本没有刊载**最近一次会议的报道(埃卡留斯写的)。真正的原因是,该报

(1)**不愿意宣布**总委员会的下一次会议将讨论爱尔兰问题;

(2)报道中有些谈到土地和劳动同盟的地方使该报(也就是使波特尔先生)感到不快。因为波特尔先生想当该同盟委员会委员的企图彻底**失败**了。"(参看《马克思恩格斯全集》中文第1版第32卷第373页。)——193

335 马克思于1869年11月18日写信给恩格斯说,英国合作运动的领袖乔治·杰科布·侯里欧克也参加了这次会议,他表达了他想当总委员会委员的要求。但是总委员会的多数委员反对侯里欧克加入总委员会;恩格斯于1869年11月19日复信给马克思说:"侯里欧克的事很讨厌,这个家伙纯粹是一个在激进资产者和工人之间随风转舵的人。问题在于,总委员会的组成怕不怕这类家伙渗透进来?如果你们允许侯里欧克参加,那么另外一些人也会来,而如果出现这种情况,那事情立刻会变得严重起来。在较为动荡的时刻到来的情况下,这些先生无疑会出席会议,并力图把领导权掌握在自己手里。就我所知,侯里欧克先生从来没有为工人阶级**本身**做过任何一点事情。本来是有一切理由不接受他的……我还是有些不能想象工人的委员会中有这样的家伙。"(参看《马克思恩格斯全集》中文第1版第32卷第376页。)后来,恩格斯为了揭露侯里欧克反对马克思起草的总委员会文告《法兰西内战》的谰言,又曾提及侯里欧克这一渗入总委员会的不成功的企图。——194

336 指德巴普1869年11月13日致马克思的信,信中询问为塞兰受难者募集的款项。德巴普也谈到比利时工人对共产主义的热情正在增长,谈到工人抛弃了蒲鲁东主义。——194

337 英国与法国之间的条约是1860年1月23日缔结的。这一条约规定法国放弃它的关税壁垒政策,而代之以不超过货价30%的关税。法国可向英国免税出口它的大部分货物。英国货物的涌入急剧加强了法国国内市场上的竞争,这触怒了法国的厂商。——195

338 指发表在《平等报》第43号(1869年11月3日)上的《国际的组织》一文。在这篇文章中,巴枯宁主义分子提出成立英国联合会委员会的问题,同

时继续对总委员会进行公开的攻击。——195

339 关于那不勒斯支部开始出版报纸《平等》的消息,见《平等报》第 43 号(1869 年 11 月 13 日)。

《平等》(*L'Eguaglianza*)是意大利文周报,那不勒斯支部的机关报,1869 年 11 月至 1870 年 1 月出版;它具有巴枯宁主义的倾向。——195

340 格莱斯顿的自由党政府于 1868 年 12 月接替了迪斯累里领导的托利党政府。使得自由党人在选举中取得胜利的蛊惑性口号之一,就是格莱斯顿保证解决爱尔兰问题。在竞选斗争的高潮中,反对党在下院批评了托利党对爱尔兰的政策,把它比做 17 世纪诺曼底公爵威廉征服不列颠本土的政策。——195

341 指 1869 年夏季和秋季在爱尔兰展开的要求大赦芬尼亚社被囚社员的运动。——196

342 指格莱斯顿对大赦爱尔兰囚犯请愿书的答复。请愿书是在爱尔兰举行的多次群众集会上通过的,其中包括 1869 年 8 月 1 日在利默里克举行的一次数千人大会。答复见于格莱斯顿 1869 年 10 月 18 日和 23 日分别写给爱尔兰领袖奥谢和巴特的信中(发表于 1869 年 10 月 23 日和 27 日的《泰晤士报》)。——196

343 按爱尔兰人兄弟会的结构,首脑(Head Centre)是给予芬尼亚组织的领袖的名称。马克思这里指的是《纽约爱尔兰人民报》,该报在它的一篇文章中指出,格莱斯顿拒绝大赦只能促进芬尼亚社运动。此据 1869 年 11 月 13 日《爱尔兰人》报第 20 号。

《爱尔兰人》报(*The Irishman*)是资产阶级民族主义倾向的爱尔兰文周报,1858—1885 年先后在贝尔法斯特和都柏林出版;该报支持芬尼亚社运动。——197

344 指格莱斯顿 1862 年 10 月 7 日在纽卡斯尔的演说。格莱斯顿把戴维斯作为美国南部同盟的总统向他致以敬意。他的演说发表在 1862 年 10 月 9 日《泰晤士报》上。——197

345 见 1869 年 10 月 27 日《泰晤士报》。——198

346 1869 年 10 月 30 日《爱尔兰人》报第 18 号报道说:格莱斯顿在他致"护林人古会"都柏林分会的信中,拒绝承认他早先在选举前所作的改善爱尔兰状况的保证。

护林人古会（The Ancient Order of Foresters）是1745年在英国成立的一个互助会性质的皇家护林人的团体，它于1834年采用了这个名称。这个团体参加了大赦爱尔兰囚犯的运动。——199

347 爱尔兰民族解放运动的领袖耶利米·奥顿诺凡-罗萨在狱中时，于1869年11月25日被蒂珀雷里选区选入众议院。恩格斯于1869年11月29日写信给马克思说："蒂珀雷里的选举是一件大事。它促使芬尼亚社社员不再去搞无效的秘密活动和小冲突，而转向另一种活动，这种活动尽管表面上是合法的，但是比起他们起义失败以来的所作所为要革命得多。实际上他们正在学法国工人的行动方式，这是一个大进步。"（参看《马克思恩格斯全集》中文第1版第32卷第388页。）——199

348 这一决议被总委员会通过之后发表在下列报纸上：1869年11月21日《雷诺新闻》；1869年11月27日《人民国家报》第17号；1869年11月28日《国民改革者》；1869年12月11日《平等报》第47号；1869年12月12日《国际报》第48号；等等。——199

349 在1868—1870年间，奥哲尔曾三次试图作为候选人选入议会而未获成功（1868年11月自切尔西；1869年6月自斯塔福德；1870年2月自萨瑟克）。他每次都不能得到足够的票数，这不仅是因为他的对手处于优势，也是因为他对激进和自由的资产阶级采取了调和政策。1870年2月19日，马克思在给恩格斯的信中针对奥哲尔的最后一次失败指出："奥哲尔的选举丑闻有双重好处：这些辉格党蠢猪们第一次看到，他们必须让工人进入议会，否则，托利党人就会进入议会；其次，这件事对奥哲尔先生和他的伙伴是一个教训。尽管有沃特洛，**如果不是一部分爱尔兰工人**因奥哲尔在总委员会的辩论中态度暧昧（工人们是从《雷诺》上获悉的）而**在投票时**弃权，他本来是会当选的。"（参看《马克思恩格斯全集》中文第1版第32卷第434页。）——200

350 马克思宣读了一封汉诺威金属制造工人协会执行委员会1869年11月16日的来信，信中向总委员会报告吕讷堡铸造工人正在罢工。该工会的书记卡尔·博姆以执行委员会的名义请求马克思告知总委员会罢工工人在要求援助，

并邀请马克思参加 1869 年 11 月下旬在不伦瑞克举行的金属制造工人的代表大会。——201

351　1869 年 11 月 21 日《雷诺新闻》。——201

352　指 1869 年 10 月 24 日在海德公园的示威。——201

353　爱尔兰教会法案（The lrish Church Bill）。

　　　爱尔兰土地法案（The Land Bill for Ireland）于 1870 年上半年在英国议会中讨论。这个法案由格莱斯顿以英国政府的名义提出，它以对爱尔兰的佃农有利为托词，包含了种种保留和限制，实际上毫未触动英国地主在爱尔兰的土地占有制的基础。法案保存了地主提高地租和把佃户逐离土地的权利；为使这后一行动显得公正，对佃户已做的土地改良工作给予一定的报酬，并制定了这方面的确定的法律程序。土地法于 1870 年 8 月通过。地主们尽其所能地破坏这一法令的实施，并在种种借口下故意违犯。这个土地法在很大程度上促进了爱尔兰大农场的集中和小爱尔兰佃农的破产。——201

354　指爱尔兰人和英国人在 1862 年 9 月 28 日海德公园集会上的争斗。集会是伦敦工人为了向加里波第致敬并对法国军队占领罗马表示抗议而召开的。——202

355　这一小册子的标题是："就那不勒斯政府迫害国事犯一事致阿伯丁伯爵的两封信"，伦敦 1851 年版。——203

356　指 1864 年普鲁士和奥地利对丹麦的战争，战争以宣布石勒苏益格和荷尔斯泰因为普奥两国所共有而结束；1866 年两省都并入了普鲁士。——203

357　荣克指的是伦敦克拉肯韦尔监狱的火药桶爆炸事件。这一事件是 1867 年 12 月由一群要求释放芬尼亚社被囚社员的芬尼亚社支持者制造的。——204

358　《政治纪事报》（Political Register）是资产阶级激进派周报《科贝特氏政治纪事周报》（Cobbett's Weekly Political Register）的简称，1802—1835 年在伦敦出版。——205

359　马克思指 1798 年英国政府对爱尔兰民族起义的残酷镇压，其结果是爱尔兰丧失了它的最后的一点独立：于 1801 年生效的合并法案解散了爱尔兰议会。马克思把英国的恐怖主义同 1849 年镇压匈牙利革命期间所使用的压制手段相比

拟。——205

360 指赖德律-洛兰写的《英国的衰落》一书,伦敦1850年版。——205

361 1869年11月28日《雷诺新闻》发表的这次会议的记录中,马克思讲话的结束语记载如下:"问题在于哪一个是最重要的——是得到爱尔兰人赞同呢,还是把这个决议弄成格莱斯顿先生所能接受的样子。"——206

362 马克思曾在1869年11月26日写给恩格斯的信中,谈到11月23日总委员会会议上的讨论情况:"本星期二的会议开得非常热烈、紧张而又激昂。那位马德尔赫德('莫特斯赫德',['Mottershead'],马克思在这里及以后各处讽刺地写成'马德尔赫德'['Muddlehead'],即'糊涂虫'的意思。——译者注)先生,或者鬼知道这个家伙叫什么名字——宪章派,哈尼的老朋友——事先有准备地带来了奥哲尔和阿普尔加思。另一方面,韦斯顿和鲁克拉夫特却没有出席,因为他们当时正参加爱尔兰人的一个舞会。《雷诺》报在它的星期六号上刊登了我的决议案,同时并摘要刊登了我的演说词(埃卡留斯作记录是尽了他最大的力量的,但他不是速记员),而且《雷诺》报把它们登在第一版上,紧接在社论后面。这似乎使那些向格莱斯顿献媚的人吃了一惊。因此,奥哲尔出现了,受过米尔纳(他本人是个爱尔兰人)迎头痛击的马德尔赫德发表了冗长的漫无边际的演说。阿普尔加思坐在我旁边,因而不敢不说**反对**的话,而宁可说是说了**赞成**的话,显然这是很勉强的。**奥哲尔**说,如果不得不投票表决的话,他一定赞成这个决议案。但是,稍加修改,使意见一致总是要好一些,如此等等。为了回答这一点(因为我正想迫使**他**陷入困境),就建议让他提出**他**的修改意见交下一次会议讨论!在上次会议上,虽然我们的许多最可靠的会员没有出席,但是我们是可以在**只有一票**反对的情况下通过这个决议。星期二我们的人将会全体出席。"(参看《马克思恩格斯全集》中文第1版第32卷第387—388页。)——206

363 这次会议的报道发表在1869年12月4日《蜂房报》上。——206

364 此事报道于1869年12月26日《国际报》第50号。——207

365 虽然《蜂房报》被正式当做总委员会的喉舌,它却越来越多地受到自由主义分子的影响。在报纸于1869年交到资产阶级自由主义分子赛米尔·莫利手中后，这种倾向越发加强起来。对国际协会,《蜂房报》采取了一种暧昧的立场，它拖延发表协会的文件，用改良主义的精神篡改文件，并随意处理对总委员会会议的报道。1869年秋季，这份报纸拒绝发表总委员会为芬尼亚社社员辩护的决议，对爱尔兰民族解放运动扮演了特别卑鄙的角色；它事实上是支持格莱斯顿政府的政策。对此，恩格斯在1869年11月1日写信给马克思说:"《蜂房》现在如此放肆和愚蠢地显示自己的资产阶级色彩，这真是大好事。我还从来没有看见过像昨天那么卑鄙的报纸。该报对格莱斯顿采取这种奴颜婢膝的态度，同时又完全以资产阶级庇护者和慈善家的腔调说话，这一定会使它很快彻底垮台并激起创办真正的工人报纸的要求。正当工人从自己的那种自由主义迷梦中清醒过来的时刻，他们唯一的报纸却愈来愈资产阶级化，这是很好的事情。"（参看《马克思恩格斯全集》中文第1版第32卷第363页。）关于总委员会与《蜂房报》的决裂见本卷第228页。——207

366 马克思1869年12月4日写信给恩格斯，概述了对爱尔兰问题决议的讨论和表决："除了俨如约翰牛的莫特斯赫德和照常装出一副外交家模样的奥哲尔外，英国代表们的表现是很不错的。"（参看《马克思恩格斯全集》中文第1版第32卷第391页。）——209

367 总委员会决议的这一文本未被发现。——209

368 马克思本想展开对第二个问题——"英国工人阶级对爱尔兰人的态度"的讨论，但疾病使他未能参加这次会议。后来，他在《总委员会致瑞士罗曼语区联合会委员会》的通知中，对无产阶级应对爱尔兰民族解放运动采取的立场，表明了他的观点。——209

369 马克思于1869年12月17日写信给恩格斯说："我们的爱尔兰决议已分送所有与我们联系的工联。只有一个工联——一个不大的制革工人分会——表示异议，认为这是一项政治决议，不属于委员会的活动范围。为了进行解释，我们向他们那里派了一个代表团。"（参看《马克思恩格斯全集》中文第1版第32卷第404—405页。）——210

370 指1869年12月11日《平等报》第47号社论。拥护巴枯宁的编辑们在这篇社论中继续对总委员会进行攻击。类似的文章还发表在《进步报》上。

在这次会议上第一次对《平等报》和《进步报》的攻击进行了彻底的讨论;1870年1月1日在总委员会一次特别会议上通过了《总委员会致瑞士罗曼语区联合会委员会》通告,马克思在这份通知中对这些攻击作了详细的评论。——210

371 指李卜克内西1869年2月18日所作的声明,发表于2月20日《民主周报》第8号。李卜克内西在声明中,提出由总委员会作为以施韦泽领导的全德工人联合会为一方与倍倍尔、李卜克内西领导的工人协会联合会为另一方之间的冲突的仲裁人。施韦泽拒绝承认总委员会为仲裁人,见1869年2月24日《社会民主党人报》第24号。——211

372 埃卡留斯提到的是总委员会出版有关工人阶级运动的通报的决定;这一决定在1866年日内瓦代表大会上通过,并载入条例中。在巴塞尔代表大会上讨论了这个问题,但未作出决议。——211

373 马克思在《总委员会致瑞士罗曼语区联合会委员会》通告中,说明了爱尔兰问题对世界工人阶级运动的发展的意义,他的观点也表达在他写的下列信件中:1869年11月29日致库格曼;12月10日致恩格斯;1870年3月5日致保尔·拉法格和劳拉·拉法格;4月9日致迈耶尔和福格特。——211

374 马克思显然是于1868年12月15日在一个刊载着国际社会主义民主同盟的纲领和章程的传单页边上写了这些评语:因为就在这同一天,在总委员会会议之后,他把这一文件寄交恩格斯征询意见。恩格斯同意马克思的评语,并在1868年12月18日的一封信里说明了他的观点。马克思运用他自己和恩格斯的评语起草了总委员会的一份通知,题目是"国际工人协会和社会主义民主同盟"。——215

375 马克思显然指的是出版《平等报》的计划。谢尔诺-斯洛维耶维奇在1868年11月20日的信中约请马克思为这份报纸撰稿;然而这封信并未提到这份报纸的名称。——220

376 这份关于劳动调查问题的文件按1866年日内瓦代表大会的决定,作为一个通告分发给了协会的各书记和会员。它同马克思的《临时中央委员会给代表的指示》上的调查大纲相一致。——223

377 1868年1月28日批准的这个通告表明,布鲁塞尔代表大会的筹备工作开始得好,比洛桑代表大会的筹备工作更有组织得多。提出讨论的问题所指明的正确方向,有助于促进国际里无产阶级革命核心的团结和它在1868年布鲁塞尔代表大会上的胜利。——224

378 这封旨在给资产阶级报纸的信,出于策略上的考虑而隐瞒了总委员会对工人罢工运动的真实态度。在1866年日内瓦代表大会上,罢工问题没有作为一个单独的问题列入议程,而是在讨论第二项议程"在协会帮助下实现劳资斗争中的国际联合行动"时提到的。马克思起草的《指示》在这个问题也没有怎么说到罢工,而谈到必须对各国和各工业部门的劳动条件进行调查统计。代表大会展开这个问题的辩论时,总委员会的代表同法国和瑞士的蒲鲁东主义者那种典型的对罢工的教条主义责难和对小生产者联合的空想信念进行了论战。为驳斥他们的论点,杜邦宣称:"即使在原则上谴责罢工,也应该承认它是工人阶级掌握的唯一斗争手段。"代表大会通过的含糊不清的决议,并没有明确回答国际协会对罢工的态度问题,而这封信的作者正好利用了这个事实。

关于罢工在工人解放运动中的地位和重要性的详细决议,是布鲁塞尔代表大会于1868年9月8日通过的。——225

379 为了筹备布鲁塞尔代表大会(1868年9月6—13日),在1868年6月23日的总委员会会议上提出了一项起草致英国工联呼吁书的提案,得到马克思的附议。黑尔斯、拉法格和柯普兰起草了呼吁书,并在6月30日总委员会会议上讨论呼吁书草稿之后,经总委员会于1868年7月7日通过,送印刷所印成传单。1000份呼吁书很快售完,总委员会在7月21日会议上决定再印500份。呼吁书也刊载于1868年7月25日《蜂房报》第353号,并用德文部分转载于1868年8月《先驱》第8期。——227

380 指1865年在伦敦举行的国际协会的代表会议。——229

381 这份国际协会过去一年来活动情况的报告是马克思为1868年布鲁塞尔代表大会起草的,总委员会于1868年9月1日通过。在本卷中,报告按照《泰晤士报》刊印,其文字与马克思译成的德文略有出入。(参看《马克思恩格斯全集》中文第1版第16卷第360—365页。)——230

382 指法国代表们的意见书。——231

383 在法国，按照刑法典第291条和1834年4月10日法令的规定，成立20人以上的社团，必须经有关当局批准。——232

384 指总委员会上次会议通过的决议。决议规定：以法人资格加入了国际协会的各团体的捐款额，应为每个会员每年半便士。——233

385 1867年11月3日，法国军队同教皇的雇佣卫队一起在门塔纳附近击败了再次进攻罗马的加里波第的军队，加里波第的这次进攻，目的在于把罗马从法国占领下解放出来，归入意大利的版图。——233

386 指的是普鲁士1850年3月11日颁布的反对工人的法令。——233

387 指贝克尔和瑞士德语区支部中央委员会的活动。在贝克尔的领导下，委员会在1869年爱森纳赫党成立之前，实际上是德国半合法存在的各支部的组织中心。——233

388 指1868年8月22—25日在汉堡举行的全德工人联合会大会。会上通过的决议发表于1868年9月2日《社会民主党人报》第102号。——234

389 在1868年9月29日的总委员会会议上讨论了希尔施对国际工人协会的诽谤问题。——236

390 总委员会根据拉法格和杜邦的建议，在1868年10月6日通过了决定：出版在总委员会的报告的基础上批准的日内瓦代表大会的决议以及布鲁塞尔代表大会的决议（报告指卡尔·马克思写的《临时中央委员会就若干问题给代表的指示》。埃卡留斯作了初步的出版工作，马克思完成了出版的最后准备工作。小册子的头一部分发表在11月21日《蜂房报》上，第二部分发表在12月12日《蜂房报》上。1869年2月，又印成单行本出版，书名为《国际工人协会1866年日内瓦代表大会和1868年布鲁塞尔代表大会的决议》。这些决议成为发扬国际协会纲领中社会主义原则的重要依据。其中，包括对社会进行社会主义改造的基本问题——采取生产资料的公有制，还包括对工人阶级经济斗争和对工会作用的马克思主义的见解。但是，有些布鲁塞尔决议仍然受到了蒲鲁东主义思想的强烈影响，特别是在信用贷款问题和战争问题方面。——239

391 这里指的是改革运动。——244

392 在美国内战期间,英国工联积极支持北方各州反对奴隶主的斗争;1864年春,工联表示反对反动的哈斯丁—福尔杰罢工法案。——244

393 这次会议于1866年7月17—21日举行,有138名代表参加,他们代表20万有组织的英国工人。议程上的主要问题,即与同盟歇业作斗争的问题,曾在几次会议上讨论过。这次会议通过的号召各工联参加国际协会的决议,发表在《联合王国工联代表会议的报告(1866年7月17日和以后四日于设菲尔德)》一书(1866年设菲尔德版)中。——245

394 关于战争问题的决议草案是由贝克尔在1868年9月13日的代表大会会议上以德语区支部的名义提出的。它部分地反映了马克思在1868年9月10日给总委员会出席布鲁塞尔代表大会的代表列斯纳和埃卡留斯的信中所说明的立场。但是代表大会批准了托伦的草案,它由一个完全不可能实现的比利时提案所修正,即发生战争时举行总罢工。马克思形容这个想法是"荒谬主张"。——249

395 这一针对"和平和自由同盟"的决议于1868年9月12日在布鲁塞尔代表大会上通过,因为该同盟邀请国际参加它在1868年9月举行的伯尔尼代表大会。这一邀请是巴枯宁发起的,他那时是该同盟中央委员会的一名委员,企图置国际协会于他的影响之下。——249

396 总委员会的这封通告信是马克思根据总委员会的指示写的。这封信作为国际的机密寄发给协会的所有支部和分部,于1872年在马克思和恩格斯起草的总委员会内部通告《所谓国际内部的分裂》中第一次发表。保存下来的有彼此差异不大的几种手稿(马克思的两个手稿:一个是1868年12月22日写的,另一个是附在他于1870年8月6日写给荣克的信里的;还有两个手抄副本:一个是荣克抄写的,另一个是杜邦和恩格斯抄写的)。——251

397 《国际工人协会章程》1867年伦敦版。——252

398 这个报告是恩格斯应马克思的请求,用英文写成,1869年2月27日《蜂房报》第385号上的一篇关于总委员会会议的报道中以节本的形式发表。《泰晤士报》、《每日新闻》和《晨星报》都拒绝发表这篇文件。1869年3月初,马克思亲自将这篇报告译成德文并在1869年3月17日《社会民主党人报》第33号、1869年3月20日《民主周报》第12号、1869年3月20日和21日《未来报》第67号和第68号上发表；报告的英文原稿没有保存下来。——253

399 引自汉泽曼于1847年6月8日在第一届联合议会会议上的演说（见《第一届普鲁士议会》1847年柏林版第7部第55页）。——255

400 暗指普鲁士内务大臣罗霍夫于1838年1月15日给埃尔宾城居民的一封信中所说的话，该城居民对把七位持有反对派情绪的教授驱逐出汉诺威议会一事表示不满。罗霍夫写道："尽忠的臣民对自己的国王和国君应当俯首听命，而不该依据自己有限的智慧来企图干预国家元首的事务。"——259

401 这封信由马克思起草，曾同恩格斯商讨过，并秘密通知协会各支部。该信有几份彼此稍有出入的手稿被保存下来（有两份是马克思用英文和法文写的草稿，一份是马克思用法文写的完整的手稿，一份是不知道谁用法文抄写而由马克思修改过的副本）。——260

402 同盟纲领第二条早在1868年9月巴枯宁在伯尔尼举行的和平和自由同盟代表大会上宣读的纲领中就已经有了。——261

403 这封信是马克思根据1869年4月20日总委员会通过的决定起草的。它用英文印成单行本《比利时的屠杀》，用法文发表在许多报纸上：1869年5月15日《国际报》第18号、1869年5月16日《自由报》第99号和1869年5月22日《平等报》第18号。埃卡留斯翻译的德文本刊载在1869年5月22日《民主周报》第21号和1869年6月《先驱》第6号上。——262

404 1868年3月26日，比利时沙勒罗瓦煤田发生了抗议降低工资和缩减生产的罢工工人与警察之间的流血冲突。22人被捕受审，内中有5名妇女；指控的罪名是蓄意谋杀和破坏煤矿主人的财产。4月5日，布鲁塞尔支部成立了一个特别委员会，聘请律师为被捕者辩护。律师们促请公共舆论支持被告。8月15日，陪审团宣判被告无罪，理由是工人们的行动是由于必然使其家庭陷于饥饿的无理降薪而激发起来的，何况他们已被监禁了五个月，这本身已是够重的刑罚了。——263

405 1869年5月31日德巴普写给马克思的信里谈到,当这封信的法文本在比利时报刊上发表的时候,为了能够通过检查,康普、皮尔梅和弗兰德亲王的名字都被删去,而代之以"在比利时身居高位的人士"。——263

406 "Les sommations préalable"(事先下令解散)——许多资产阶级国家的法律规定:在当局向集结的人群三次下令解散之后,就可以使用武力。——263

407 指从1869年2月延续到7月的法国同比利时关于铁路租让的谈判,谈判的起因,是比利时议会通过了一项法令,规定租让权只有经过政府批准才能转让;这项法律是按紧急程序通过的,矛头针对法国的经济扩张,因为后者企图把比利时的铁路抓到自己手里。——264

408 1830年比利时资产阶级革命和比利时同荷兰分离之后不久,1831年1月伦敦五强会议(英、法、俄、奥、普)议定书宣布比利时为中立国。——265

409 "萨格"("thug")一词是对印度的勒杀(cut-throats)教派的称呼,该教派的信徒经常进行宗教仪式的杀人勾当,在19世纪的欧洲文献中这个名词成为形容职业强盗和杀人犯的流行用语。——266

410 由于1869年5月米·巴枯宁在日内瓦创建的以"社会主义民主同盟。中央支部"为名的支部的坚持,继承权问题被列入了巴塞尔代表大会的议程。马克思起草的《总委员会关于继承权的报告》是总委员会1869年夏季讨论这个问题的总结。在1869年9月11日巴塞尔代表大会的会议上,埃卡留斯宣读了马克思的报告,报告全文被转载于用英文、法文、德文出版的关于代表大会的报告中:《1869年9月6—11日在瑞士巴塞尔举行的国际工人协会第四次年度代表大会的报告》[1869年]伦敦版第26—27页;《国际工人协会。1869年9月在巴塞尔举行的国际第四次代表大会的报告》1869年布鲁塞尔版第122—124页;《在巴塞尔举行的国际工人协会第四次代表大会记录》第1—7号,1869年9月7—14日,巴塞尔版第77—80页;以及1869年10月《先驱》第10号第150—152页。——268

411 总委员会因美国全国劳工同盟主席西尔维斯去世而发出了这一慰问信。慰问信是根据总委员会在1869年8月17日会议上通过的决定由埃卡留斯起草的,发表在8月21日《蜂房报》对这次会议的报道中,也发表于1869年9月18

日《工人辩护士报》。——270

412 指美国全国劳工同盟费城代表大会。——271

413 这个报告是马克思根据总委员会的决定在1869年8月31日为1869年9月6—11日举行的巴塞尔代表大会写的。马克思没有出席代表大会,但是他积极参加了它的准备工作,特别是积极参加了它的纲领的制定。

巴塞尔代表大会再次讨论了土地问题,大多数票赞成废除土地私有制,变土地私有制为土地公有制;还通过了关于在全国范围和国际范围内把工会联合起来的决议,以及一系列关于从组织上巩固国际和扩大总委员会权力的决议。在巴塞尔代表大会上,马克思的科学社会主义的拥护者和巴枯宁的无政府主义的追随者之间在废除继承权的问题上发生了第一次公开的争论。

马克思用英文写的总委员会的报告全文,曾用德文和法文宣读,并用德文以单行本发表,即《国际工人协会总委员会向巴塞尔第四次代表大会的报告》1869年巴塞尔版;报告还用英文和法文同代表大会的会议记录一起发表,即《在瑞士巴塞尔举行的国际工人协会第四次年度代表大会的报告》1869年伦敦版第7—13页和《1869年9月在巴塞尔举行的第四次国际代表大会的报告》1869年布鲁塞尔版第9—23页。同时,还刊登在许多报纸和杂志上:1869年9月26日和10月3日《国际报》第37号和第38号,1869年12月11、18、25日《进步报》第26、27、28号和1870年1月1、8、15日《进步报》第1、2、3号,1869年9月《先驱》第9号,1869年9月18、22、25日《民主周报》第41、42、43号,以及1869年12月24、31日那不勒斯报纸《平等》周报第8、9号。报告最早的俄译文发表在1869年11月《人民事业》杂志第7—10号上。——271

414 1869年1月9日和13日《总汇报》第9号和第13号。——273

415 "Les orgies infernales des casse-tétes"("残暴的打手逞凶")——摘自立法团议员拉斯拜尔在1869年7月8日会议上的发言,他在发言中抗议波拿巴警察当局在巴黎选举时的暴行。——274

416 "Crédit Mobilier"("动产信用公司"),全称"Société générale de Crédit Mobilier",是法国的一家股份银行,创办于1852年。它的收入主要来源是用它所开办的股份公司的有价证券在交易所进行投机。Crèdit Mobilier 同第二帝国的政府官员有密切的联系。1867 年,该银行破产,1871 年停业。马克思在《纽约每日论坛报》上发表的许多文章中揭示了它的真正本质。——275

417 "Les chassepots avaient encore fait merveille"("沙斯波式步枪又一次发挥了威力")——这里指的是沙斯波改进了的枪,1866 年用这种枪装备了法国军队。——279

418 "Vivre en travaillant ou mourir en combattant"("不能劳动而生,毋宁战斗而死!")——这是 1831 年起义的里昂织工的口号。——280

419 这封为纽约染墙纸工人罢工而写的公开信,是埃卡留斯受总委员会的委托起草的,发表于 1869 年 10 月 3 日《国际报》。纽约工人的信件转载于 1869 年 10 月 2 日《蜂房报》。埃卡留斯翻译的这篇公开信的德文译文手稿也存留下来。在德文本、法文本和英文本之间有微小出入。——286

420 这封信实际上是 1869 年 10 月成立的土地和劳动同盟的宣言;它是 1869 年 11 月 14 日左右由埃卡留斯起草的,并曾经马克思校订。——288

421 本项包括从商业中获得收入的人和自由职业者。——289

422 本文是根据总委员会 1869 年 11 月 9 日的决定由埃卡留斯起草的。这一文件是对新民主会来信的复信。——294

人名索引

A

阿伯康公爵,詹姆斯·汉密尔顿（Abercorn, James Hamilton, Duke 1811—1885）——爱尔兰总督（1866—1868 和 1874—1876）。

艾伦,威廉（Allan, William 1813—1874）——英国工人,机器匠,工联领袖,改良主义者,机械工人联合会（英国工人的第一个大工联）的组织者之一和总书记（1851—1874）；19 世纪 60 年代是伦敦工联理事会的领导者之一；曾反对参加国际协会；工人代表同盟的著名人物。

阿普尔加思,罗伯特（Applegarth, Robert 1833—1925）——英国工联主义运动改良派领袖,职业是红木工；粗细木工工联总书记（1862—1871）,工联伦敦理事会理事（1863 年起）；1865 年起为国际会员,国际总委员会委员（1868—1872）；巴塞尔代表大会（1869）代表,改革同盟和工人代表同盟的领导人之一；1871 年拒绝在总委员会的宣言《法兰西内战》上签名；后脱离工人运动。

阿利斯（Alise）——法国工人,旋工。

埃德加（Edgar）——英国工联主义者,伦敦工联理事会理事。

埃卡留斯,约翰·格奥尔格（Eccarius, Johann Georg [John George] 1818—1889）——德国工人运动和国际工人运动的活动家,工人政论家,职业是裁缝；侨居伦敦,正义者同盟盟员,后为共产主义者同盟盟员,伦敦德意志工人共产主义教育协会的领导人之一,国际总委员会委员（1864—1872）,总委员会总书记（1867—1871 年 5 月）,美国通讯书记（1870—1872）,国际各次代表大会和代表会议的代表；1872 年以前支持马克思,1872 年海牙代表大会后成为英国工联的改良派领袖,后为工联主义运动的活动家。

安(Anne 1665—1714)——英国女王(1702—1714)。

奥博尔斯基,路德维克(Oborski, Ludvic〔Louis〕1787—1873)——波兰上校,革命家,1830—1831年波兰起义的参加者;1834年流亡伦敦,伦敦"民主派兄弟协会"的活动家;1849年巴登-普法尔茨起义时为革命军师长;国际总委员会委员(1865—1867),1866年任波兰流亡者联合会伦敦中央支部主席。

奥尔西尼,切扎雷(Orsini, Cesare)——意大利政治流亡者,国际总委员会委员(1866—1867),曾在美国宣传国际的思想;费·奥尔西尼的兄弟。

奥康奈尔,丹尼尔(O'Connell, Daniel 1775—1847)——爱尔兰律师和政治家,爱尔兰民族解放运动自由派右翼领袖。

奥尼尔(O'Neil)——来自伯明翰的英国牧师,和平主义者。

奥哲尔,乔治(Odger, George 1820—1877)——英国工联改良派领袖,职业是鞋匠,工联伦敦理事会创建人之一,1862—1872年为理事会书记,英国波兰独立全国同盟、土地和劳动同盟和工人代表同盟盟员,改革同盟执行委员会委员;1864年9月28日伦敦圣马丁堂会议的参加者,国际总委员会委员(1864—1871)和主席(1864—1867),伦敦代表会议(1865)和日内瓦代表大会(1866)的参加者,在争取英国选举改革的斗争期间与资产阶级有勾结;1871年拒绝在总委员会的宣言《法兰西内战》上签名并退出总委员会。

B

巴克利,詹姆斯(Buckley, James)——英国工联主义者,国际总委员会委员(1864年11月—1869年)和改革同盟盟员。

巴拉,茹尔(Bara, Jules 1835—1900)——比利时国家活动家,自由党人,司法大臣(1865—1870、1878—1884)。

巴特勒(Butler)——英国工联主义者,考文垂织带工人协会书记(1867),该会加入了国际。

白恩士(Burns)——在哈里法克斯(英国)的国际的支持者。

贝尔纳,马利(Bernard, Marie)——比利时油漆匠,总委员会委员(1868年9月—1869年),比利时通讯书记。

贝克尔,约翰·菲力浦(Becker, Johann Philipp 1809—1886)——德国工人运动和国际工人运动活动家,职业是制刷工,1848年加入瑞士籍;三月革命以前的民主运动和1848—1849年革命的参加者;以瑞士军队军官身份参加了反对宗得崩德的战争;在巴登-普法尔茨起义时指挥巴登人民自卫团和志愿军;1848—1849年革命后转向无产阶级共产主义立场,瑞士"革命集中"成员(1850),国际日内瓦第一支部的创建人(1864),国际日内瓦支部委员会、德国和瑞士德语区中央委员会主席(1865),国际德语区支部主席(1866年起),在瑞士的国际德国人支部组织者,国际伦敦代表会议(1865)和国际各次代表大会代表,《先驱》杂志出版者和编辑(1866—1871)和《先驱者》杂志编辑(1877—1882);马克思和恩格斯的朋友和战友。

贝松,亚历山大(Besson, Alexandre)——法国工人,机器匠,在伦敦的侨民,总委员会委员(1866—1868),比利时通讯书记,伦敦法国人分部领导人之一,加入小资产阶级共和派集团,费利克斯·皮阿的追随者。

贝尼埃,欧仁(Benière, Eugène)——国际在法国的通讯员;曾参加组织里昂附近的国际支部,蒲鲁东主义者。

倍倍尔,奥古斯特(Bebel, August 1840—1913)——德国工人运动和国际工人运动活动家,职业是旋工;德国工人协会联合会创始人之一,1867年起为主席;第一国际会员,1867年起为国会议员,1869年是德国社会民主党创始人和领袖之一,《社会民主党人报》创办人之一;曾进行反对拉萨尔派的斗争,普法战争时期站在无产阶级国际主义立场,捍卫巴黎公社;1889、1891和1893年国际社会主义工人代表大会代表;第二国际的活动家,在19世纪90年代和20世纪初反对改良主义和修正主义;马克思和恩格斯的朋友和战友。

比尔斯,埃德蒙(Beales, Edmond 1803—1881)——英国法学家,资产阶级激进派,英国波兰独立全国同盟主席;在美国内战期间支持北部的英国奴隶解放协会会员,改革同盟主席(1865—1869)。

比斯利,爱德华·斯宾塞(Beesly, Edward Spencer 1831—1915)——英国历史学家和政治活动家,资产阶级激进派;实证论者,伦敦大学教授;积极参加60年代的民主运动,1864年9月28日伦敦圣马丁堂会议的主席;1870—1871年是争取英国政府承认法兰西共和国的运动的领导人之一；在英国报刊上为国际和巴黎公社辩护；同马克思保持友好关系。

俾斯麦公爵，奥托，冯·申豪森（Bismarck, Otto, Von Schönhausen, Prince 1815—1898）——普鲁士和德国国务活动家和外交家，普鲁士容克的代表；曾任驻彼得堡大使（1859—1862）和驻巴黎大使（1862）；普鲁士首相（1862—1872 和 1873—1890），北德意志联邦首相（1867—1871）和德意志帝国首相（1871—1890）；1870 年发动普法战争，1871 年支持法国资产阶级镇压巴黎公社；主张以"自上而下"的方法实现德国的统一；曾采取一系列内政措施，以保证容克和大资产阶级的联盟；1878 年颁布反社会党人非常法。

毕尔克利，卡尔（Bürkli, Karl 1823—1901）——瑞士经济学家和政论家，小资产阶级社会主义者；德国 1848—1849 年革命的参加者；第一国际苏黎世支部的领导人之一，国际日内瓦代表大会（1866）代表和洛桑代表大会（1867）秘书；1893 年国际社会主义工人代表大会代表；瑞士合作社运动的发起人和领导人。

毕希纳，路德维希（Büchner, Ludwig 1824—1899）——德国医生和哲学家，庸俗唯物主义和无神论的代表人物；德国 1848—1849 年革命的参加者，属于小资产阶级民主派的极左翼；国际洛桑代表大会代表（1867）。

波拿巴（Bonaparte）——见拿破仑第三。

波特尔，乔治（Potter, George 1832—1893）——英国工联改良派领袖之一，职业是木工，工联伦敦理事会理事和建筑工人工联的领导人，《蜂房报》的创办人和出版者，在报纸上一贯实行同资产阶级自由派妥协的政策。

博勃钦斯基，康斯坦蒂（Bobczyński, Konstanty）——1863 年波兰起义的参加者，后流亡伦敦；国际总委员会委员（1865—1868），波兰通讯书记（从 1866 年 5 月起）；1865 年伦敦代表会议的参加者，1866 年迁居伯明翰。

布尔东，安东-马里耶（Bourdon, Antoine-Marie）——法国工人，雕刻匠；法国工人运动的积极参加者；国际日内瓦代表大会（1866）代表和书记，巴黎理事会理事。

博凯特（Bockett）——英国装订工人，伦敦装订工人协会书记。

布拉德洛，查理（Bradlaugh, Charles 1833—1891）——英国新闻工作者，资产阶

级激进派,《国民改革者》周刊编辑,巴黎公社以后,猛烈攻击马克思和国际工人协会。

布莱廷,赛米尔(Brighting, Samuel)——英国工人,职业是编筐工人;工联主义者;旧伦敦编筐工人协会会员。

布赖特施韦特,奥托·路德维希(笔名:路·奥托)(Breitschwert, Otto Ludwig〔pseudonym L. Otto〕1836—1890)——德国新闻工作者;国际总委员会委员(1864),西班牙通讯书记(1866)。

布朗,约翰(Brown, John 1800—1859)——美国农民,废奴运动的战士;堪萨斯州反奴隶主武装斗争的积极参加者(1854—1856);1859年打算在弗吉尼亚州发动黑奴起义;受审并被处决。

布里斯梅,德西雷(Brismée Désiré 1823—1888)——比利时印刷工人;曾参加比利时民主运动和工人运动;蒲鲁东主义者;国际比利时支部(1865)的创建者之一;从1869年起为比利时联合会委员会(总委员会)委员;国际布鲁塞尔代表大会(1868)代表,巴塞尔代表大会(1869)副主席,海牙代表大会(1872)代表;曾加入巴枯宁派,后来与无政府主义者断绝关系。

布拉德尼克,弗雷德里克(Bradnick, Frederick)——英国工人,国际总委员会委员(1870—1872),伦敦代表会议(1871)代表;海牙代表大会(1872)以后加入不列颠联合会委员会中的改良派,1873年5月30日总委员会通过决议将他开除出国际。

D

达顿,詹姆斯·弗兰克(Dutton, James Frank)——英国工人,马车制造匠,国际总委员会委员(1866)。

达弗林侯爵,弗雷德里克·坦普尔·汉密尔顿·坦普尔·布莱克伍德(Dufferin, Frederick Temple Hamilton-Temple-Blackwood, Marquess of 1826—1902)——英国国务活动家和外交家,自由党人,爱尔兰大地主,曾参加格莱斯顿内阁(1868—1872),加拿大总督(1872—1878),驻彼得堡大使(1879—1881),驻君士坦丁堡大使(1881—1882),驻埃及大使(1882—1883),印度总督(1884—1888)。

达希，朱泽培（Dassy, Giuseppe）——意大利工人领袖；意大利工人联合会副主席，切里尼奥拉工人互助会出席国际日内瓦代表大会（1866）的代表，总委员会在那不勒斯的通讯员。

丹特（Danter, R.）——19世纪60年代和70年代英国工联运动的积极参加者，机械工人联合会主席，伦敦工联理事会理事。

德巴普，塞扎尔（De Paepe, Cèsar 1841—1890）——比利时工人运动和社会主义运动活动家，印刷工人，后为医生；国际比利时支部创建人之一（1865）；比利时联合会委员会委员和书记（1868—1872），国际伦敦代表会议（1865）、洛桑代表大会（1867）、布鲁塞尔代表大会（1868），巴塞尔代表大会（1869）和伦敦代表会议（1871）代表，海牙代表大会（1872）以后曾一度支持巴枯宁派，比利时工人党创始人之一（1885）。

德尔，威廉（Dell, William）——英国工人运动和民主运动活动家；室内装饰工；英国波兰独立全国同盟盟员；1864年9月28日圣马丁堂国际成立大会的参加者，国际总委员会委员（1864—1869）和财务委员（1865、1866—1867），1865年伦敦代表会议的参加者，改革同盟的领导人之一。

德金德伦（Derkinderen）——国际总委员会委员（1866—1867），荷兰通讯书记（1867）。

德赖，戴维（Dry, David）——英国工联主义者，伦敦弹性织品织工协会书记。

德鲁里（Drury）——国际在伦敦的法国人分部会员；1867年去纽约。

德鲁伊特，乔治（Druitt, George）——英国工联主义者，伦敦裁缝协会主席，国际总委员会委员（1867）。

杜邦，欧仁（Dupont, Eugène 1831左右—1881）——法国工人，国际工人运动活动家，1848年巴黎六月起义的参加者，1862年起住在伦敦，1870年起住在曼彻斯特，国际总委员会委员（1864—1872），法国通讯书记（1865—1871），伦敦代表会议（1865）和日内瓦代表大会（1866）的参加者，洛桑代表大会（1867）主席，布鲁塞尔代表大会（1868）、伦敦代表会议（1871）和海牙代表大会（1872）的代表；《法兰西信使报》撰稿人，伦敦法国人支部成员（1868年以前），曼彻斯特法国人支部创建人之一（1870），国际不列颠联合会委员会委员

(1872—1873),1874年迁居美国;马克思和恩格斯的战友。

杜梅尼尔-马里尼,茹尔(Dumesnil-Marlgny, Jules 1810—1885)——法国资产阶级经济学家和政论家,国际会员(1865);国际伦敦代表会议(1865)的参加者。

杜普莱克斯,弗朗斯瓦(Dupleix, François)——瑞士装订工人,在日内瓦的国际法国人支部的组织者之一和主席,国际伦敦代表会议(1865),日内瓦代表大会(1866)和洛桑代表大会(1867)的代表。

多德,亨利(Dodd, Henry)——国际会员(1867)。

多德森(Dodson)——英国工联主义者,1867年加入国际的伦敦鞋匠联合会的书记。

E

安贝尔,让·巴普提斯特(Humbert, Jean Baptiste)——国际在法国的积极会员,国际巴黎委员会委员(1868)。

F

斐迪南二世(Ferdinand Ⅱ 绰号炮弹国王[King Bomba] 1810—1859)——双西西里王国国王(1830—1859)。

封丹,莱昂(Fontaine, Léon)——比利时新闻工作者,比利时民主运动的积极参加者;1862—1865年是赫尔岑的《钟声》法文版发行人,总委员会的比利时临时通讯书记(1865),国际布鲁塞尔代表大会(1868)代表。

福克斯,彼得(真名,彼得·福克斯·安德烈)(Fox, Peter [Peter Fox André] 死于1869年)——新闻工作者,英国民主运动和工人运动的活动家,实证论者;英国波兰独立全国同盟的领导人之一;1864年9月28日圣马丁堂国际成立大会的参加者;国际总委员会委员(1864—1869),1865年起为总委员会机关报正式通讯员,总委员会总书记(1866年9—11月);美国通讯书记(1866—1867);《共和国》编辑之一(1866);改革同盟执行委员会委员。

弗里布尔,厄内斯特·爱德华(Fribourg, Ernest-Édouard)——法国工人运动活动家,职业是雕刻工,后为商人;右派蒲鲁东主义者;1864年9月28日伦敦圣马丁堂会议的参加者，国际巴黎支部的领导人之一，伦敦代表会议（1865）和日内瓦代表大会（1866）代表；多家工人报纸的编辑部成员；1867年作为记者参加洛桑代表大会；1871年出版敌视国际和巴黎公社的《国际工人协会》一书。

弗洛凯，沙尔（Floquet, Charles 1828—1896）——法国律师，左派共和党人；第二帝国期间，在1868年和1870年对巴黎支部的审讯中担任辩护律师；19世纪70年代和80年代为众议院议员和议长。

G

哥特罗，茹尔（Gottraux, Jules）——英国籍的瑞士人；国际会员。

格柴霍斯基（Gzechowski）——波兰人，伦敦波兰饭店的主人。

格莱斯顿，威廉·尤尔特（Gladstone, William Ewart 1809—1898）——英国国务活动家，托利党人，后为皮尔分子，19世纪下半叶是自由党领袖；曾任财政大臣（1852—1855和1859—1866）和首相（1868—1874、1880—1885、1886和1892—1894）。

格朗容，莱奥波德·奥古斯特（Granjon, Leopold Auguste）——制刷工人，国际巴黎委员会委员（1868）。

格里利，霍拉斯（Greeley, Horace 1811—1872）——美国资产阶级新闻工作者和政治活动家；进步报纸《纽约每日论坛报》的创办人和编辑之一，国际的支持者。

格里宁，爱德华·欧文（Greening, Edward Owen 1836—1923）——曼彻斯特合作运动的积极活动家，美国内战期间支持北部的英国奴隶解放协会会员，改革同盟盟员。

格桑-哈第，格桑（Gathorne-Hardy, Gathorne 1814—1906）——英国国家活动家，保守党人，内务大臣（1867—1868）。

H

哈考斯基（Hakowski, F.）——伦敦的波兰侨民，伦敦波兰工人协会书记（1866）。

哈勒克（Huleck）——国际总委员会委员（1868）；伦敦的法国人分部会员，分部分裂（1868）后，反对总委员会。

哈勒克夫人（Huleck，Mrs.）——国际总委员会委员（1868）。

哈里斯，乔治（Harris，George）——英国工人运动活动家，前宪章主义者，詹·奥勃莱恩的社会改良主义观点的信徒，全国改革同盟成员，国际总委员会委员（1869—1872），总委员会财务书记（1870—1871）。

哈里逊，弗雷德里克（Harrison，Frederick 1831—1923）——英国法学家和历史学家，资产阶级激进派，实证论者；19世纪60年代民主运动的积极参加者，国际会员。

哈里逊，威廉（Harrison，William）——伦敦制帽工人协会书记。

哈蒙德（Hammond）——英国外交部官员。

哈特，约瑟夫（Hart，Joseph）——伦敦的国际支持者。

汉森（Hansen，N.P.）——丹麦人，国际总委员会委员（1864年12月—1867年），国际伦敦代表会议（1865）代表，丹麦通讯书记（1866），丹麦和荷兰通讯书记（1867）。

豪威耳，乔治（Howell，George 1833—1910）——英国工人，泥水匠，前宪章主义者，英国工联改良派领袖之一，伦敦工联理事会书记（1861—1862），1864年9月28日圣马丁堂国际成立大会的参加者，国际总委员会委员（1864—1869）；国际伦敦代表会议（1865）的参加者；改革同盟书记和不列颠工联代表大会议会委员会书记（1871—1875）。

黑尔斯，威廉（Hales，William）——国际总委员会委员（1867，1869—1872）。

黑尔斯，约翰（Hales，John 生于1839年）——英国工人，工联主义运动活动家，改革同盟执行委员会委员及土地和劳动同盟、工人代表同盟的成员，国际总委员会委员（1866—1872）和书记（1871—1872）；国际伦敦代表会议（1871）和海牙代表大会（1872）的代表；曾参加巴枯宁的少数派，国际不列颠联合会委员会委员（1871年11月）；从1872年初起领导不列颠联合会委员会中的改良派和分裂派；该派伦敦代表大会（1873）的组织者；1873年5月30日总委员会通过决议把他开除出国际。

亨丁顿（Huntington）——霍洛韦（爱尔兰）的糊墙纸制造商。

华尔利（Wholly，J.C.）——美国劳工运动的积极参加者，华盛顿全国劳工同盟主席。

惠勒，乔治·威廉（Wheeler, George William）——英国工人运动活动家；1864年9月28日伦敦圣马丁堂会议的参加者，国际总委员会委员（1864—1867），总委员会财务委员（1864—1865和1865—1867），国际伦敦代表会议（1865）的参加者，改革同盟执行委员会委员及土地和劳动同盟的成员。

霍亨索伦王朝（Hohenzollern）——见威廉一世。

霍姆斯，约翰（Holmes, John）——曾在利兹创建国际支部（1868）；合作运动的积极参加者。

霍斯堡（Hosburgh）。

J

吉布森，威廉（Gibson, William）——美国全国劳工同盟的国际联络书记。

吉约姆，詹姆斯（Guillaume, James 1844—1916）——瑞士教师、政论家，巴枯宁的拥护者，国际会员，国际勒洛克勒支部的创建人（1866），1868年起同巴枯宁建立联系，国际兄弟会的创建人之一；《进步报》（1868—1870）、《团结报》（1870—1871）和《国际工人协会汝拉联合会简报》（1872—1878）的编辑；国际日内瓦代表大会（1866）、洛桑代表大会（1867）、巴塞尔代表大会（1869）和海牙代表大会（1872）的参加者，社会主义民主同盟组织者之一，由于进行分裂活动在海牙代表大会上被开除出国际；第一次世界大战期间为社会沙文主义者。

加德纳，威廉（Gardner, William）——英国人，国际总委员会委员（1865—1867、1869）。

加里波第，朱泽培（Garibaldi, Giuseppe 1807—1882）——意大利革命家，民主主义者，意大利民族解放运动的领袖，意大利1848—1849年革命的参加者；1849年4—7月是罗马共和国保卫战的主要组织者，50—60年代领导意大利人民争取民族解放和国家统一的斗争；1860年领导向南意大利的进军；1862年为了把罗马从教皇军队和法国侵略者手中解放出来而组织了远征；反奥地利战争的参加者（1848—1849、1859和1866），在普法战争中站在法兰西共和国一边，70年代声援巴黎公社，赞成在意大利建立国际的支部。

雅耶，约瑟夫（Jayet, Joseph）——国际总委员会委员（1866—1867）。

杰克逊（Jackson）——1867年加入国际的肯德尔（英格兰）鞋匠协会的领导人之一。

杰瑟普，威廉（Jessup, William J.）——美国工人，木工；纽约州全国劳工同盟副主席（1866年起）和通讯书记（1867年起），纽约工人联合会领导人之一；赞成加入国际。

K

卡尔德，弗雷德里克（Card, Frederiek）——总委员会委员（1867）。

卡尔德，约瑟夫（笔名：克维查基维奇）（Card, Joseph [Czwierzakiewicz]）——日内瓦的国际工人协会的积极会员，国际日内瓦代表大会（1866）代表。

卡内撒（Canessa, L. D.）——意大利民族解放运动的积极参加者，热那亚工人合作社联合会领导人之一；萨维死后，为意大利工人协会中央机关报《意大利工人协会报》编辑（1865年—1866年5月）。

卡斯尔雷子爵，罗伯特·斯图亚特（Castlereagh, Robert Stewart, Viscount 1769—1822）——英国政治活动家，托利党人，议会议员；曾任殖民和陆军大臣（1805—1806和1807—1809）、外交大臣（1812—1822），英国政府出席维也纳会议的代表。

卡特，詹姆斯（Carter, James）——英国工人，香料制造工，改革同盟盟员，国际总委员会委员（1864年10月—1867年），意大利通讯书记（1866—1867）；国际伦敦代表会议（1865）、日内瓦代表大会（1866）和洛桑代表大会（1867）的参加者。

凯恩，约翰（Kane, John 1819—1876）——英国工人运动活动家，宪章主义者；全国锻工协会书记（1868—1876）。

凯利（Kelly）——伦敦一家印刷所的主人；国际会员。

卡梅伦，安德鲁（Cameron, Andrew）——美国全国劳工同盟的领导人之一；国际巴塞尔代表大会（1869）代表；《工人辩护士报》编辑。

考布，卡尔（Kaub, Karl）——德国工人，在伦敦的侨民，1865 年后侨居巴黎，伦敦德意志工人教育协会会员；国际总委员会委员（1864 年 11 月—1865 年和 1870—1871 年）；1865 年伦敦代表会议的参加者。

考莱伯爵，亨利·理查·查理·韦尔斯利（Cowley, Henry Richard Charles Wellesley, Baron 1804—1884）——英国外交家，驻巴黎大使（1852—1867）。

科尔森，埃德温（Coulson, Edwin）——英国工联主义者，泥水匠协会伦敦分会书记；伦敦工联理事会理事；国际总委员会委员（1865—1866）；改革同盟执行委员会委员。

科恩，詹姆斯（Cohn, James）——英国工人领袖，伦敦雪茄烟工人协会主席；国际总委员会委员（1867—1871），丹麦通讯书记（1870—1871）；国际布鲁塞尔代表大会（1868）和伦敦代表会议（1871）代表。

柯普，詹姆斯（Cope, James）——英国工联主义者，伦敦鞋匠协会委员会委员，伦敦工联理事会理事，国际总委员会委员（1865—1867）；伦敦代表会议（1865）参加者。

柯普兰（Copeland）——英国无神论运动领导人，国际总委员会委员（1868—1869）。

科勒，约瑟夫（Collet, Joseph）——法国新闻工作者，共和主义者，在伦敦的侨民；全国改革同盟盟员，《国际信使》编辑，国际总委员会委员（1866—1867）。

孔博，阿梅代·本杰明（Combauli, Amédée Benjamin 1838 左右—1884 以后）——法国工人，宝石匠；法国工人运动活动家，第一次流亡伦敦期间成为国际总委员会委员（1866—1867），后在巴黎积极参加国际的工作，1870 年创建了国际的一个巴黎支部，并进入巴黎联合会委员会；在法国反对国际工人协会的第三次审讯中受审；巴黎公社委员，直接税局局长；后再次流亡伦敦。

科切克（Koczek）——波兰人。

科塔姆，理查（Cottam, Richard）——英国雕刻匠，1870 年前印制国际会员证的印刷所主人；国际会员。

克里德，埃里克（Creed, Eric）——在比利时的英国旅行家，与瓦尔特·威廉斯合写了一系列论述比利时冶铁业的文章，这些文章发表在 1866 年 12 月到 1867 年 1

月的《泰晤士报》上。

克里默，威廉·兰德尔（Cremer, William Randall 1838—1908）——英国工联主义运动和资产阶级和平主义运动活动家，改良主义者；粗细木工工联的创建人和领导人之一，工联伦敦理事会理事，英国波兰独立全国同盟、土地和劳动同盟盟员；1864年9月28日伦敦圣马丁堂会议的参加者，国际总委员会委员和总书记（1864—1866），国际伦敦代表会议（1865）和日内瓦代表大会（1866）的参加者，曾经参加改革同盟执行委员会；反对革命策略，在争取选举法改革斗争时期同资产阶级进行勾结，普法战争时期反对英国工人声援法兰西共和国的行动，后来是自由党议会议员（1885—1895和1900—1908）。

克里斯提斯（Christies）——伦敦制帽商。

克林斯基，扬（约翰）（Krynski, Jan John）1811—1890）——波兰革命家，民主主义者；波兰起义（1863—1864）的参加者；侨居伦敦，国际总委员会委员（1865—1867），波兰人协会书记，波兰社会主义杂志《征召义勇军》（1875）编辑。

克伦威尔，奥利弗（Cromwell, Oliver 1599—1658）——英国国务活动家，17世纪英国资产阶级革命时期资产阶级和资产阶级化贵族的领袖；1649年起为爱尔兰军总司令和爱尔兰总督，1653年起为英格兰、苏格兰和爱尔兰的护国公。

库克，托马斯（Cook, Thomas 1808—1892）——英国旅游代办人。

库莱里，皮埃尔（Coullery, Pierre 1819—1903）——瑞士医生，民主主义者，蒲鲁东主义者，曾参加创建国际的拉绍德封分部；《未来呼声报》编辑；国际日内瓦代表大会（1866）和洛桑代表大会（1867）代表；后来脱离了政治活动。

L

拉法格，保尔（Lafargue, Paul 笔名保尔·洛朗［Paul Laurent］1842—1911）——法国医生和政论家，法国工人运动和国际工人运动的活动家，大学生运动的参加者，1865年流亡英国，国际总委员会委员，西班牙通讯书记（1866—1869），曾参加建立国际在法国的支部（1869—1870）及在西班牙和葡萄牙的支部（1871—1872）；巴黎公社的支持者（1871），公社失败后逃往西班牙；《解放报》编辑部成员，新马德里联合会的创建人之一（1872），海牙代表大会（1872）代表，法国工人党创始人之一（1879）；1882 年回到法国，《社会主义者报》编辑；1889 年国际社会主义工人代表大会的组织者之一和代表，1891 年国际社会主义工人代表大会代表；法国众议院议员（1891—1893）；马克思和恩格斯的学生和战友；马克思女儿劳拉的丈夫。

拉马，多梅尼科（Lama, Domenico）——共进会（伦敦意大利工人的马志尼主义组织）主席；1864 年 9 月 28 日圣马丁堂国际成立大会的参加者；国际总委员会委员（1864—1865）。

拉萨西（Lassassie, F.）——法国理发师，在伦敦的侨民；国际总委员会委员（1865—1868），1865 年伦敦代表会议的参加者；伦敦的法国人分部会员，在分部里拥护总委员会的政策。

拉斯科姆布（Luscombe）。

腊毕叶（Hraybe 或 Rhabje）——在伦敦的匈牙利侨民，伦敦德意志工人教育协会主席（1866）；国际总委员会委员（1865—1866）；1866 年 9 月，被授权代表国际工人协会在匈牙利进行活动，1869 年前为匈牙利工人运活动家。

莱斯利，托马斯·爱德华·克利夫（Leslie, Thomas Edward Cliffe 1827 左右—1882）——英国资产阶级经济学家。

赖德律（赖德律-洛兰），亚历山大·奥古斯特（Ledru［Ledru-Rollin］, Alexandre-Auguste 1807—1874）——法国政论家和政治家，小资产阶级民主派领袖，《改革报》编辑；第二共和国时期任临时政府内务部长和执行委员会委员（1848），制宪议会和立法议会议员（1848—1849），在议会中领导山岳党；1849 年六月十三日示威游行后流亡英国，1869 年回到法国。

莱涅克，彼得·阿道夫（Reineke, Peter Adolf 1818—1887）——德国资产阶级民主主义者，柏林的卫生检查官。

兰利，巴克斯特（Langley, J. Baxter）——英国资产阶级激进主义者，政论家。

朗德兰，埃米尔（Landrin, Emile）——法国工人，雕刻匠；国际的积极会员，国际巴黎委员会委员（1868）。

勒弗夫尔，路易（Lefeuvre, Leuls）——国际会员，1868 年 1 月被提名为总委员会委员候选人。

勒吕贝,维克多(Le Lubez, Victor 生于1834年)——法国民主主义者和社会主义者;作为法国侨民的儿子在泽西岛长大,1858年侨居伦敦;1864年9月28日伦敦圣马丁堂会议的参加者,国际总委员会委员(1864—1866),法国通讯书记(1864—1865),比利时临时通讯书记(1865),1865年伦敦代表会议的参加者,伦敦的法国人支部成员,由于进行阴谋活动和诽谤,被日内瓦代表大会(1866)开除出总委员会。

雷德林顿,科尔奈利乌斯(Reddlington, Cornelius)——伦敦的国际会员(1867)。

李,詹姆斯(Lee, James)——英国工联主义者,加入国际的掘土工人联合会书记;总委员会委员(1866—1867)。

李卜克内西,威廉(Liebknecht, Wilhelm 1826—1900)——德国工人运动和国际工人运动的活动家、语文学家和政论家;1848—1849年革命的参加者,革命失败后流亡瑞士,1850年5月前往英国,在那里成为共产主义者同盟盟员;1862年回到德国;国际会员,1867年起为国会议员;德国社会民主党创始人和领袖之一;《人民国家报》编辑(1869—1876)和《前进报》编辑(1876—1878和1890—1900);1889、1891和1893年国际社会主义工人代表大会代表;马克思和恩格斯的朋友和战友。

里弗莱,爱德华(Reaveley, Edward)——英国工联主义者,伦敦马车制造匠友爱会会员;该会在国际总委员会的代表(1867)。

莱维,莱昂内(Levi, Leone 1821—1888)——英国经济学家、统计学家和法学家;写有商法方面的著作;理·科布顿的朋友。

理查,亨利(Richard, Henry 1812—1888)——英国牧师,资产阶级和平主义者;和平协会书记(1848年起);议员(1868—1888),自由党人。

林堡(Limburg, W.)——德国工人,鞋匠,伦敦德意志工人教育协会会员和国际总委员会委员(1868—1869)。

莱诺,约翰·布雷德福德(Leno, John Bredford 生于1826年)——英国印刷工人:宪章主义者,后为工联主义者;劳动阶级福利总同盟盟员和改革同盟盟员,1864年(9月28日圣马丁堂国际成立大会的参加者;国际总委员会委员(1864—

1867)、伦敦代表会议（1865）的参加者；《工人辩护士报》发行人（1865—1866）。

列斯纳，弗里德里希（Leßner [Lessner], Friedrich 1825—1910）——德国工人运动和国际工人运动的活动家，职业是裁缝；共产主义者同盟盟员，1848—1849 年革命的参加者，1850 年为威斯巴登工人教育协会会员；1850—1851 年为美因茨工人教育协会主席和同盟美因茨支部领导人；在科隆共产党人案件（1852）中被判处三年徒刑，1856 年起侨居伦敦，伦敦德意志工人共产主义教育协会会员，国际总委员会委员（1864—1872），国际伦敦代表会议（1865）、洛桑代表大会（1867）、布鲁塞尔代表大会（1868）、巴塞尔代表大会（1869）、伦敦代表会议（1871）和海牙代表大会（1872）的参加者，不列颠联合会委员会委员；在国际中为马克思的路线积极斗争，后为英国独立工党的创始人之一；马克思和恩格斯的朋友和战友。

龙格，沙尔（Longuet, Charles 1839—1903）——法国工人运动活动家，蒲鲁东主义者，职业是新闻工作者；《左岸》的编辑（1864—1866）；国际总委员会委员（1866—1867 和 1871—1872），比利时通讯书记（1866），国际洛桑代表大会（1867）、布鲁塞尔代表大会（1868）、伦敦代表会议（1871）和海牙代表大会（1872）代表；国民自卫军中央委员会委员，巴黎公社委员，《法兰西共和国公报》主编；公社被镇压后流亡英国，1880 年大赦后回到法国；后加入法国社会主义运动中的机会主义派别——可能派，1889 年国际社会主义工人代表大会代表，80—90 年代被选为巴黎市参议会参议员；马克思女儿燕妮的丈夫。

鲁埃，欧仁（Rouher, Eugène 1814—1884）——法国律师和政治家，波拿巴主义者，第二共和国时期是制宪议会和立法议会议员（1848—1849），1849—1852 年曾断续地担任司法部长和司法大臣；第二帝国时期任商业、农业和公共工程大臣（1855—1863）、国务大臣（1863—1869）、参议院议长（1869—1870）；第二帝国崩溃后逃离法国；70 年代为法国波拿巴派的领袖之一。

鲁克拉夫特，本杰明（Lucraft, Benjamin 1809—1897）——英国工联改良派领袖之一，职业是木器匠，1864 年 9 月 28 日伦敦圣马丁堂会议的参加者，国际总委员会委员（1864—1871），国际布鲁塞尔代表大会（1868）和巴塞尔代表大会

(1869)代表,改革同盟执行委员会委员,1871年拒绝在总委员会的宣言《法兰西内战》上签名并退出总委员会。

路特希尔德(Rothschild)。

路易斯,莱昂(Lewis, Leon)——美国新闻工作者;1865年在伦敦被选为总委员会委员和美国通讯书记。

罗,哈丽雅特(Law, Harriet 1832—1897)——英国无神论运动女活动家,国际总委员会委员(1867—1872)和国际曼彻斯特支部成员(1872)。

洛德(Lord)。

M

马圭尔,托马斯(Maguire, Thomas)——爱尔兰水手;1867年被控图谋组织被囚禁的芬尼亚社社员越狱而被非法逮捕;被判处绞刑,但不久获释。

马克·拉尔(Mac Ral)。

马克思,卡尔(Marx, Karl 1818—1883)。

马里尼(Marigny)——见杜梅尼尔-马里尼。

马隆,贝努瓦(Malon, Benoît 1841—1893)——法国政论家,染整工,小资产阶级社会主义者;国际会员(1865年起),日内瓦代表大会(1868)代表,社会主义革命同盟和巴枯宁的国际兄弟会成员(1868年起);1871年国民议会议员,后辞职;国民自卫军中央委员会委员和巴黎公社公共工程委员会委员,公社被镇压后流亡意大利,后迁居瑞士,被缺席判处死刑;国际日内瓦支部成员,社会主义革命宣传和行动支部创建人之一,汝拉联合会会员,《社会革命报》编辑部成员;1880年大赦后回到巴黎;法国工人党党员;后来成为法国社会主义运动中的机会主义派别——可能派的首领和思想家。

马斯曼(Massman, W.)——国际总委员会委员(1866),被日内瓦代表大会再次选进总委员会(1866—1867),1866年秋去德国,受托在德国为国际工人协会的利益进行活动。

马志尼,朱泽培(Mazzini, Giuseppe 1805—1872)——意大利革命家,民主主义者,意大利民族解放运动领袖,意大利1848—1849年革命的参加者,1849年为罗马共和国临时政府首脑；1850 年是伦敦欧洲民主派中央委员会组织者之一；1853 年是米兰起义的主要领导人，50 年代后反对波拿巴法国干涉意大利人民的民族解放斗争；1864 年成立第一国际时企图置国际于自己影响之下，1871 年反对巴黎公社和国际，阻碍意大利独立工人运动的发展。

迈奥尔，阿瑟（Miali Arthur）——伦敦索荷区包佛里街 18 号的房东，总委员会从 1866 年 2 月 9 日到 1867 年 6 月 2 5 日期间在这里举行会议。

迈耶森（Meyerson, E.）——国际总委员会委员（1868）。

米尔纳，乔治（Milner, George）——英国工人运动活动家，爱尔兰人，职业是裁缝；詹·奥勃莱恩的社会改良主义观点的信徒，全国改革同盟、土地和劳动同盟成员，国际总委员会委员（1868—1872），伦敦代表会议（1871）代表，1872 年秋起为不列颠联合会委员会委员和通讯书记，反对脱离派。

摩尔根，威廉（Morgan, William）——英国工人，鞋匠；英国工人运动活动家，国际总委员会委员（1864 年 10 月—1868 年），改革同盟盟员。

摩尔根夫人（Morgan, Mrs.）——国际总委员会委员（从 1868 年 2 月起）。

莫拉尔（Mollard）——国际会员（1866）。

莫兰，加布里埃尔（Mollin, Gabriel）——法国镀金工人，国际的积极会员；国际巴黎委员会委员（1868）。

莫雷尔（Morell, R. M.）——慈善教育组织星期日同盟的名誉书记。

莫里斯，捷维（Maurice, Zévy）——匈牙利裁缝和店主，流亡伦敦；国际总委员会委员（1866—1872），匈牙利通讯书记（1870—1871）。

穆尔，赛米尔（Moore, Samuel 1838—1911）——英国法学家，国际会员，曾将《资本论》第一卷（与爱·艾威林一起）和《共产党宣言》译成英文；50 年代为曼彻斯特的厂主；马克思和恩格斯的朋友。

N

拿破仑第三（路易-拿破仑·波拿巴）（Napoléon III① 1808—1873）——法兰西第二

---

① Louis-Napoléon Bonaparte.

共和国总统（1848—1851），法国皇帝（1852—1870），拿破仑第一的侄子。

尼尔（Neal）——伦敦裁缝协会西蒂分会主席；总委员会委员（1867—1868）。

尼尔（Neil）——见奥尼尔（O'Neil）。

内维尔（Neemeier）——国际会员（1867—1868），属于伦敦法国人分部。

纽贝里（Newberry）——英国的国际会员；1867年10月被提名为总委员会委员候选人。

O

欧文，罗伯特（Owen，Robert 1771—1858）——英国空想社会主义者。

P

帕克斯，威廉（Parks，William）。

帕里克斯，路易（Palix，Louis）——法国工人，裁缝；法国工人运动的积极参加者；里昂的国际领导人之一。

帕麦斯顿子爵，亨利·约翰·坦普尔（Palmerston，Henry John Temple，Viscount 1784—1865）——英国国务活动家，初为托利党人，1830年起为辉格党领袖，依靠该党右派；曾任陆军大臣（1809—1828），外交大臣（1830—1834、1835—1841和1846—1851），内务大臣（1852—1855）和首相（1855—1858和1859—1865）。

皮阿，费利克斯（Pyat，Félix 1810—1889）——法国政论家、剧作家和政治活动家，小资产阶级民主主义者；1848—1849年革命的参加者，1849年起侨居瑞士、比利时和英国；在小资产阶级流亡者中活动，1869年回到法国；反对独立的工人运动；伦敦的法国人支部成员；1871年国民议会议员，巴黎公社委员，公社被镇压后流亡英国，1880年大赦后回到法国；《公社报》（1880年9—11月）的出版者和编辑。

皮尔，罗伯特（Peel，Robert 1788—1850）——英国国务活动家和经济学家，托利党温和派（亦称皮尔派，即因他而得名）的领袖；曾任内务大臣（1822—1827和1828—1830），首相（1834—1835和1841—1846）；1844年和1845年银行法的起草人；在自由党人的支持下废除了谷物法（1846）。

皮特曼，亨利（Pitman, Henry 1826—1909）——合作运动的积极参加者，曾在曼彻斯特出版通俗的教育作品。

R

荣克，海尔曼（Jung, Hermann 1830—1901）——瑞士工人运动和国际工人运动的活动家，职业是钟表匠，德国1848—1849年革命的参加者，侨居伦敦；国际总委员会委员和瑞士通讯书记（1864年11月—1872年），总委员会财务委员（1871—1872），国际伦敦代表会议（1865）副主席、日内瓦代表大会（1866）、布鲁塞尔代表大会（1868）和巴塞尔代表大会（1869）以及伦敦代表会议（1871）主席，不列颠联合会委员会委员；海牙代表大会（1872）以前在国际中执行马克思的路线，1872年秋加入不列颠联合会委员会里的改良派，1877年以后脱离工人运动。

若昂纳尔，茹尔·保尔（Johannard, Jules-Paul 1843—1892）——法国工人运动活动家，花商；国际总委员会委员（1868—1869和1871—1872），意大利通讯书记（1868—1869），1870年在圣丹尼建立国际支部；巴黎公社军事委员会委员；拉塞西利亚将军手下的民政委员，追随布朗基派，公社被镇压后流亡伦敦；国际海牙代表大会（1872）代表。

S

萨姆纳，查理（Sumner, Charles 1811—1874）——美国政治活动家，共和党左翼领袖之一；参议员（1851年起），参议院外交事务委员会主席（1861—1871）；主张用革命方法进行反对南部奴隶主的斗争；北部在内战中胜利后，主张赋予黑人政治权利；国际的支持者。

沙博诺，皮埃尔（Charbonneau, Pierre）——法国工人，细木工；国际的积极会员，巴黎委员会委员（1868）。

舍马莱，费利克斯·欧仁（Chemalé, Felix Eugène 约生于1839年）——建筑师；国际日内瓦代表大会（1866）代表。

舍特尔，阿德里安（Schettel, Adrien）——法国工人，机器匠，左派共和党人；1848年革命的参加者，国际里昂支部的组织者之一；国际日内瓦代表大会（1866）和洛桑代表大会（1867）的代表，因参加1870年9月里昂革命事件被处监禁。

舍特尔沃尔斯（Shettleworth）——伦敦木版雕刻匠协会会员，国际的支持者（1867）。

舍瓦尔（Cheval）——法国人，在比利时的国际会员（1865—1868）。

舒尔采-德里奇，弗兰茨·海尔曼（Schulze-Delitzsch, Franz Hermann 1808—1883）——德国政治活动家和资产阶级庸俗经济学家，1848年是普鲁士国民议会议员，属于中间派左翼；主张在普鲁士的霸权下"自上"统一德国，民族联盟创始人之一（1859）；60年代是进步党领袖之一，国会议员（1867年起）；曾企图用组织合作社的办法来使工人脱离革命斗争。

斯密斯，路易斯（Smith, Lewis）——英国的国际会员（1867）。

斯坦利，爱德华·亨利，1869年起为德比伯爵（Stanley, Edward Henry, Earl of Derby from 1869 on, 1826—1893）——英国国务活动家，托利党人，1879年成为自由党人，曾任殖民国务大臣（1858、1882—1885），印度事务大臣（1858—1859），外交大臣（1866—1868、1874—1878）。

斯坦斯比，威廉（Stainsby, William D.）——英国工联主义者，裁缝；1864年9月28日圣马丁堂国际成立大会的参加者；国际总委员会委员（1864—1868）；改革同盟执行委员会委员和工人代表同盟执行委员会委员。

斯特普尼，考埃尔·威廉·弗雷德里克（Stepney, Cowell William Frederick 1820—1872）——英国工人运动活动家，改革同盟盟员，国际总委员会委员（1866—1872）和财务委员（1868—1870），国际布鲁塞尔代表大会（1868）、巴塞尔代表大会（1869）和伦敦代表会议（1871）的代表，不列颠联合会委员会委员（1872）。

斯蒂芬斯，詹姆斯（Stephens, James 1825—1901）——爱尔兰小资产阶级革命家，爱尔兰革命兄弟会（芬尼亚社组织）的领导人，1866年流亡美国。

斯图亚特（Stewart）——英国的裁缝老板。

斯图亚特，G. B.（Stewart, G. B.）——邓弗里斯（英国）的国际会员（1867）。

斯旺，丹尼尔（Swann, Daniel）——英国织带工人，国际会员；考文垂（英国）参加国际洛桑代表大会（1867）的代表。

苏特克里弗，约翰（Sutcliffe, John）——伦敦刻版印刷工人协会的积极分子，国际的支持者。

苏伊尔（Suire）——国际会员，南特（法国）支部的领导人之一（1867）。

T

塔奇基（Tatschky）——伦敦德意志工人教育协会领导人之一，国际会员。

唐森（Townshend, T.）——伦敦制箱工人协会在总委员会的代表（1868）。

陶丹，莱昂（Toutaid, Léon）——国际会员，卡尔瓦多斯省（法国）的国际领导人之一。

托伦，昂利·路易（Tolain, Henri-Louis 1828—1897）——法国雕刻工，右派蒲鲁东主义者，1864年9月28日伦敦圣马丁堂会议的参加者，国际巴黎支部领导人之一，国际伦敦代表会议（1865）、日内瓦代表大会（1866）、洛桑代表大会（1867）、布鲁塞尔代表大会（1868）和巴塞尔代表大会（1869）的代表；1871年国民议会议员；在巴黎公社时期投向凡尔赛分子，1871年被开除出国际；第三共和国时期为参议员。

W

瓦尔兰，路易·欧仁（Varlin, Louis-Eugène 1839—1871）——法国装订工人，左派蒲鲁东主义者，国际法国支部领导人之一，国际伦敦代表会议（1865）、日内瓦代表大会（1866）和巴塞尔代表大会（1869）代表，曾一度流亡比利时；国民自卫军中央委员会委员，巴黎公社委员，1871年5月25日起为公社军事委员会委员，28日即被凡尔赛分子杀害。

瓦瑟，让（Vasseur, Jean 1838左右—1868）——法国白铁匠；国际马赛和菲沃支部的组织者，总委员会在马赛的通讯员；国际洛桑代表大会（1867）代表。

人名索引

万·瑞恩，雅克（Van Rijen, Jacques）——国际总委员会委员，荷兰通讯书记（1866）。

万丹胡亭，阿尔丰斯（Vandenhouten, Alphonse）——比利时工人，彩画匠，比利时工人运动的积极参加者，国际比利时支部的创建人之一（1865），国际比利时联合会委员会委员。

威德，本杰明·富兰克林（Wade, Benjamin Franklin 1800—1878）——美国法学家和政治活动家，属于共和党左翼，参议院议长，1867—1869年任副总统；反对美国南部的奴隶制。

威廉一世（胜者威廉）（Wilhelm I [William the Victorious] 1797—1888）——普鲁士亲王，摄政王（1858—1861），普鲁士国王（1861—1888），德国皇帝（1871—1888）。

威廉森（Williamsen）——国际总委员会委员（1868）。

威廉斯，查理·欧文（Williams, Charles Owen）——英国工人，抹灰工；工联主义者；国际总委员会委员（1866—869）。

威廉斯，瓦尔特（Williams, Walter）——在比利时的英国旅行家；与埃里克·克里德合写了一系列论述比利时炼铁业的文章，这些文章发表在1866年12月到1867年1月的《泰晤士报》上。

韦济尼埃，皮埃尔（Vésinier, Pierre 1826—1902）——法国新闻工作者和政论家，反波拿巴主义者，后流亡伦敦，伦敦的法国人支部组织者之一，国际总委员会委员（1865—1866），曾参加1865年国际伦敦代表会议的工作，因诽谤总委员会于1866年被开除出总委员会，根据布鲁塞尔代表大会（1868）的决议被开除出国际；巴黎公社委员，公社被镇压后流亡英国，在伦敦出版《联盟报》，为世界联盟委员会委员，该组织反对马克思和国际总委员会；1880年大赦后返回法国。

韦斯顿，约翰——英国工人运动活动家，职业是木匠，后为厂主；欧文主义者，1864年9月28日伦敦圣马丁堂会议的参加者，国际总委员会委员（1864—1872），1865年伦敦代表会议代表，改革同盟执行委员会委员，土地和劳动同盟的领导人，不列颠联合会委员会委员（1872）。

伍德哈奇（Woodhatch）——英国工联主义者，利物浦雪茄烟工人协会书记。

沃尔顿，阿尔弗勒德·阿（Walton, Alfred A. 生于1816年）——英国社会主义者，建筑师,全国改革同盟主席,国际总委员会委员(1867—1870);洛桑代表大会(1867)代表。

X

希拉姆(Hillam)——林恩(英格兰)的国际会员。

西尔维斯,威廉(Sylvis, William 1828—1869)——美国工人,铸工;美国工人运动的著名活动家;国际铸工联合会创建人之一(1859)和主席(1863—1869);曾参加美国内战(1861—1865),站在北部方面,美国全国劳工同盟的创建人之一(1866)和主席(1868—1869);赞成加入国际。

西蒙纳尔(Simonard)——伦敦国际法国人分部会员(1867)。

肖,罗伯特(Shaw, Robert 死于1869年)——英国工人运动领袖之一,彩画匠;1864年9月28日圣马丁堂国际成立大会的参加者;国际总委员会委员(1864—1869),积极参加总委员会的活动,在工联基层组织中宣传国际的思想;总委员会财务委员(1867—1868),美国通讯书记(1867—1869);国际伦敦代表会议(1865)和布鲁塞尔代表大会(1868)代表。

肖罗克斯,彼得(Shorrocks, Peter)——曼彻斯特裁缝协会领导人之一。

欣顿(Hinton)——国际会员,1867年10月由总委员会授权在美国代表国际工人协会进行活动。

Y

亚历山大二世(Alexander 11 1818—1881)——俄国皇帝(1855—1881)。

亚罗(Yarrow, F. J.)——英国工人,木匠,工联主义者;国际总委员会委员(1866—1868,1872)。

伊丽莎白一世(Elizabeth 1533—1603)——英国女王(1558—1603)。

伊萨尔(Isard)——国际伦敦法国人分部会员,迁居纽约(1867)。

约翰逊,安德鲁(Johnson, Andrew 1808—1875)——美国国务活动家,属于民主党,田纳西州州长(1853—1857和1862—1865),参议员(1857—1862);美国

内战时期是北军的拥护者，美国副总统（1864—1865年4月）和总统（1865—1869），实行与南部种植场主妥协的政策。

Z

扎比茨基，安东尼（Zabicki, Antoni 1810前后—1889）——波兰排字工人，民族解放运动活动家，1831年从波兰流亡国外，匈牙利1848—1849年革命的参加者，1851年起侨居英国，伦敦民主派兄弟协会领导人，1863年起出版波兰民主主义流亡者的机关报《自由之声》，波兰全国委员会书记，国际总委员会委员和波兰通讯书记（1866—1871）。

左尔格，弗里德里希·阿道夫（Sorge, Friedrich Adolf 1828—1906）——德国教师和新闻工作者，国际工人运动、美国工人运动和社会主义运动的活动家，德国1848—1849年革命的参加者；1852年侨居美国，国际会员，国际美国各支部的组织者，海牙代表大会（1872）代表，纽约总委员会委员和总书记（1872—1874），北美社会主义工人党创始人（1876）之一；马克思和恩格斯的朋友和战友。

报刊索引

《比利时经济学家》(*Economiste Belge*),布鲁塞尔。
《比利时人民报》(*Le Peuple Belge*),布鲁塞尔。
《辩护士周报》(*The Weekly Advocate*),匹兹堡。
《法兰西信使报》(*Le Courrier Français*),巴黎。
《蜂房报》(*The Bee-Hive Newspaper*),伦敦。
《工人报》(*L'Ouvrier*),洛桑。
《工人报》(*De Werker*),安特卫普。
《工人报》(*Der Arbeiter*),巴塞尔。
《工人报》(*The Working Man*),伦敦。
《工人辩护士报》(*The Workingman's Advocate*),芝加哥。
《共和国》(*The Commonwealth*),伦敦。
《国际信使》(法文版)(*Le Courrier International*),伦敦。
《国际信使》(英文版)(*The International Courier*),伦敦。
《国民舆论报》(*L'Opinion Nationale*),巴黎。
《海尔曼。伦敦德文周报》(*Hermann Deutsches Wochenblatt aus London*),伦敦。
《合营企业纪事》(*Industrial Partnership Record*),伦敦。
《合作报》(*La Coopération*),巴黎。
《合作劳动者报》(*Le Travailleur Associé*),根特。
《合作者》(*Cooperator*),曼彻斯特。
《呼声报》(*Voice*),波士顿。
《欢迎工人》(*The Welcome Workman*),费城。
《吉伦特回声报》(*L'Echo de la Gironde*),波尔多。

《纪事》（The Chronicle），伦敦。

《经济学家》（The Economist），伦敦。

《觉醒报》（Le Réveil），巴黎。

《劳埃德氏伦敦新闻周刊》（Lloyd's Weekly London Newspaper）。

《劳动报》（Le Travail），根特。

《雷诺新闻》（Reynolds's Newspaper），伦敦。

《两大陆评论》（Revue des deux Mondes），巴黎。

《洛桑支部通报》（Bulletin de La Section de Lausanne）。

《美国人》（The American），伦敦。

《米拉波报》（Le Mirabeau），韦尔维耶。

《纽约民主主义者报》（New-Yorker Democrat）。

《欧洲信使报》（Le Courrier de l'Europe），伦敦。

《平等报》（L'Egalité），日内瓦。

《人民论坛报》（La Tribune du Peuple），布鲁塞尔。

《日内瓦报》（Journal de Genève）。

《日内瓦未来报》（L'Avenir de Genève）。

《双周评论》（The Fortnightly Review），伦敦。

《泰晤士报》（The Times），伦敦。

《淘气》（L'Espiègle），布鲁塞尔。

《晚星报》（The Evening Star），伦敦。

《韦尔维耶回声报》（L'Echo de Verviers），比利时。

《未来呼声报》（La Voix de l'Avenir），拉绍德封。

《蟋蟀报》（La Cigale），布鲁塞尔。

《先驱》（Der Vorbote），日内瓦。

《现代评论》（Revue Contemporaine），巴黎。

《义务报》（Le Devoir），列日。

《铸工国际报》（Ironmoulders' International Journal），费城。

《自由报》（La Liberté），布鲁塞尔。

《左岸》（La Rive Gauche），巴黎，布鲁塞尔。

图书在版编目(CIP)数据

第一国际总委员会文献(1868—1869)/王瑾主编.
—北京:中央编译出版社,2011.12
(国际共产主义运动历史文献.第6卷)
ISBN 978-7-5117-1145-8

Ⅰ.①第…
Ⅱ.①王…
Ⅲ.①第一国际-会议资料-1868—1869
Ⅳ.①D125

中国版本图书馆 CIP 数据核字(2011)第 246280 号

第一国际总委员会文献(1868—1869)

出 版 人	和 龑
责任编辑	郑 锦
责任印制	尹 珺
装帧设计	田晗工作室
排版制作	醍醐(北京)文化发展有限公司
出版发行	中央编译出版社
地 址	北京西城区车公庄大街乙 5 号鸿儒大厦 B 座(100044)
电 话	(010)52612345(总编室) (010)52612336(编辑室)
	(010)66161011(团购部) (010)52612332(网络销售)
	(010)66130345(发行部) (010)66509618(读者服务部)
网 址	www.cctphome.com
经 销	全国新华书店
印 刷	北京印刷一厂
开 本	787 毫米×960 毫米 1/16
字 数	330 千字
印 张	25.5
版 次	2011 年 12 月第 1 版第 1 次印刷
定 价	150.00 元

本社常年法律顾问:北京大成律师事务所首席顾问律师 鲁哈达
凡有印装质量问题,本社负责调换,电话:(010)66509618